Professeur au lycée Louis-le-Grand

CH. RITTER
Lecteur au CRDP, Paris

l'Allemagne
RFA
dans
votre poche

© HATIER PARIS 1974

Toute représentation, traduction, adaptation ou reproduction, même partielle, par tous procédés, en tous pays, faite sans autorisation préalable est illicite et exposerait le contrevenant à des poursuites judiciaires.   Réf. Loi du 11 mars 1957.

ISBN 2 - 218 - 02620 - 1

HATIER

attention !

Nous avons groupé en fin de volume un certain nombre de renseignements susceptibles de varier assez fréquemment. Ne manquez pas de vous y reporter chaque fois que vous rencontrerez l'un des indicatifs suivants :

Adresses utiles
pages 168 et suivantes
Ce répertoire est revu à chaque nouvelle impression.

M.A.J. (Mise A Jour)
pages 189 et suivantes
C'est une liste - établie dans l'ordre de pagination du livre - de prix, de rectificatifs et de faits nouveaux suggérés par l'actualité ou... par ceux d'entre vous qui voudront bien nous signaler une omission, un erratum ou un nouveau renseignement pouvant intéresser nos futurs lecteurs.

Des diapositives
Des enregistrements
sont en préparation

Pour vous y rendre et y voyager

Pour y séjourner et y travailler

Pour comprendre le pays et ses coutumes

Pour y visiter quelques régions et villes

Pour se distraire

Pour affronter toutes les difficultés pratiques

Et vous préparer à participer aux conversations

Ce qu'il est indispensable de savoir

3

Avant-propos

Ce petit livre ne prétend pas être un manuel scolaire, ni un guide touristique, il ne saurait non plus, dans ses dimensions modestes, être une source complète d'informations sur la République Fédérale d'Allemagne. Il s'adresse surtout aux jeunes (et aux moins jeunes), qui, ayant commencé à apprendre l'allemand, langue réputée difficile, ressentent le besoin, pour se perfectionner, d'aller faire un séjour sur place et choisissent pour cela la République fédérale. Il est bien entendu, à ce propos, que s'il est question dans le corps du livre, pour la commodité, de l' « Allemagne » et des « Allemands », il s'agira exclusivement de la R.F.A. et de ses habitants.

Nous avons donc voulu d'une part donner des indications pratiques et aider à résoudre les petits problèmes qui peuvent se poser avant et pendant le voyage : monnaie, change, moyens de transport, logement par exemple. Mais au-delà de ce propos, il fallait tenter de montrer quelques aspects de la vie et de la culture, essayer de faire sentir dans quel monde vivent ces Allemands. Il ne peut s'agir bien entendu que de brefs aperçus très schématiques, dont nous espérons seulement qu'ils donneront à nos jeunes voyageurs l'envie de se documenter. La musique, le théâtre, le cinéma, la vie politique, mais aussi la gastronomie et les surprises-parties, font partie de cet ensemble.

Présenter l'Allemagne fédérale dans tous ses paysages était d'autre part impossible. Il a fallu se résoudre à choisir une grande ville du nord, une grande ville centrale, et la capitale du sud, avec leurs environnements. Nous serions heureux que nos jeunes amis, ayant séjourné dans d'autres régions, viennent nous reprocher ensuite de ne pas les avoir mentionnées : nous aurions atteint malgré tout notre but !

Le centre du livre est occupé par un séjour fictif d'un jeune Français dans une famille allemande, et par la découverte qu'il fait des villes et régions en question, en compagnie de ses correspondants. C'est là surtout l'occasion de dialogues sur le vif, souvent aussi terre à terre que possible, et dont l'objet est de présenter la langue parlée réelle, avec toutes les petites choses, les « petits mots » surtout, qui lui donnent son authenticité, et que l'on ne peut apprendre que par l'usage à « placer » correctement : ils sont intraduisibles. On voudra bien nous excuser donc, si dans cette perspective, la langue de nos personnages n'est pas toujours très académique. Il semble d'autant plus évident que ces dialogues ne sauraient être lus, disons « visuellement », dans le texte imprimé : il faut les entendre, se pénétrer du rythme et de la prosodie. Aussi avons-nous adjoint au livre lui-même l'auxiliaire précieux qu'est la bande magnétique.

Par contre, il nous a paru nécessaire d'apporter à ces dialogues pratiques un contrepoids sous la forme de quelques textes d'auteurs : ils peuvent, pensons-nous, jeter un pont vers les manuels classiques dont nos élèves ont l'habitude à partir de la classe de troisième. Et rappeler que la langue écrite existe et peut être tour à tour source d'information, prétexte à réflexion, ou à divertissement. Certains de ces textes sont relativement difficiles : chacun est libre de les aborder ou non, et nos collègues qui voudront bien utiliser ce livre comme complément à leur enseignement jugeront de l'intérêt qu'ils peuvent présenter dans telle ou telle classe.

De toute façon, dialogues et textes supposent une connaissance préalable de la langue : les notes expliquent ou traduisent seulement des mots ou expressions supposés inconnus. De même, les quelques remarques grammaticales inspirées par les textes ne constituent pas en elles-mêmes un enseignement de la grammaire, mais une incitation à des révisions ou à des approfondissements.

Enfin, quelques « mini-lexiques » éviteront, dans certaines circonstances, d'avoir à consulter un dictionnaire.

Pour certains textes d'auteurs dont l'abord semblerait difficile, on pourra commencer par les étudier dans leur forme imprimée, et passer ensuite seulement à l'audition.

Sonorisation et visualisation

Nous ne ferons pas à nos collègues qui utiliseraient ce petit livre, l'injure de leur expliquer comment employer le matériel d'accompagnement. Mais pour ceux qui voudraient se préparer seuls à un voyage ou à un séjour, voici quelques indications.

BANDES MAGNÉTIQUES (CASSETTES)

Les dialogues et textes, enregistrés par des voix allemandes, sont d'abord présentés en diction continue, puis en séquences séparées par des blancs. Ceux-ci sont prévus de façon à permettre aussi bien la répétition que la lecture anticipée.

En ce qui concerne les dialogues, la première prise de contact devrait être auditive. On s'aidera au besoin, pour la compréhension, des notes du livre, mais sans lire le texte lui-même. Il faudra sûrement plusieurs écoutes successives pour bien se mettre en tête la situation et les phases du dialogue, et il restera peut-être des obscurités. Celles-ci devront disparaître lors du travail de détail : il s'agit alors, profitant des blancs, de restituer fidèlement les séquences entendues. Fidèlement, c'est-à-dire « paroles et musique » : chaque mot doit apparaître, avec son sens ou son utilité dans le contexte, et la ligne mélodique ainsi que le rythme doivent être respectés. Lorsque l'ensemble aura ainsi été élucidé, et mémorisé en grande partie, on pourra passer à la phase suivante : la lecture anticipée. Revenant au texte imprimé, on en lit la première séquence dans le blanc ménagé à cet effet au début de la bande, et l'on a aussitôt la vérification ou la correction. On lit la seconde séquence dans le blanc suivant et ainsi de suite. On constatera souvent qu'à la lecture la prononciation est moins bonne, contaminée par l'habitude de lire dans la langue maternelle : il faudra alors reprendre l'exercice précédent de répétition... et ne pas se lasser.

DIAPOSITIVES

Le matériel visuel est présenté sous la forme de quatre coffrets de 24 diapositives chacun, et suit le plan général du livre. Chaque coffret comprend plusieurs séries, de quatre à six vues selon les sujets, qui répondent à deux objectifs distincts :

1) Certaines séries, « dynamiques », illustrent les dialogues. Elles permettent, une fois le dialogue élucidé, d'en faciliter la mémorisation par le soutien visuel qu'elles constituent. Mais leur rôle ne devrait pas se limiter à cet aspect passif. Chaque vue fixe un moment du dialogue et le situe dans un environnement déterminé, qui peut faire l'objet de remarques, de commentaires, d'une conversation. De plus, l'imagination peut se donner libre cours, toutes les variantes sont possibles, et même souhaitées !

2) D'autres séries sont de type documentaire ou « descriptif ». Il s'agit ici de vues, généralement très classiques, destinées à illustrer tel ou tel chapitre du livre évoquant par exemple un paysage. Au-delà de l'aspect documentaire, le travail actif consisterait alors à décrire (oralement ou même par écrit) ce que l'on voit sur l'image, et notamment ce qui semble typique. Le livret d'accompagnement joint à chaque coffret fournit l'essentiel des renseignements nécessaires.

L'ensemble que nous présentons, livre, bandes magnétiques, diapositives, laisse donc à chaque utilisateur une grande liberté. Il reste à chacun d'en faire un instrument de travail pratique, dont nous espérons qu'il ne sera pas trop fastidieux et qu'il permettra de faire une première découverte d'un pays et d'une langue vraiment vivants.

Table des matières

Un peu de géographie comparée

D Située entre le 47e et le 55e parallèles, la République Fédérale d'Allemagne s'étend de la latitude de Besançon au sud, jusqu'au pied de la péninsule danoise : des Alpes jusqu'à la Mer du Nord et à la Baltique.

F La France, de part et d'autre du 45e parallèle, est à mi-distance entre le Pôle Nord et l'Équateur.

D La RFA a approximativement la forme d'un rectangle de 900 km de haut et de 400 km de large, dont la partie inférieure, un peu plus large, est déjetée vers l'Est, jusqu'à la frontière tchécoslovaque. Sa surface est légèrement inférieure à 250 000 km².

F La France est un hexagone continental de 1 000 km de diamètre, dont la superficie est plus de deux fois supérieure à celle de la RFA.

D Le relief de la RFA descend du Sud (Zugspitze, 2 963 m) vers le Nord (basse plaine du Nord) en passant par une zone intermédiaire de très anciens massifs ne dépassant pas mille mètres. Les principaux cours d'eau sont le Rhin, le Main, la Weser et l'Elbe, qui drainent les eaux vers la Mer du Nord, tandis que les pluies bavaroises rejoignent le Danube (647 km jusqu'à Passau).
Les pays limitrophes de la RFA sont, dans le sens des aiguilles d'une montre et en partant du Nord : le Danemark, la République Démocratique Allemande, la Tchécoslovaquie, l'Autriche, la Suisse, la France (450 km de frontière commune), le Luxembourg, la Belgique et les Pays-Bas.

F La France a un relief varié, avec des plaines et plateaux au Nord, de vieilles montagnes au centre, de hauts sommets au Sud et à l'Est, quatre grands fleuves.

D La RFA compte environ 62 millions d'habitants (y compris Berlin-Ouest), avec une densité de 248 au km² (France : 92). Près de 20 millions vivent dans 59 grandes villes, dont 3 dépassent 1 million d'habitants : Berlin-Ouest, Hambourg, Munich. 8 se situent entre 500 000 et 1 million : Cologne, Essen, Dusseldorf, Francfort, Dortmund, Stuttgart, Brême, Hanovre. Trente autres villes ont plus de 100 000 habitants.

F La France a 51 millions d'habitants, dont 33 % vivent dans une ville de 20 000 habitants. 31 villes ont plus de 100 000 habitants.

D La RFA a une population active de 26 millions, dont près de 12,7 millions (48,9 %) travaillent dans l'industrie, le bâtiment et l'artisanat, 4,4 millions (17,9 %) dans le commerce et les transports, 7,5 millions (24,8 %) dans le secteur tertiaire et seulement 2,2 millions (8,4 %) dans l'agriculture.

F Sur 20 millions de Français actifs, 3 millions travaillent pour l'agriculture, 7,7 dans l'industrie, 9,3 dans le secteur tertiaire.

D En RFA, les salaires moyens étaient, en DM et par an, de 14 000 pour un ouvrier, 27 000 pour un instituteur, 50 000 pour un professeur d'université, 120 000 pour un ministre. Un PDG pouvait atteindre 300 000 DM.

F En 1973, en France, 2 % des ménages environ gagnaient par an plus de 40 000 F, 25 % entre 18 000 et 40 000 F, 50 % entre 6 000 et 18 000 F.

Kiel
Lübeck
Hamburg
(Hambourg)
Bremen
(Brême)
Berlin
Hannover (Hanovre)
Braunschweig
(Brunswick)
Munster
Kassel (Cassel)
Essen Gelsenkirchen
(Duisbourg) **Duisburg** **Dortmund**
(Crefeld) Krefeld Bochum
Düsseldorf Wuppertal
Aachen **Köln** (Cologne)
(Aix-la-Chapelle) Bonn
Lille
Lens
Douai Valenciennes
Le Havre
Rouen
Wiesbaden
Mainz **Frankfurt**
(Mayence)
Mannheim **Nürnberg**
(Nuremberg)
50°
Nancy
Stuttgart
Strasbourg
Augsburg
(Augsbourg) **München**
(Munich)
ennes
Mulhouse
antes Tours
Dijon
Clermont-Ferrand
Lyon
Saint-Etienne
Grenoble
Bordeaux
agglomérations
de plus d'un million d'habitants
de plus de 500 000
de plus de 200 000
Toulouse
Montpellier
Nice
Cannes-
Antibes
Marseille Toulon
200 km

Michel
und
Marianne

D En RFA, 93 % des ménages ont la télévision, 61 % une machine à laver, 85 % un réfrigérateur, 51 % une automobile.

F En France, 70 % des ménages ont la télévision, 58 % une machine à laver, 80 % un réfrigérateur, 70 % une automobile.

9

Die Bundesrepublik Deutschland im Überblick

Das Gebiet der Bundesrepublik macht etwa 53 Prozent der Oberfläche des Deutschen Reiches von 1937 aus. Sie bietet ein vielfältiges [1] Landschaftsbild. Man kann im großen und ganzen[2] drei große Landschaftstypen unterscheiden :

- Das norddeutsche Flachland, eine ausgedehnte Tiefebene [3] mit Häfen, Förden [4], Badestränden, flachem Ackerland, aber auch bewaldeten Hügeln, Mooren [5], und der berühmten Lüneburger Heide.

- Die Tiefebene geht nach Süden ins Mittelgebirge über [6]. Es handelt sich hierbei um eine Reihe von alten Gebirgsketten, die kaum 1 000 m überschreiten : dazu gehören z.b. der Harz, der Teutoburger Wald, die Rhön, der Taunus, der Westerwald, der Hunsrück, der Odenwald, der Spessart, das Rheinische Schiefergebirge, der Schwarzwald, die Schwäbische Alb, der Bayerische Wald.

- Daran schließt sich südlich [7] der Donau, nach der Bayerischen Hochebene (in deren Zentrum München liegt), das Bayerische Alpenland (mit der Zugspitze - 2 963 m - als höchstem Berg) an.

Die meisten großen Wasserläufe (ausgenommen die Donau und der Main) fließen nach Norden zum Meer. Ihre Bedeutung liegt weniger in ihrem malerischen Reiz als in ihrer wirtschaftlichen Rolle : vor allem der Rhein bleibt nach wie vor [8] einer der Hauptwasserwege Europas.

Notes

1. vielfältig : varié, diversifié.
2. im großen und ganzen : en gros.
3. -e Ebene : plaine, plan (géom.). Tiefebene : basse plaine. Hochebene : plateau.
4. -e Förde : profonde découpure de la côte (cf. fjord).
5. -s Moor (-e) : le marais.
6. über/gehen (in + A) : se transformer en, laisser peu à peu la place à.
7. südlich + G : au sud de.
8. nach wie vor : toujours (idée de continuité).

Grammaire

1. München liegt im Zentrum der Hochebene : Die Hochebene, in deren Zentrum München liegt. Revoyez le « génitif saxon » et dessen, deren.

2. mit + D : ne pas oublier le datif pour tous les éléments de l'énumération : mit Häfen... flachem Ackerland...
Idem : mit der Zugspitze als höchstem Berg.
Peut-on remplacer mit par nicht ohne (+ A) ? Essayez !

3. Comparatifs, superlatifs

Viele große Wasserläufe, die meisten großen Wasserläufe. Die Zugspitze ist sehr hoch, es ist der höchste Berg.
Offrez-vous une petite révision, notamment des formes irrégulières...

4. Genre des noms de pays, villes, fleuves

Les noms de pays sans article, ainsi que les noms des villes, sont neutres. L'article (das) est rétabli lorsque le nom est déterminé : das neue Europa, das alte Heidelberg.
Les noms de fleuves sont généralement féminins (die Donau = le Danube), sauf der Rhein, der Main, der Neckar.
On dira aussi : die Seine, die Saône, die Rhône.

Un peu d'histoire

I. VOR DER DEUTSCHEN NATION

Geschichte und Religion

Seit ca. 500 000	Homo Heidelbergensis.
ca. 180 000	Neanderthaler.
ca. 1 200-500 v. Chr.	Die ältesten Bewohner sind Illyrer und Kelten.
100 v. Chr.	Erste Begegnungen mit den Römern.
9 n. Chr.	Arminius (Hermann) besiegt römische Legionen im Teutoburger Wald.
100-200 n. Chr.	Die Römer bauen den **Limes** zwischen Rhein und Donau.
ab 160 n. Chr.	Germanische Stämme fallen ins Römerreich ein.
314	In Trier wird das erste Bistum in Germanien gegründet.
ab 375	Die Hunnen dringen aus Asien nach Westen vor.
410	Westgoten unter Alarich nehmen Rom ein.
481-511	Unter Chlodwig, der Alemannen und Westgoten besiegt, und 496 zum Katholischen Christentum übertritt, verschmelzen Römertum, Germanentum und Christentum zu einer einheitlichen Kultur.
751-768	Pippin der Jüngere.
768-814	Karl der Große (800 Kaiserkrönung in Rom).
843	Vertrag zu Verdun : Teilung des Reiches.
911	Die Ostfranken lösen sich vom fränkischen Reich :

Beginn der deutschen Geschichte.

II. PAPST UND KAISER

962	Entstehung eines germanischen Reiches unter Kaiser Otto I..
1056-1106	Kampf zwischen Kaisertum und Papsttum um die Vorherrschaft im Abendland : der Investiturstreit (1077 : Kanossa).
1152-1190	Kaiser Friedrich I. Barbarossa stellt die Macht des Reiches wieder her : Das Heilige Römische Reich Deutscher Nation.
1215-1250	Friedrich II. : Zerfall der kaiserlichen Zentralgewalt.
1356	Die Goldene Bulle : Die 7 Kurfürsten (die 3 Erzbischöfe von Köln, Mainz und Trier, und 4 Laienfürsten, der Pfalzgraf bei Rhein, der Herzog von Sachsen, der Markgraf von Brandenburg und der König von Böhmen) erhalten als einzige das Recht, den König in Frankfurt zu wählen, der dann in Aachen zum Kaiser gekrönt wird.
1493-1519	Maximilian I., « der letzte Ritter », begründet die Weltmachtstellung des Hauses Habsburg. Er plant eine Reichsreform, die aber scheitert.
1517	Luther schlägt in Wittenberg seine 95 Thesen gegen den Mißbrauch der Ablässe an :

Anfang der Reformation.

ca. 12 v. Chr.	Gründung des Kastells « Castra Bonnensia » (Bonn).
1. Jhdt.	Römer bringen Weinbau ins Rheinland.
98 n. Chr.	Tacitus : « Germania ».
190	Porta Nigra in Trier.
3. Jhdt.	Entfaltung einer bedeutenden Glasindustrie im Rheinland.
370	Der westgotische Bischof Wulfila übersetzt die Bibel ins Gotische.
675-754	Der Heilige Bonifatius.
8. Jhdt.	« Hildebrandslied ».
	Karolingische Renaissance.
	Das Münster in Aachen.
842	« Die Straßburger Eide », erster Beleg einer sprachlichen Verschiedenheit zwischen Osten und Westen.
845	Normannen oder « Wikinger » plündern und verbrennen Hamburg. Sie fahren die Flüsse hinauf und fallen über Mainz, Aachen, Trier her. 881 wird Köln zerstört.

980-1000	Ottonische Renaissance.
	Frühromanische Kirchenbauten.
	Entfaltung der Klosterkultur (Buchmalerei, Goldschmiedekunst).
	Entstehung der Freien Reichsstädte.
1128	Gründung des Deutschen Ordens, Beginn der Ostkolonisation.
1207	Gottfried von Straßburg (Tristan).
	Der Sängerkrieg auf der Wartburg.
1220	Tod Wolframs von Eschenbach (Parsifal).
1230	Tod Walthers von der Vogelweide (Lyrik und religiöse Satire).
1228	Der Deutsche Orden siedelt sich in Preußen an.
1260	Die Meistersinger (Mainz).
	Meister Eckart, der Mystiker († 1327).
1250-1270	Gründung des Rheinischen Städtebundes zur Sicherung des Landfriedens. Besonders im Norden : die *Hansa*.
	Anfang der Gotik (Dome von Freiburg, Straßburg und Köln).
1348	Erste deutsche Universität in Prag.
	Universitäten Heidelberg (1386), Köln (1388), Erfurt.
1450	Künstlerische Blütezeit (Nürnberg). Adam Krafft, Bildhauer.
1460-1531	Tilman Riemenschneider (Schnitzer).
1471-1528	Albrecht Dürer.
1472-1553	Lucas Cranach der Ältere.
1497-1543	Hans Holbein.
1445	Gutenberg erfindet den Buchdruck.
1515	« Till Eulenspiegel », erstes Volksbuch.

Un peu d'histoire

III. VON DER REFORMATION ZU DEN REVOLUTIONEN

1519-1556	Karl V.
1530	Zum letzten Mal wird ein Kaiser vom Papst gekrönt. Melanchtons « Confessio Augustana » faßt die Grundsätze des Lutherschen Protestantismus zusammen.
1555	Der Augsburger Religionsfriede setzt fest, daß der Landesherr den Glauben seiner Untertanen bestimmt : « Cuius regio, eius religio ».
1618-1648	Der Dreißigjährige Krieg : aus dem Religionskrieg wird bald eine politische Auseinandersetzung, die den Niedergang Deutschlands vollendet : 1618 : 18 Millionen Einwohner - 1648 : 10 Millionen.
1648	Der Westfälische Friede.
1688-1697	Der Pfälzische Krieg : Louvois' Heere verwüsten die Pfalz.
1701	Friedrich I. König in Preußen : Beginn des Aufstiegs Preußens.
1713-1740	Friedrich Wilhelm I. : Umgestaltung des Heeres und der Verwaltung.
1740-1786	Friedrich II. « der Große ».
1756-1763	Der Siebenjährige Krieg.
1792	Beginn der Revolutionskriege.
1806	Kaiser Franz II. legt die Krone nieder : Ende des Heiligen Römischen Reiches Deutscher Nation.
1807-1812	Reformen in Preußen : Hardenberg, Scharnhorst.
1814-1815	Wiener Kongreß : Neuordnung Europas. Metternich.
1815	Der Deutsche Bund und die Heilige Allianz.
1834	Der Deutsche Zollverein stärkt die Machtstellung Preußens.
1840-1861	Friedrich Wilhelm IV.
1848	Märzrevolution in Wien und Berlin. Friedrich Wilhelm IV. wird von der Deutschen Nationalversammlung zum Kaiser der Deutschen gewählt.

IV. VON BISMARCK ZUR GEGENWART

1861-1888	König Wilhelm I. von Preußen.
1862	Bismarck Ministerpräsident.
1871	Sieg über Frankreich. Kaiserproklamation in Versailles.
1914-1918	Der erste Weltkrieg.
1919	Versailler Vertrag. Weimarer Republik.
1923	Ruhrbesetzung. Inflation. Die 1920 gegründete NSDAP gewinnt an Einfluß. « Mein Kampf » (Hitler).
1933	Hitlers Machtergreifung.
1939-1945	Der zweite Weltkrieg.
23.5.1949	Gründung der Bundesrepublik Deutschland.
7.10.1949	Gründung der Deutschen Demokratischen Republik.
1949-1963	Konrad Adenauer Bundeskanzler. Das deutsche Wirtschaftswunder (Ludwig Erhard).

1522   *Luther übersetzt die Bibel ins Deutsche.*
1560-1660 Zeit des **Barock**, 1571-1630 Joh. Kepler, Astronom.
1634   Erste Passionsspiele in Oberammergau.
1646-1716 G. W. Leibniz (Monadenlehre, Differentialrechnung).
1685-1750 Joh. Seb. Bach, 1685-1759 Händel.

1700-1750 Zeit der **Aufklärung** (Lessing : 1729-1781).
1749-1832 Goethe.
1756-1791 Mozart. 1781 Kant : Kritik der reinen Vernunft.
1759-1805 Schiller. 1772-1801 : Novalis (Romantik).
1760-1785 « Sturm und Drang », Aufstand des Gefühls gegen die Vernunft.
1790-1850 Die **Romantik.**
1770-1831 Hegel.
1770-1827 Beethoven.
1786-1826 Carl-Maria von Weber.
1813-1883 Richard Wagner.

1816-1848 **Zeit des Biedermeier.**
1819   Schopenhauer : « Die Welt als Wille und Vorstellung ».
1844-1900 Friedrich Nietzsche.
1856-1939 Sigmund Freud, Gründer der Psychoanalyse.

1862-1946 Gerhard Hauptmann (« Die Weber », ein soziales Drama).
1867   Marx : « Das Kapital ».
1870-1938 Ernst Barlach (Expressionismus. Emil Nolde 1867-1956).
1875-1955 Thomas Mann (Nobelpreis für Literatur).
1876   Johannes Brahms : « I. Symphonie ».
1880   Vollendung des Kölner Doms.
1887-1912 Georg Heym, expressionistischer Dichter.
1911   Marc und Kandinsky gründen die « Blauen Reiter ».
          Macke und Paul Klee, (1879-1940).
1919-1933 Das « Bauhaus » ; W. Gropius, 1883-1969, erneuert Architektur.
1918   Max Planck Nobelpreis für Physik (Die Quantentheorie).
1917   Heinrich Böll (Nobelpreis für Literatur 1971).
1921-1947 W. Borchert.
1920   Filmexpressionismus (Das « Kabinett des Dr. Cagliari »).
1921   Albert Einstein Nobelpreis für Relativitätstheorie.
1927   Günter Grass.
1928   Kurt Weil : « Drei Groschen Oper ».
1929   Alfred Döblin : « Alexanderplatz ».

La RFA depuis 1945

A la fin de la seconde guerre mondiale, les accords de Potsdam du 2 août 1945 consacrent le démembrement de l'Allemagne : le Nord-Est (avec Königsberg, ville natale du philosophe Immanuel Kant) est cédé à la Russie soviétique, les territoires à l'Est de la ligne Oder-Neisse sont confiés à la Pologne, le reste est découpé en quatre zones d'occupation *(Besatzungszonen)*, de même que Berlin où chaque Allié a son secteur *(der Sektor, -en)*. Le pouvoir est exercé par un Conseil de contrôle composé des commandants en chef alliés. A cette époque, l'Allemagne est complètement désorganisée, beaucoup de ses villes sont détruites, écrasées sous les bombardements massifs, la misère est générale. Trente mille nazis passent devant les tribunaux (Procès de Nuremberg, nov. 1945 - oct. 1946). Les usines sont démontées, des millions d'Allemands sont transférés des territoires perdus de l'Est vers les provinces de l'Ouest.

Cependant, entre les zones d'occupation occidentales et soviétique, les oppositions apparaissent : elles aboutissent à la naissance de la RFA *(die BRD = Bundesrepublik Deutschland)*, consacrée le 23 mai 1949 par l'adoption par référendum de la loi fondamentale *(das Grundgesetz)*, qui tient lieu de constitution. La RDA *(die DDR = Deutsche Demokratische Republik)* est proclamée peu après, le 7 octobre 1949, en zone soviétique.

Le premier Président de la RFA est Theodor Heuss, le premier Chancelier Konrad Adenauer.

Présidents de la République	Chanceliers fédéraux
Theodor Heuss : 1949-1959	Konrad Adenauer : 1949-1963
Heinrich Lübke : 1959-1969	Ludwig Erhard : 1963-1966
Gustav Heinemann : 1969-1974	Kurt Georg Kiesinger : 1966-1969
Walther Scheel : depuis 1974	Willy Brandt 1969-1974
	Helmut Schmidt depuis 1974

Le choix d'une structure fédérale tient surtout à la crainte des Alliés de voir renaître un État fortement centralisé. Sauf pour la Bavière, qui a d'ailleurs toujours certaines tendances autonomistes (ses poteaux frontière aux couleurs bleu et blanc portent l'indication *Freistaat Bayern)*, le découpage des Länder a été souvent artificiel. Sur les onze Länder primitifs, trois (Baden, Württemberg-Baden et Württemberg-Hohenzollern) ont été fondus en un seul, le Land de Baden-Württemberg, en 1952, après un référendum.

La loi fondamentale prévoyait une réorganisation visant à mieux harmoniser les Länder en étendue, population et ressources. Certains projets actuellement à l'étude voudraient réduire à cinq ou six le nombre des Länder : mais depuis 1949 des habitudes ont été prises. Les villes-États de Hambourg et Brême notamment, qui ont retrouvé dans le cadre fédéral un peu de leur ancien prestige hanséatique, sont attachées au statu quo et ne souhaitent pas de modifications, qui les intégreraient aux Länder qui les entourent.

Schleswig-Holstein   Hamburg   Niedersachsen   Bremen   Nordrhein-Westfalen   Pommern

DÄNEMARK

Kiel

SCHLESWIG-HOLSTEIN
15 658 km²·2,6 Mh

HAMBURG 747 km²·2 Mh

BREMEN 404 km²·1 Mh

NIEDERSACHSEN

NIEDERLANDE

Hannover

BERLIN
479 km²·2 Mh

34 045 km²·17 Mh
NORDRHEIN-

DEUTSCHE DEMOKRATISCHE REPUBLIK

WESTFALEN
Düsseldorf

BELGIEN

HESSEN
21 109 km²·5,5 Mh

RHEINLAND-
Wiesbaden

PFALZ
LUX.   19 831 km²·4 Mh Mainz

TSCHECHOSLOWAKEI

SAARLAND
2 569 km²·1,2 Mh
Saarbrücken

BAYERN
70 550 km²·11 Mh

FRANKREICH

Stuttgart

BADEN-

München

WÜRTTEMBERG
35 750 km²·9 Mh

ÖSTERREICH

SCHWEIZ

Rheinland-Pfalz   Baden Württemberg   Bayern   Saar   Berlin

L'organisation fédérale

La RFA est donc un État fédéral, démocratique et social *(ein demokratischer und sozialer Bundesstaat)*. Sa charte est fixée non par une constitution, mais par une « Loi fondamentale » : il fallait ménager la possibilité d'une réunification. La doctrine Hallstein voulait d'ailleurs que la RFA représentât à elle seule l'ensemble des Allemands, y compris de l'Est.

Trois des Länder primitifs (†) sont devenus par référendum en 1952 le Land de Bade-Wurtemberg. La Sarre *(das Saarland)* a été rattachée à la RFA le 1er janvier 1957. Berlin-Ouest a un statut particulier et dépend, pour toutes décisions politiques, des représentants des puissances alliées. Ses députés n'ont au Bundestag (Diète fédérale) qu'une voix consultative.

« ALLE GEWALT GEHT VOM VOLKE AUS »

Les citoyens sont représentés sur le plan fédéral par des députés au Bundestag, élus tous les 4 ans sur l'ensemble du territoire, et dans chaque Land par des députés à l'Assemblée du Land *(der Landtag)*. Les Länder désignent au sein de leur Landtag des représentants au Conseil fédéral *(der Bundesrat)*, qui joue un peu le rôle du Sénat en France. En cas de différend entre un Land et l'État fédéral : « *Bundesrecht geht vor Landesrecht* ».

Le Chancelier fédéral *(der Bundeskanzler)*, élu par le Bundestag, représente le pouvoir exécutif. Le Président fédéral *(der Bundespräsident)* est élu, tous les 5 ans, par l'Assemblée fédérale *(die Bundesversammlung)* composée des 518 députés du Bundestag et d'un nombre égal de représentants des Länder.

Le Tribunal Constitutionnel de Karlsruhe *(das Bundesverfassungsgericht)* veille sur le respect de la Loi fondamentale.

Chaque Land a son propre gouvernement, avec son premier ministre *(der Ministerpräsident)* et ses ministres. Il dispose d'une certaine indépendance, notamment en matière d'éducation (il n'y a pas de ministre fédéral de l'Éducation), et en ce qui concerne la politique culturelle et le maintien de l'ordre. Chaque Land a ainsi sa police, avec son uniforme particulier, et les dates des vacances scolaires varient selon les Länder (cf. page 166).

Petit vocabulaire du citoyen ✶ ✶ ✶ ✶ ✶ ✶ ✶ ✶ ✶ ✶ ✶ ✶

-r Bundesbürger (-) : le citoyen fédéral
-s Gesetz (-e) : la loi
« kraft des Gesetzes » : au nom de la loi
-e Gesetzgebung : la législation
-s Bürgerliche Gesetzbuch (BGB) : le Code civil
-e Verfassung (-en) : la Constitution
-e verfassungsgebende Versammlung : Assemblée Constituante
-e Selbstbestimmung : l'autodétermination
-e Gleichberechtigung : l'égalité des droits

-r Präsident (-en, -en) : le Président
-e vollziehende Gewalt : le pouvoir exécutif
-r Abgeordnete (ein - er): le député
-r Vertreter (-) : le représentant
-s MdB (-s) = Mitglied des Bundestags
sich zusammen/setzen aus + D : se composer de
-e Wahl (-en) : l'élection
wählen : élire
ab/stimmen : voter
- r konstruktive Mißtrauensantrag : La motion de défiance constructive (NB)

N.B. : Pour renverser le Chancelier, le Bundestag doit voter une motion de défiance « constructive » qui désigne un nouveau Chancelier (à moins que le Président ne décide de nouvelles élections).

✶ En ce qui concerne les partis et le mode de scrutin, voir page 152.

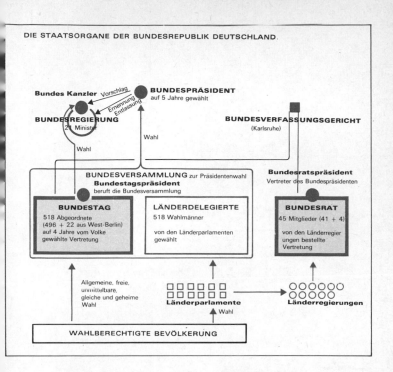

DIE STAATSORGANE DER BUNDESREPUBLIK DEUTSCHLAND

Bundes Kanzler — Vorschlag — **BUNDESPRÄSIDENT** auf 5 Jahre gewählt
Ernennung Entlassung
BUNDESREGIERUNG 21 Minister
BUNDESVERFASSUNGSGERICHT (Karlsruhe)
Wahl

Wahl

BUNDESVERSAMMLUNG zur Präsidentenwahl
Bundestagspräsident beruft die Bundesversammlung

Bundesratspräsident Vertreter des Bundespräsidenten

| **BUNDESTAG** 518 Abgeordnete (496 + 22 aus West-Berlin) auf 4 Jahre vom Volke gewählte Vertretung | **LÄNDERDELEGIERTE** 518 Wahlmänner von den Länderparlamenten gewählt | **BUNDESRAT** 45 Mitglieder (41 + 4) von den Länderregierungen bestellte Vertretung |

Allgemeine, freie, unmittelbare, gleiche und geheime Wahl

Länderparlamente Wahl

Länderregierungen

WAHLBERECHTIGTE BEVÖLKERUNG

Das Grundgesetz (23 mai 1949).

Das Grundgesetz beginnt mit folgender Präambel :

« Im Bewußtsein seiner Verantwortung vor Gott und den Menschen, von dem Willen beseelt, seine nationale und staatliche Einheit zu wahren und als gleichberechtigtes Glied in einem vereinten Europa dem Frieden der Welt zu dienen, hat das deutsche Volk in den Ländern Baden (†), Bayern, Bremen, Hamburg, Hessen, Niedersachsen, Nordrhein-Westfalen, Rheinland-Pfalz, Schleswig-Holstein, Württemberg-Baden (†) und Württemberg-Hohenzollern (†), um dem staatlichen Leben für eine Übergangszeit eine neue Ordnung zu geben, kraft seiner verfassungsgebenden Gewalt dieses Grundgesetz der Bundesrepublik Deutschland beschlossen. Es hat auch für jene Deutschen gehandelt, denen mitzuwirken versagt war. Das gesamte deutsche Volk bleibt aufgefordert, in freier Selbstbestimmung die Einheit und Freiheit Deutschlands zu vollenden. »

La fin de ce préambule explique le refus de la RFA de reconnaître, en droit international *(die völkerrechtliche Anerkennung)*, la RDA comme un État indépendant. Le « Grundvertrag », traité fondamental signé le 21 décembre 1972 entre les deux Allemagnes, instaure un modus vivendi qui permet (Willy Brandt) de « transformer l'antagonisme entre RFA et RDA en une coexistence codifiée ». Les deux États ont été admis à l'ONU le 18 septembre 1973.

Avant de partir

Dans cette partie, vous trouverez des renseignements pratiques sur tout ce qu'il est bon de savoir (ou de revoir) avant de partir pour l'Allemagne fédérale.

Nous vous conseillons d'abord de parfaitement connaître la numération, afin de comprendre sans hésiter toutes les indications chiffrées que l'on pourra vous donner en allemand : heure d'un train, prix d'un article, d'une chambre, d'un billet.

Par ailleurs, nous vous présentons rapidement les différents moyens de transport possibles, entre lesquels il vous appartient de choisir en fonction des commodités mais aussi de l'épaisseur de votre portefeuille : vous comprendrez aisément qu'il soit impossible actuellement d'indiquer avec précision le prix d'un trajet. Vous trouverez à la rubrique « Adresses utiles » les organismes qui pourront vous renseigner.

La partie blanche de cette page peut servir à noter ces renseignements.

Wenn einer eine Reise tut,
muß er vieles planen

La monnaie allemande

Voir aussi page 110.

C'est le « Deutsche Mark = DM », divisé en 100 Pfennig. Il existe des billets de 10, 20, 50, 100, 500 et 1000 DM, des pièces de 1, 2, 5, 10 et 50 Pfennig et de 1, 2 et 5 DM. Dans la vie quotidienne, vous vous servirez surtout des pièces de 5, 2 et 1 DM et de 50 et 10 Pfennig, et du billet de 10 DM.

Changer de l'argent

Changez de préférence avant de partir, du moins une partie de la somme prévue pour le voyage. Pour éviter les conséquences fâcheuses du vol ou de la perte, demandez à votre banque des travellers-chèques que vous pourrez ensuite transformer dans n'importe quelle banque allemande. Vous trouverez de plus un bureau de change *(Wechselstube)* à tous les postes frontière ainsi que dans les aérodromes, les gares des grandes villes, de nombreux hôtels et aussi les syndicats d'initiative *(Verkehrsamt, Verkehrsverein)*.

Le paiement par chèque

Si vous avez en France un compte bancaire, et une carte de crédit *(eine Kreditkarte)* comme Eurocard, Carte bleue, Carte or, vous pouvez dans une banque allemande tirer une certaine somme en D-Mark (limite variable).

De plus, de nombreux magasins acceptent les paiements directs par chèque, sur présentation d'une carte de crédit.

Comparer les prix

Pour vous rendre compte très vite du prix en francs de ce que vous aurez à payer en marks, préparez un tableau de correspondance en fonction du cours en vigueur :

PAR EXEMPLE : 10 DM = .. F   20 DM = .. F
                        100 DM = ... F   120 DM = ... F, etc.

Mais ayez aussi en tête des valeurs approchées : que le mark soit à 1,90 ou à 2,04 francs, multipliez par 2 les prix en DM.

Entraînez-vous aussi à comprendre vite les prix qu'on vous annonce.

Expressions ✳

✳ Was kostet... ?
✳ Wieviel macht das ?
✳ Das hat mich 10 Mark gekostet.
✳ Ich habe es nicht klein, können Sie mir herausgeben ? :
   Je n'ai pas la monnaie, pouvez-vous me faire la monnaie ?
✳ Ich kann es mir nicht leisten :
   Je ne peux pas me payer cela, je ne peux pas m'offrir ce luxe.
✳ Ich habe nur noch 10 Mark übrig :
   Il ne me reste que 10 marks.

Zeit ist Geld　　　　　**Geld stinkt nicht**

Histoires de chiffres

Rappel de quelques particularités

1 eins		1 Uhr : es ist ein Uhr, es ist eins.
		Hast du **ein** 20-Pfennigstück ? Ich habe ein**s** (≠ keins).
		Hätten Sie **einen** 10-Markschein ? Ich habe ein**en** (≠ keinen).
		Eine Mark, zwanzig Mark (invariable).

1er der erste Sind Sie **zum ersten Mal** in Deutschland ?
Ich war **als erster** da ! : J'étais là le premier !

1x einmal Einmal ist keinmal : Une fois n'est pas coutume.
Das Einmaleins : la table de multiplication.

Die Einer, le un (tramway ligne n° 1).
Die Zweier... Zum Bahnhof ? Am besten fahren Sie mit der Einer !
1 1/2 eineinhalb = anderthalb.
2 1/2 zweieinhalb.

2 zwei (am Telefon : zwo).
In den ersten zwei Tagen : les 2 premiers jours.
Wir sind zu zweit : nous sommes à deux
(zu dritt, zu viert).
Eins, zwei, drei, los !

101 hunderteins.
1001 tausendeins. Eine Geschichte aus Tausend und Einer Nacht.
4711 siebenundvierzig elf (das berühmte Kölnisch Wasser).
24 × 36 vierundzwanzig mal sechsunddreißig (Photokleinformat).
10^6 zehn hoch sechs : eine Million.
10^9 zehn hoch neun : eine Milliarde.
10^{12} zehn hoch zwölf : eine Billion.
7 + 5 − 3 = 9 sieben plus fünf minus drei ist (gleich) neun.

Un peu de grammaire

Revoyez la fameuse « déclinaison de l'adjectif », bête noire du débutant... et d'autres !
Repérez bien les terminaisons caractéristiques (celles de **der, die, das**) :

	M	F	N	P
N	-r	-e	-s	-e
A	-n	-e	-s	-e
G	-es	-er	-es	-er
D	-em	-er	-em	-en

L'une de ces terminaisons caractéristiques doit se trouver, si c'est possible et le plus à gauche possible, dans la séquence « déterminatif, épithète, nom ».
Possible : **das** Haus, **dieses** Haus, in **unserem** Haus.
Impossible : mein Haus, unser Haus, 10 Häuser.

Si elle n'est pas accrochée au déterminatif (ou s'il n'y a pas de déterminatif), elle s'accroche à l'épithète qui suit. Si elle est portée par un déterminatif, l'épithète prend les terminaisons du tableau suivant :

	M	F	N	P
N	-e	-e	-e	-en
A	-en	-e	-e	-en
G	-en	-en	-en	-en
D	-en	-en	-en	-en

Donc : **das alte, dieses alte** Haus.
Mais : mein - **neues,** unser - **neues** Haus, zehn - **kleine** Negerlein.
N.B. Au génitif masculin et neutre singulier, l'épithète prend toujours **en.**

Zehn kleine Negerlein

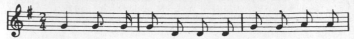

Zehn Klei - ne Ne - ger - lein die spiel - ten in 'ner

Scheun' da ist das ei - ne ins Heu ge - fall'n, da

wa - ren's nur noch neun. Neun, neun, neun.

Zehn kleine Negerlein, die spielten in 'ner Scheun' [1],
Da ist das eine ins Heu [2] gefallen, da waren's nur noch 9.

Neun kleine Negerlein, die gingen auf die Jagd,
da wurd' das eine totgeschossen, da waren's nur noch 8.

Acht kleine Negerlein, die aßen einmal Rüben,
Da hat das eine zuviel gegessen, da waren's nur noch 7.

Sieben kleine Negerlein, die gingen zu der Hex' [3],
Da hat sie ein's zurückbehalten, da waren's nur noch 6.

Sechs kleine Negerlein, die gingen in die Sümpf' [4],
Da ist das eine steckengeblieben [5], da waren's nur noch 5.

Fünf kleine Negerlein, die tranken einmal Bier,
Da hat das eine zuviel getrunken, da waren's nur noch 4.

Vier kleine Negerlein, die aßen heißen Brei [6],
Da hat das eine zu schnell gegessen, da waren's nur noch 3.

Drei kleine Negerlein, die hatten 'ne Rauferei [7],
Da wurd' das eine schwerverletzt, da waren's nur noch 2.

Zwei kleine Negerlein, die reisten mal nach Mainz,
da hat das eine sich verirrt und es blieb nur 1.

Ein kleines Negerlein, das fuhr mal mit 'ner Kutsch [8],
Da ist es dann vom Bock [9] gefallen, da waren's alle futsch [10].

Notes

1. -e Scheune : la grange.
2. -s Heu : le foin.
3. -e Hexe : la sorcière.
4. -r Sumpf ("e) : le marécage.
5. stecken/bleiben : rester en panne.
6. -r Brei : purée, compote, bouillie.
7. -e Rauferei : la bagarre.
8. -e Kutsche : coche, diligence.
9. -r Bock : le siège du cocher.
10. futsch : disparu, fichu (familier).

Les mesures allemandes

A la différence des mesures anglaises, les mesures allemandes appartiennent au système métrique et ne nous posent donc pas de problèmes, sinon dans leur mode d'expression.

Entfernungen (distances)

Wie weit ist es von (hier) bis... nach Stuttgart ?
zur Post ?
in die Stadt
Bonn liegt 30 Kilometer weit von Köln.
Welches ist die nächste Stadt ?

Längen (longueurs)

Wie lang ist der Rhein ? Der Rhein **ist** 1320 km **lang.**
Kennen Sie die Länge der Donau ? Sie **ist** 2888 km **lang.**

Höhen (hauteurs, altitudes)

Die Zugspitze hat zwei Gipfel : der deutsche
ist 2966 Meter hoch, er liegt in 2966 Meter Höhe.
(Ü. M. = über dem Meeresspiegel = au-dessus du niveau de la mer.)
Er ist **um** 3 Meter höher **als** der österreichische Gipfel.

   Der ou **das** Meter (-)
   Der ou **das** Kilometer (-)

N. B. die Stunde : la lieue (heure de marche).
die Seemeile : le mille marin (abréviation sm).

Das Gewicht (poids)

-s **Gramm** (invariable).
-s **Pfund** (invariable), plus populaire que le kilo.
-s **Kilo** (invariable).
-r **Zentner** : le demi-quintal (100 livres).

-e **Tonne.**
wiegen (o, o) : peser.
-e **Waage** : la balance.

Inhalt (contenance)

-r ou das **Kubikzentimeter** (cc).
-r ou das **Kubikmeter** (m³).
-r ou das **Zentiliter** (-).
-r ou das **Liter** (-).
ein Viertel Rotwein : un quart de vin rouge.
ein halbes (einen halben) Liter Weißwein.
ein kleines Helles : une bière blonde, un demi.
eine Maß Bier : mesure bavaroise = un litre !

* Retenez l'expression suivante :
   Ich möchte ein Dutzend Eier.
   Je voudrais une douzaine d'œufs.

Dutzend (invariable) - drei Dutzend. Exception : **Dutzende,** des douzaines.

Das Maß ist voll!

Alles mit Maß !

Attention à l'heure !

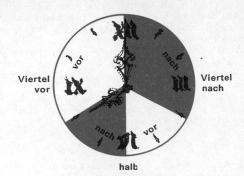

Viertel vor **Viertel nach**

halb

Wie spät ist es ?	Wann geht mein Zug ?
8 (Uhr)	Um 8 Uhr
halb 9	8 Uhr 30
20 vor 8	7 Uhr 40
20 nach 8	8 Uhr 20
5 vor halb 8	7 Uhr 25
5 nach halb 8	7 Uhr 35
5 vor 8	7 Uhr 55
5 nach 8	8 Uhr 5
viertel vor 8 = dreiviertel 8	7 Uhr 45
viertel nach 8 = viertel 9	8 Uhr 15

Grammaire

1. Notez que les noms masculins et neutres considérés comme unités de mesure (sauf les mesures de temps) sont invariables :

Alle Mann an Deck ! : Tout le monde sur le pont !
Bitte, zwei Bier ! : Deux bières, s'il vous plaît.
Geben Sie mir zwei Stück ! : Donnez m'en deux (deux pièces).

2. Le groupe qualificatif : Mettez-vous bien en tête, à partir du cas simple, les extensions possibles, fort utiles et courantes :

Der Rhein ist lang : ein **langer** Fluß.
Er ist 1320 km lang : ein 1320 **km langer** Fluß
Er entspringt in der Schweiz, nicht weit von der Rhônequelle :
Der **in der Schweiz, nicht weit von der Rhônequelle entspringende** Rhein.

Attention aux impossibilités : le groupe qualificatif doit se terminer par un mot déclinable, placé juste avant le substantif :

Der Rhein mit seinen vielen Schiffen ne peut pas devenir der mit seinen vielen Schiffen Rhein !

3. Remarquez les noms abstraits formés sur les adjectifs de mesure. Ils sont tous féminins :

lang	- die Länge	kurz	- die Kürze	
hoch	- die Höhe	tief (≠ seicht) - die Tiefe		
breit	- die Breite	eng	- die Enge	
warm	- die Wärme	kalt	- die Kälte	
heiß	- die Hitze	groß	- die Größe	10 Grad Kälte = minus 10 Grad

Où loger en Allemagne

Hôtels, pensions, chambres

La gamme des hôtels est très variée, vous n'êtes pas obligé de choisir un hôtel de grand luxe *(Luxushotel)*, il y a des auberges simples mais confortables *(Gasthof)*. Le long des autoroutes, vous trouverez 50 « Motels », dont vous pouvez vous procurer la liste dans une station-service autoroutière. Les châteaux-hôtels, généralement très bien situés, sont bien moins chers qu'on ne le pense (**A.U.** p. 172). De nombreux hôtels (400 environ), dans différentes catégories de prix, disposent d'une piscine.

Si vous cherchez un logement économique, les Familienpensionen ainsi que les « Privatzimmer » chez des particuliers ou même dans des fermes offrent un choix considérable.

Locations

Il est possible, pour être parfaitement tranquille, de louer un bungalow ou un chalet pour 15 jours ou un mois (même une semaine) (**A.U.** p. 172). Villages de vacances (**A.U.** p. 172).
Auberges de jeunesse, camping : voir chapitre correspondant, p. 30.

Accueil dans une famille

Plusieurs possibilités : hôte payant (séjour au pair) (**A.U.** p. 176) ou échange, solution souvent intéressante par les contacts qu'elle permet et par les relations personnelles qui s'y nouent (**A.U.** p. 176). Il est recommandé de s'en occuper très tôt !

Vocabulaire ✳ ✳ ✳ ✳ ✳ ✳ ✳ ✳ ✳ ✳ ✳ ✳ ✳ ✳ ✳ ✳ ✳ ✳

Réserver une chambre à un lit, à deux lits à trois lits : ein Einzelzimmer, ein Doppelzimmer, ein Dreibettzimmer reservieren.

Chambre avec salle de bain et WC : Zimmer mit Bad und Toilette.

Ich möchte ein Zimmer für eine Nacht.

Hätten Sie noch ein Doppelzimmer mit Dusche frei ?

Ich möchte ein Dreibettzimmer mit Bad und Telefonanschluß.

Ich komme morgen nicht zum Mittagessen.

Wo ist der Frühstücksraum ?

Können Sie mir bitte das Frühstück aufs Zimmer bringen ?

Können Sie mich bitte um 8 Uhr wecken ?

Füllen Sie bitte den Anmeldeschein (Anmeldezettel) aus !
Veuillez remplir la fiche de police.

Name des Betriebes	Straße	Plan-Nr.	Fern-ruf	Entfernung v. Bhf. i. m	Eigentümer bzw. Inhaber	Bettenzahl	Anz. d. Bäd. od. Duschen	Übernachtungspr. m. Frühstück pro Tag und Person von bis	Pensionspreis (Zimmer und volle Verpflegung) von bis

A savoir : Le prix de la chambre, affiché sur la porte à l'intérieur, comprend généralement le petit déjeuner ainsi que les taxes et le service. Il faut y ajouter en période de froid la taxe de chauffage, et, dans les villes de cure ou stations balnéaires, une taxe spéciale *(Kurtaxe)*.

Si vous demandez une pension ou demi-pension, on vous indiquera par contre le prix par personne.

Lettre à un syndicat d'initiative

Germain X.
75005 Paris
8, rue du Chat-qui-Pêche
1.4.19..

An das Verkehrsamt
Adresse complète
Betreff : Zimmernachweis

Im Juli werde ich für einige Tage in München sein und ich wäre Ihnen sehr dankbar, wenn Sie mir ein Unterkunftsverzeichnis zusenden könnten. Desgleichen würde ich mich auch sehr über einiges Informationsmaterial zu Ihrer Stadt freuen.

Für Ihr Bemühen danke ich Ihnen herzlich,

G. X.

Lettre de réservation

Adresse personnelle   *Date*
An das Hotel X. *Adresse complète*
Betreff · Zimmerbestellung

Vom 10. bis zum 18. Juli 19... bin ich in München und möchte für diese Zeit in Ihrem Hotel wohnen.
Könnten Sie mir bitte umgehend mitteilen, ob Sie mir ein Einzelzimmer mit Dusche für diesen Zeitpunkt reservieren können. Gleichzeitig möchte ich Sie bitten, mir auch den Übernachtungspreis sowie den Voll- und Halbpensionspreis anzugeben.

Für eine baldige Antwort wäre ich Ihnen sehr zu Dank verbunden.

G. X.

Notes

L'adresse : Nom du destinataire, puis nom de la localité précédé du code postal (D 8000 pour Munich) et ensuite seulement le nom de la rue et le numéro.

Betreff (ou betr.) : objet.
an/geben : indiquer.
umgehend : par retour du courrier.

Grammaire

1. Attention !
Ich würde mich freuen, **wenn** Sie noch ein Zimmer frei **hätten**.
Ich möchte wissen, **ob** Sie noch ein Zimmer frei **haben**.

Ob introduit une question directe, sans mot interrogatif en W, que l'on pose ou que l'on se pose : Haben Sie noch ein Zimmer frei ?

2. Deux autres emplois de ob :
Und ob ! = Et comment !
Ob es regnet oder nicht... = qu'il pleuve ou non...

29

Où loger en Allemagne

Les auberges de jeunesse

Les Auberges de jeunesse allemandes *(eine Jugendherberge)* sont très bien équipées et très confortables, parfois même luxueuses - et donc très courues : aussi est-il prudent de réserver à l'avance. Le « Deutsches Jugendherbergswerk » (**A.U.**) publie chaque année un guide des 600 auberges. On peut également se le procurer auprès des Offices allemands du tourisme. Y sont admis les jeunes jusqu'à 27 ans (25 ans en Bavière), et de plus, les familles et même les adultes dans la limite des places disponibles après 19 heures. Présenter la Carte internationale de la FIAJ. Pour les tarifs, se reporter au guide des auberges, mais le prix est modique. Le sac de couchage est obligatoire : il peut être loué sur place, de même que l'on peut louer sur place un appareil photo (actuellement 3 DM pour 15 jours, 1 DM par semaine supplémentaire).

Le camping

L'ADAC et le DCC (Deutscher Camping Club - **A.U.** p. 172) publient chaque année un guide des terrains de camping avec plans de situation (1 350 terrains aménagés). Les Offices allemands du tourisme disposent de cartes indiquant 550 terrains. Le carnet de camping international donne souvent droit à une réduction. Les tarifs sont variables selon l'aménagement et selon la région :

    de 1,00 à 3,00 DM par adulte et par nuit
    de 1,00 à 2,50 DM » auto   »
    de 2,00 à 3,00 DM » caravane »

Schon aus gesundheitlichen Gründen gilt ein Campingurlaub in der Nachsaison als Geheimtip für Genießer.

»Habt ihr noch'n anständigen Schlag Milchnudeln im Pott, Leute?«

Petit vocabulaire du camping

Le sac à dos : **der Rucksack**
Le sac de couchage : **der Schlafsack**
Le matelas pneumatique : **die Luftma-tratze**
Gonfler : **auf/blasen** (à la bouche), **auf/pumpen** (avec une pompe)
Dresser la tente : **das Zelt auf/schlagen** (spannen = tendre)

Le mât : **der Zeltstock** ("e)
Le piquet : **der Hering** (-e) (enfoncer : setzen, ein/schlagen)
Le réchaud : **der Kocher (Gaskocher)**
L'alcool à brûler : **(der) Spiritus**
La lampe à gaz : **die Gaslampe**
La cartouche de gaz : **die Gasflasche, die Kartusche**

Le terrain de camping

Die Anmeldung : inscription
Die Grundgebühr, Standgebühr : taxe de séjour
Die Tagesgebühr : prix de la journée
Der Wächter : le gardien
Der Wasseranschluß : la prise d'eau

Der Stromanschluß : la prise de courant
Das Einkaufszentrum : centre commercial
Der Selbstbedienungsladen : le libre-service
Offenes Feuer verboten : intediction de faire du feu

Le voyage en avion

LIAISONS AÉRIENNES
par AIR FRANCE, LUFTHANSA, SABENA, SWISSAIR

- plus de 5 allers et retours quotidiens
- au moins un aller et retour quotidien
- liaisons non quotidiennes
- autres compagnies

HAMBURG

BERLIN

HANNOVER

DÜSSELDORF

BRUXELLES
KÖLN
LILLE

FRANKFURT

PARIS

METZ
STUTTGART
MÜNCHEN

GENÈVE
LYON

NICE
MARSEILLE

Mini-lexique de l'avion

Das Flugzeug (-e) : l'avion
-r Jet (-s) : le « jet », avion à réaction
-e Maschine : l'appareil
die DC 8 : le DC 8
die Concorde : le Concorde
-s Überschallflugzeug : le supersonique
-e Schallmauer durchbrechen : passer le mur du son
-s Triebwerk (-e) : le moteur
-s Strahltriebwerk : le moteur à réaction
eine vierstrahlige Maschine : un quadriréacteur
-r Pilot (-en), -r Kopilot : le pilote, le copilote
-r Flugkapitän (-e) : le commandant de bord
-r Funker : le radio

-r Steward, -e Stewardeß : le steward, l'hôtesse
Die Maschine startet, fliegt ab : l'appareil part
Die Maschine hebt ab : l'appareil décolle
Sie landet auf einem Flugplatz : Il atterrit sur un aérodrome
-e Bruchlandung : l'atterrissage en catastrophe
-e Zwischenlandung : l'escale
einen Flug buchen : réserver une place sur un avion
Der Flug ist ausgebucht : le vol est complet
-r Direktflug ("e) : le vol direct
-r Umsteigeflug : le vol avec changement d'avion

Im Flugzeug

Stewardeß - Die Lufthansa, Flugkapitän Schulze und die Besatzung [1] heißen sie an Bord herzlich willkommen. Zur Zeit überfliegen wir die Rheinische Tiefebene in einer Höhe von 7000 m und mit einer Geschwindigkeit von 800 km/h. Sie können jetzt die Sicherheitsgurte [2] abnehmen und dürfen rauchen. Wir wünschen Ihnen einen angenehmen Flug.

Herr Fuchs - Da kann ich Ihnen keineswegs zustimmen [3]. Das Flugzeug ist nicht immer das schnellste Verkehrsmittel.

Herr Hase - Aber doch, ein Düsenflugzeug erreicht eine Höchstgeschwindigkeit von 900 km/h und ein Zug nur 200 km/h.

H.F. Ihre Rechnung hat aber einen Haken [4]. Beim Flugzeug müssen sie im Schnitt [5] mit einer zweistündigen Zusatzzeit [6] rechnen : die Anfahrt zum Flughafen, das Warten bis zum Abflug und an der Gepäckausgabe.

H.H. Sie übertreiben [7] da aber mächtig; bei der Eisenbahn müssen Sie ja auch mit einer gewissen Anfahrtszeit zum Bahnhof rechnen.

H.F. Natürlich, aber im allgemeinen liegen die Hauptbahnhöfe unmittelbar in den Stadtzentren und die Anfahrtszeiten sind recht kurz.

H.H. Sie müssen doch zugeben, daß es nichts Moderneres und Bequemeres als das Flugzeug gibt.

H.F. Darüber möchte ich mich gar nicht streiten [8]. Ich möchte aber behaupten, daß das Flugzeug sich erst nach 300 km rentiert. Nur ein Beispiel : Von Hamburg nach Bremen brauchen Sie mit dem Intercity genau 1 Stunde, mit dem Flugzeug -mit Abfertigung usw. 2 1/2 Stunden.

H.H. Wenn das mal stimmt - Und wie lange brauchen Sie von Hamburg nach Frankfurt mit Ihrem Zug?

H.F. Hier ist das Flugzeug natürlich schneller. Frankfurt ist von Hamburg fast 500 km entfernt. Mit dem IC fährt man 4 Stunden 51 Minuten, mit dem Flugzeug ganze 3 Stunden. - Denken Sie aber auch an den Preisunterschied!

St. Meine Damen und Herren, wir bitten Sie, sich anzuschnallen [9] und das Rauchen einzustellen [10]. Gleich überfliegen wir Stuttgart. Der Himmel ist wolkenfrei, und in Stuttgart herrscht eine Außentemperatur von 22 Grad Celsius. Wir wünschen Ihnen einen angenehmen Aufenthalt.

Notes

1. -e Besatzung : l'équipage.
2. -r Sicherheitsgurt : la ceinture de sécurité.
3. Jm zu/stimmen : approuver qqn, être d'accord.
4. -n Haken haben : « clocher », avoir un inconvénient.
5. im Schnitt : en moyenne.
6. -r Zusatz : le supplément.
7. übertreiben (ie, ie) : exagérer.
8. sich streiten (i, i) : se disputer.
9. sich an/schnallen : boucler sa ceinture
10. ein/stellen : ici : cesser.

Grammaire

Brauchen : Ce verbe très utile (il tend même à devenir verbe auxiliaire) doit être parfaitement connu.
Brauchen Sie etwas? (accusatif !) : Avez-vous besoin de qqch. ?
Das brauchen Sie nicht! Ce n'est pas la peine (que vous fassiez cela) !
Bis nach Bremen brauchen Sie eine Stunde : Jusqu'à Brême vous mettez une heure.
Sie brauchen es nur zu sagen : Vous n'avez qu'à le dire.
(On dit de plus en plus : **Sie brauchen nur sagen,** sans **zu.**)
Sie hätten nicht zu kommen gebraucht ou **Sie hätten nicht kommen brauchen** (double infinitif !) : Ce n'était pas la peine de venir.
N.B. Das kann ich gut brauchen ! Cela peut me servir **ou** J'en ai bien besoin.

Les chemins de fer allemands

le réseau T.E.E.
à destination
de l'Allemagne

Le réseau allemand ne ressemble pas, comme celui de la France, à une vaste toile d'araignée centrée sur une capitale : c'est un tissage de 30 000 km de voies, aux mailles plus ou moins serrées selon le poids économique des régions. La carte ci-contre est allégée de toutes les lignes de moindre importance et fait apparaître surtout certains grands axes de liaison rapide des principales villes entre elles et avec les pays étrangers.

Les TEE *(Trans-Europ-Express)* sont des trains internationaux rapides (1re classe avec supplément) aux noms évocateurs (Rheingold, Parsifal, Goethe, Molière...).

Les IC *(Intercity)* sont une originalité : ils constituent un réseau privilégié reliant entre elles, avec un départ toutes les deux heures et des correspondances assurées, 35 villes allemandes, au moyen de quatre lignes.

Le réseau des DC *(City-D-Züge)* complète le réseau des IC. Les DC convergent trois fois par jour vers les villes du réseau Intercity, drainant ainsi les petites villes et les campagnes. Ces trains ont 1re et 2e classe.

En dépit de campagnes pour le rail, notamment pour les transports de marchandises, qui souffraient cruellement de la concurrence de la route, les chemins de fer secondaires et locaux avaient ces dernières années tendance à être remplacés par des lignes de cars postaux.

An der Grenze

Germain kommt zum ersten Mal in eine deutsche Familie und hat ein paar Geschenke mitgenommen. Wie der Zug sich aber der Grenze nähert, wird er unruhig. Sein Gegenüber [1], Herr X, bemerkt es und wendet sich an ihn.

X. Was ist denn los mit Ihnen? Sie sind wohl noch nie über die Grenze gefahren?

G. Ja, ich habe so ein komisches Gefühl...

X. Na, wissen Sie, wenn Sie nicht schmuggeln [2], haben Sie auch nichts zu befürchten.

G. Nun, ich weiß nicht recht, ich habe nämlich 2 Stangen [3] Gauloises und einen Karton mit sechs Flaschen Wein...

X. Hm! Das dürfte wohl ein bißchen zuviel sein!

G. Meinen Sie wirklich?

X. Ich glaube schon, aber still, wir sind jetzt an der Grenze und die Kontrolle hat bereits begonnen.

Germain hört, wie ein Zollbeamter im Nebenabteil fragt :

Zöllner : Zollkontrolle, haben Sie etwas anzumelden [4]? Kaffee, Spirituosen, Zigaretten? Nichts zu verzollen [4]? Wem gehört denn dieser Koffer? Ja, machen Sie den mal bitte auf!

In diesem Augenblick öffnet sich die Tür von Germains Abteil :

Grenzpolizist Deutsche Paßkontrolle. Die Ausweise bitte vorzeigen! Ihren Personalausweis oder Ihren Reisepaß. Ja danke! und noch angenehme Reise!

X. Sehen Sie mal auf den Flur [5], der Zöllner von nebenan geht gerade an unserer Tür vorbei, er hat es scheinbar eilig [6], da haben Sie aber Glück gehabt!

Notes

1. -s Gegenüber : le vis-à-vis.
2. schmuggeln : passer qqch. en fraude.
3. -e Stange : la cartouche (de cigarettes).
4. an/melden, verzollen : déclarer.
5. -r Flur : le couloir.
6. Er hat es eilig : il est pressé.

Grammaire

Das **dürfte** zuviel sein, expression de la vraisemblance.

• **Autres possibilités :**
Das **scheint** mir zuviel **zu sein**
Das ist **wohl** zuviel
Das **wird wohl** zuviel **sein**

N. B. : wahrscheinlich, möglicherweise, wohl, sicherlich, aller Wahrscheinlichkeit nach.

Sachez que... ✳

La carte nationale d'identité ou un passeport, même périmé depuis moins de 5 ans, suffisent pour entrer en Allemagne. Si vous avez moins de 18 ans, il faut soit un passeport personnel, soit la carte d'identité et une autorisation paternelle de sortie de France : s'adresser aux commissariats de police ou aux mairies.

Les chemins de fer allemands

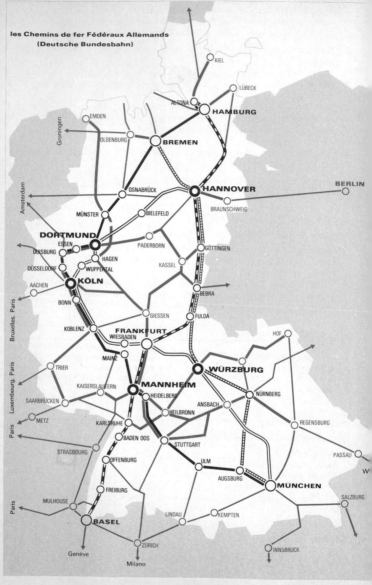

les Chemins de fer Fédéraux Allemands
(Deutsche Bundesbahn)

KIEL

LÜBECK

ALTONA · HAMBURG

EMDEN

Groningen

OLDENBURG · BREMEN

BERLIN

OSNABRÜCK · HANNOVER

Amsterdam

MÜNSTER · BIELEFELD

BRAUNSCHWEIG

DORTMUND

ESSEN · PADERBORN · GÖTTINGEN

DUISBURG · HAGEN

DÜSSELDORF · WUPPERTAL · KASSEL

AACHEN · KÖLN

BONN · BEBRA

Bruxelles, Paris

KOBLENZ · GIESSEN · FULDA

FRANKFURT · HOF

WIESBADEN

TRIER · MAINZ

Luxembourg, Paris

KAISERSLAUTERN · MANNHEIM · WÜRZBURG

SAARBRÜCKEN · HEIDELBERG · NÜRNBERG

Paris

METZ · ANSBACH

KARLSRUHE · HEILBRONN · REGENSBURG

STRASBOURG · BADEN OOS · STUTTGART

OFFENBURG · PASSAU

ULM · W

FREIBURG · AUGSBURG · MÜNCHEN

Paris

MULHOUSE · SALZBURG

BASEL · LINDAU · KEMPTEN

Genève · ZÜRICH · INNSBRUCK

Milano

les 4 lignes
du réseau
INTERCITY
(I.C.)

gares de correspondance
et d'arrêt du réseau I.C.

lignes annexes (D.C.)
en correspondance avec le réseau I.C.

autres lignes importantes

36

Am Schalter

Germain - Hallo, guten Morgen!

Schalterbeamter - Guten Morgen, junger Mann, was möchten Sie?

G. Ich möchte eine Fahrkarte nach Heidelberg.

S. Erster oder zweiter Klasse [1]?

G. Zweiter Klasse natürlich, schnell, mein Zug fährt gleich!

S. Immer nur langsam, Sie haben noch vier Minuten Zeit bis zur Abfahrt. Sie nehmen doch den Schnellzug um 7.36 Uhr! Nur Hinfahrt oder Hin- und Rückfahrt?

G. Hin- und Rückfahrt.

S. Wann kommen Sie denn zurück, noch vor Sonntag abend?

G. Ja, aber was soll denn diese ganze Fragerei, mein Zug!

S. Ich will ja nur Ihr Bestes, ich gebe Ihnen eine Sonntagsrückfahrkarte, das ist viel billiger.

G. Ja gut! Was macht das denn?

S. 5 DM plus 2 DM Schnellzugzuschlag [2]. Sagen Sie das nächste Mal präzis, was Sie wollen : also hier, eine Sonntagsrückfahrkarte zweiter Klasse nach Heidelberg mit Zuschlag.

G. Hier sind 10 Mark, geben Sie mir schnell meine Karte, sonst sehe ich nur noch das Zugende! - Vielen Dank, Auf Wiedersehen!

S. Hallo, junger Mann! Ich habe Ihnen noch nicht herausgegeben! ... Aber Germain ist schon hinter der Sperre [3] verschwunden...

Notes

1. Der TEE hat nur erste Klasse.
Mais : Germain fährt zweiter Klasse.

2. Der Zuschlag ("e) : supplément pour

trains rapides, notamment TEE et Intercity.

3. Die Sperre : mot à mot, la barrière = accès au quai.

Grammaire

1. Der Beamte, ein Beamter : déclinaison d'adjectif.

2. Die Fragerei : les noms en -ei et en -ie sont féminins, de même que ceux qui se terminent par : -heit, -keit, -schaft, -ung.

3. Was soll denn das ? : qu'est-ce que c'est que cela, qu'est-ce que cela signifie ?

4. Ich will dein Bestes : je ne veux que ton bien
Er tut sein Bestes : il fait de son mieux

Expressions courantes ✳ ✳ ✳ ✳ ✳ ✳ ✳ ✳ ✳ ✳ ✳ ✳ ✳ ✳

✳ Der Zug Nummer D 277 aus Frankfurt in Richtung Heidelberg, Offenburg, Basel mit planmäßiger Ankunft um 8.33 Uhr hat Einfahrt auf Gleis 2a. Bitte zurücktreten !

✳ Ist hier noch ein Platz frei ?

✳ Stört es Sie, wenn ich das Fenster etwas herunterlasse ?

✳ Entschuldigen Sie bitte, ich bin hier fremd, könnten Sie es mir sagen, wenn wir in Heidelberg ankommen, damit ich den Bahnhof nicht verpasse !

✳ Der Zug hat 10 Minuten Verspätung.

✳ Die letzten drei Wagen werden abgehängt.

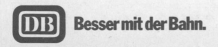 **DB** Besser mit der Bahn.

Les chemins de fer allemands

Réductions

1. Enfants de moins de 4 ans : gratuit.
   De 4 à 12 ans : 50 %.
   Groupes : Plus de 10 (adultes) : 30 %, plus de 25 : 50 %.
2. Carte Rail-Europ-Junior (moins de 21 ans) : coût 5 F dans les gares SNCF ou agences. 25 % de réduction sur les trajets européens.
3. Carte Inter-Rail : moins de 21 ans, valable 1 mois. 50 % de réduction sur le réseau du pays émetteur, voyages gratuits en 2de classe sur les réseaux de 21 pays dont l'Allemagne. Auprès des gares SNCF, avec carte d'identité ou passeport.
4. Les billets AR et de voyage circulaire (arrêts à volonté) permettent, au-delà de 200 km, d'obtenir une réduction de 10 à 40 % selon la distance.

Représentation générale du Chemin de fer allemand

EN FRANCE : 24, rue Condorcet, F 75009 Paris, Tél. 878-50-26.
EN BELGIQUE : Rue du Luxembourg 23, B 1040 Bruxelles, Tél. 02/13-23-54.
EN SUISSE : Schwarzwaldallee 200, CH 4 000 Basel 16, Tél. (061) 33-37-90.

Services divers

Dans les grands trains, les hommes d'affaires trouvent un secrétariat, qui leur permet de dicter leur courrier et de téléphoner. Le wagon-restaurant est souvent doublé d'un wagon-bar, parfois d'un wagon-dancing. Une voiture panoramique permet de mieux admirer le paysage, tandis que des haut-parleurs diffusent un commentaire.

Les trains autos-couchettes (*die Autoreisezüge*) se développent sans cesse, mais les liaisons avec la France sont surtout destinées aux touristes allemands qui vont vers le Midi rechercher le soleil. En dehors de Paris-Strasbourg, il n'existe en effet que les lignes suivantes :

Fréjus-Saint Raphaël	- Karlsruhe, Köln, Frankfurt, Düsseldorf.
Narbonne	- Karlsruhe, Stuttgart, München.
Narbonne	- Karlsruhe, Frankfurt, Kassel.
Narbonne	- Karlsruhe, Frankfurt, Düsseldorf.
Avignon	- Frankfurt, Hannover, Hamburg.
Biarritz	- Saarbrücken, Frankfurt, Düsseldorf.

Le service « Fahrrad am Bahnhof » s'adresse plus modestement aux touristes plus sportifs... et moins fortunés. Son principe :

Mit dem Zug AUF das Land
Mit dem Rad DURCH das Land!

Dans plus de 200 gares allemandes (liste auprès de la DB), on peut louer un vélo pour un jour, une semaine ou plus. On peut ensuite le rendre dans n'importe quelle autre *Fahrradbahnhof*. Le prix n'est pas prohibitif. Dans ces mêmes gares, un abonnement-semaine régional (*eine Bezirkswochenkarte*) permet d'explorer tout une région en train et à vélo : on fournit même des itinéraires-type : demander à la DB les *Regionalprospekte*.

Tolles Tempo

Nur zwei Herren saßen in dem Abteil, als der Zug den Bahnhof verließ, einer in einem großkarierten Mantel, ihm gegenüber ein anderer, der sich mit dem Inhalt einer riesigen Zeitung beschäftigte. Bald schüttelte der im karierten Mantel den Kopf und sagte : « Ein tolles Tempo! »

« Na, » brummte der hinter der Zeitung, « das sind höchstens sechzig, hier darf er doch nicht schneller fahren. »

« Das meine ich nicht - ich meine das da draußen! Man soll es doch nicht für möglich halten [2]! Das ist ja märchenhaft! Also, da stand vor einem Jahr noch kein Stein auf dem anderen, - und jetzt, es ist kaum zu fassen [3]! »

« Nichts ist heutzutage unfaßbar », brummte der andere.

« Sagten Sie nicht : vor einem Jahr? Ach, du lieber Gott, was in einem Jahr alles passiert!... »

« Ja, vor einem Jahr bin ich zum letztenmal diese Strecke [4] gefahren - aber das übersteigt doch alle Erwartungen! Na, bitte, werfen Sie nur einen Blick hinaus. Was sehen Sie? Einen großen, dichten Wald! Und ich sage Ihnen, ich kenne die Strecke genau, hier hat im vorigen Jahr kein Wald gestanden. So schnell wächst auch keiner, das ist unmöglich! »

« Lassen Sie mich endlich in Ruhe lesen! Sie werden sich eben täuschen [5], der Wald hat wahrscheinlich schon vor tausend Jahren da gestanden. »

« Aber erlauben Sie! Wenn es auch ein Jahr her ist, seit ich hier entlang-gefahren bin, so kenne ich die Strecke nach Würzburg doch wie meine Westentasche! »

Nun ließ der Zeitungsleser endlich das Blatt sinken, schaute den anderen eine Sekunde lang an, hob dann wieder die Zeitung vors Gesicht, und sagte : « So, so, na, dann ist ja alles in Ordnung! »

« Wieso? Nichts ist in Ordnung! »

« Doch, » kam die Stimme hinter der Zeitung hervor. « Das ist nämlich gar nicht der Zug nach Würzburg, das ist der nach Mannheim. Der nach Würzburg stand auf der anderen Seite des Bahnsteigs [6]! »

gekürzt nach P. F. Günther, Max Hueber Verlag München
(Texte zum Lesen und Nacherzählen)

Notes

1. -s Tempo : l'allure, la vitesse.
2. « Cela semble impossible ».
3. fassen : saisir, comprendre ; unfaßbar : inconcevable.
4. -e Strecke : la ligne, le trajet.
5. sich täuschen : se tromper, faire erreur.
6. -r Bahnsteig : le quai (de gare).

Grammaire

1. Vor einem Jahr : il y a un an. In einem Jahr : en un an (ou : dans un an).
Seit einem Jahr : depuis un an. Es ist schon ein Jahr her : il y a déjà un an.

2. Die Stimme kam **hinter der Zeitung hervor** : la voix venait **de derrière** le journal.
De même : Der Hund sprang **unter dem Tisch hervor.**
   Le chien surgit **de dessous** la table.

3. Der im karierten Mantel : celui en manteau à carreaux.
Der nach Würzburg : celui de Wurzburg.
Le substantif (Mann, Zug) est sous-entendu.
On peut comparer ce mode d'expression, également, à la forme elliptique : « der im Abteil saß », souvent utilisée au lieu de la forme complète : « derjenige, der im Abteil saß » (celui qui était assis dans le compartiment).

39

La route allemande

Légende / Zeichenerklärung:

- **T** — Tankstelle/service station/Station-service
- **R** — Raststätte/road-house/restaurant routier
- **K** — Kiosk/kiosk/kiosk
- Motel/motel/motel
- Mit Bedienung/with service/avec service
- **SB** — Selbstbedienung/self-service/libre-service
- Erfrischungsdienst/refreshment service/service de rafraîchissements
- WC ebenerdig/W.C. level with the ground/W.-C. à rez
- Babywickelraum/Baby swaddling room/chambre pour emmailloter des bébés
- Kinderspielplatz/playing ground for children/parc à jeux pour enfants
- Infothek/information desk/stand d'information
- **i** — Information/Information(s)/information(s)

Entfernungstabelle / Distance chart

	AACHEN	AUGSBURG	BERLIN	BONN	BREMEN	DORTMUND	DÜSSELDORF	ESSEN	FLENSBURG	FRANKFURT/M.	FREIBURG/BR.	GARMISCH/PART.	HAMBURG	HANNOVER	KARLSRUHE	KIEL	KÖLN	KONSTANZ	LÜBECK	MANNHEIM	MÜNCHEN	NÜRNBERG	PARIS	REGENSBURG	SAARBRÜCKEN
AUGSBURG	586																								
BERLIN	626	566																							
BONN	91	506	601																						
BREMEN	342	692	391	305																					
DORTMUND	155	604	493	118	277																				
DÜSSELDORF	79	560	571	74	199	68																			
ESSEN	111	581	534	94	230	36	32																		
FLENSBURG	667	884	451	630	285	523	592	565																	
FRANKFURT/M.	257	359	569	171	466	269	225	247	658																
FREIBURG/BR.	503	286	829	417	765	515	471	533	920	270															
GARMISCH/PART.	714	117	685	628	842	724	686	712	1039	488	342														
HAMBURG	503	720	287	468	121	360	401	340	164	492	858	875													
HANNOVER	353	577	295	316	128	211	289	315	352	347	604	730	151												
KARLSRUHE	372	227	670	316	597	384	463	508	788	139	136	471	624	471											
KIEL	605	823	571	597	223	463	535	508	85	596	858	968	96	258	693										
KÖLN	68	522	724	27	277	104	45	67	610	188	471	814	403	288	243	552									
KONSTANZ	606	232	311	520	836	593	572	573	1020	376	136	936	836	693	295	937	534								
LÜBECK	556	782	639	527	180	419	491	491	165	553	858	937	64	221	693	78	499	921							
MANNHEIM	313	290	583	228	538	326	281	303	730	80	198	405	546	403	85	648	243	295	599						
MÜNCHEN	644	67	440	538	753	612	634	612	947	393	345	85	783	639	261	885	574	289	836	348					
NÜRNBERG	474	138	784	388	582	442	464	464	777	223	369	261	613	470	243	715	403	289	666	280	165				
PARIS	358	984	498	498	740	477	509	509	1065	589	666	790	901	783	532	1003	466	606	954	703	816	810			
REGENSBURG	574	135	488	682	614	542	564	564	870	319	416	216	716	613	355	808	503	341	759	376	121	96	907		
SAARBRÜCKEN	241	368	758	231	614	298	320	320	835	199	275	492	671	541	142	774	250	379	725	134	426	420	390	517	
STUTTGART	445	161	624	360	458	412	436	436	862	213	205	279	698	555	81	800	373	195	751	140	219	189	612	289	222

les autoroutes allemandes

Le réseau routier

Il totalisait à la fin de 1970 162 700 km de routes classées, dont 4 460 km d'autoroutes, 32 205 de routes fédérales *(Bundesstraßen)*, 65 358 de *Land-straßen*, 60 671 de *Kreisstraßen*.

La route allemande

Die Strassenverkehrszeichen : *la signalisation routière*

Les panneaux routiers sont internationalisés dans toute l'Allemagne. Vous pourrez déjà vous familiariser avec eux si vous traversez l'Est de la France. Il est bon néanmoins de connaître certaines indications données en allemand (page ci-contre).

Verkehrsdisziplin : *Comment bien (se) conduire*

Die Straßenverkehrsordnung (StVO) (Code de la route) est pratiquement le même qu'en France, avec notamment priorité à droite sauf signalisation spéciale (qui est très fréquente).

EN VILLE

- La vitesse est limitée à 50 km/h.
- Sur certaines grandes artères, des feux vous indiquent la vitesse synchronisée *(Grüne Welle)*, variable suivant le trafic : vous n'avez aucun intérêt à la dépasser.
- Ralentissez à l'approche des passages cloutés *(Zebrastreifen)*, les automobilistes allemands laissent toujours la priorité aux piétons.
- Avant les carrefours, regardez bien les panneaux qui vous indiquent votre direction et prenez dès que possible la file correspondante *(Einreihen!)*. Au carrefour même, les différentes files n'ont pas toutes le feu vert en même temps (N. B. le feu passe du rouge à l'orange, puis au vert).
- La nuit, en ville, les voitures roulent obligatoirement en code.

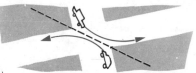

Virage à gauche à un carrefour

SUR L'AUTOROUTE *(die Autobahn)*

Pour y entrer, vous n'avez pas la priorité, mais ne vous arrêtez pas; profitez de la bande de lancement pour vous mettre à la vitesse de la circulation.

Avant d'arriver aux échangeurs *(Autobahndreieck* ou *Autobahnkreuz)*, sachez bien quelle direction vous devez prendre, sinon vous aurez bien du mal à vous y retrouver !

- Les autoroutes allemandes sont gratuites. Il est interdit de s'y arrêter (bien sûr de faire demi-tour). Cependant, en cas de panne, arrêtez-vous sur la bande de dégagement et n'oubliez pas de mettre en place votre triangle rouge de signalisation *(das Warndreieck)*, il est obligatoire (N. B. Interdiction de doubler à droite).

Tous les 2 km, une borne téléphonique jaune vous permet d'appeler la *Straßenverkehrshilfe* de l'ADAC, ou de l'AVD (cf. p. 170), dont l'assistance est gratuite, sauf les frais de matériel. Les voitures de patrouille jaunes de ces clubs automobiles *(Straßenverkehrswacht)* sont toujours prêtes également à vous aider gratuitement en cas de besoin.

- Des parkings *(Parkplätze)*, des aires de repos *(Rastplätze)* et des restoroutes *(Raststätten)*, ces derniers toujours avec poste d'essence, ouverts 24 h sur 24, vous permettent de faire une halte.
- Les sorties des autoroutes sont toujours indiquées assez longtemps à l'avance.

42

Parkprobleme

Autofahrer mit einem Schutzmann [1] im Gespräch

A. Entschuldigen Sie bitte, Herr Schutzmann! Kann ich hier meinen Wagen parken?

S. Ja schon! Aber vergessen Sie nicht, Sie sind hier in einer Kurzparkzone [2].

A. Können Sie mir bitte sagen, was ich da tun muß?

S. Sie sehen doch die Parkuhr auf dem Bürgersteig; da brauchen Sie nur zu lesen: Sie werfen ein 10-Pfennigstück ein und dürfen so eine halbe Stunde parken, für 20 Pfennig eine Stunde.

A. Und darf ich den Wagen den ganzen Vormittag da stehen lassen?

S. Auf keinen Fall! Hier dürfen Sie maximal nur 2 Stunden bleiben. Sonst begehen Sie einen Verstoß gegen die Straßenverkehrsordnung [3] und bekommen eine Verwarnung!

A. Wo kann ich denn längere Zeit stehen bleiben?

S. Zwei Straßen weiter finden Sie ein Parkhaus. Aber wenn ich Ihnen einen guten Tip [4] geben kann, stellen Sie Ihr Auto auf den Parkplatz eines der Kaufhäuser: wenn Sie dort etwas für 2 DM kaufen, können Sie umsonst parken [5]!

In fast allen Städten, vor allem in der Stadtmitte, sind Parkuhren angebracht, oder aber Schilder mit der Aufschrift « Kurzparkzone », was Sie dazu verpflichtet, eine Parkscheibe zu benutzen.

Es ist ratsam, immer Kleingeld (10 und 50-Pfgstücke) für die Parkuhr bei sich zu haben.

Notes et commentaires

1. Der Schutzmann, der Polizist, der Verkehrspolizist, der Wachtmeister : catégories d'agents de police. Leur uniforme varie selon le Land.
Die grüne Minna est la voiture verte de la patrouille de police.
Die Polente (argot) : la police.
Die weiße Maus est un motard.
2. Die Kurzparkzone correspond à notre zone bleue.
Ein gebührenpflichtiger Parkplatz est un parking payant.
Eine Tiefgarage est un garage payant souterrain.

Ein Parkhochhaus ou Parkhaus : garage en immeuble.
3. Einen Verstoß gegen die StVO begehen : commettre une infraction au code de la route.
Eine Verwarnung, eine Geldstrafe, ein Protokoll = amende.
Auf der Windschutzscheibe Ihres Wagens finden Sie das Protokoll mit Postanweisung, die es Ihnen ermöglicht, den Betrag auf jeder Post einzuzahlen.
4. Ein Tip : un conseil
5. Im allgemeinen an Wochentagen von 9 bis 19 Uhr.

Rappel de quelques termes indispensables

Einbahnstraße : sens unique.
Umleitung : déviation.
Sackgasse : voie sans issue.
Schleudergefahr : route glissante.
Kurve, kurvenreiche Strecke : nombreux virages.
10 % Gefälle : pente à 10 %.
Glatteisgefahr : danger de verglas.
Wildwechsel : passage de gibier.
Anlieger frei : interdiction sauf aux riverains.
Unbeschränkter Bahnübergang : passage à niveau non protégé.
Stadtmitte : centre ville.

Kreisverkehr : sens giratoire.
Bauarbeiten : chantier.
Ende der Ausbaustrecke : fin d'une route élargie et modernisée.
Schiffsfähre : bac.
Geröll : gravillons.
Gegenverkehr : fin du sens unique.
S-Kurve : virage en « S ».
Steinschlag : chute de pierres.
Lawinengefahr auf 2 km : danger d'avalanches sur 2 km.
Mautstraße : route à péage.
Ausgenommen Zugmaschinen : (défense de doubler) sauf tracteurs.

43

La route allemande

Petit lexique de l'automobile

Accélérateur : -r Gashebel, -s Gaspedal ; Gas geben, aufs Gas drücken.
Aile : -r Kotflügel.
Allumage : -e Zündung.
Antibrouillard : -e Nebelscheinwerfer (pl.) (ein/schalten).
Antigel : -s Frostschutzmittel.
Avertisseur : -e Hupe (hupen).
N.B. : Lichthupe.

Boîte de vitesses : -s Getriebe.
Bougie : -e Zündkerze.

Capot : -e Kühlerhaube (öffnen).
Carburateur : -r Vergaser.
Ceinture de sécurité : -r Sicherheitsgurt (-n - an/schnallen).
Chambre à air : -r (Luft) schlauch. (flicken, aus/tauschen).
Clignotant : -r Blinker,
Codes : -s Abblendlicht ; (passer en -), ab/blenden, mit - fahren.
Coffre : -r Kofferraum.
Courroie : -r Keilriemen (ist gerissen).
Court-circuit : -r Kurzschluß.

Démarrer : anfahren ; (le moteur ne démarre pas : -r Motor springt nicht an).
Démarreur : -r Anlasser (klemmt : est coincé).
Distributeur : -r Zündverteiler

Échappement : -r Auspuff ; (gaz d'-) -e Abgase (pl.).
Embrayage : -e Kupplung (schleift : patine).
Embrayer : ein/kuppeln (≠ aus-) ; die Kupplung treten.
Essuie-glaces : -r Scheibenwischer.

Feux de croisement : -s Abblendlicht.
Feu de position : -s Standlicht.
Filtre à air : -r Luftfilter.
Frein : -e Bremse (treten).
Frein à main : -e Handbremse (ziehen ≠ lösen).
Fusible : -e Sicherung (ist kaputt gegangen).

Graissage : -s Abschmieren.

Huile : -s Öl (Dieselöl = gas-oil) ; -n Ölstand prüfen (vérifier le niveau d'huile).

Lanterne : -s Standlicht.
Lavage : Waschen.
Lave-glace : -e Scheibenwaschanlage.

Marche arrière : -r Rückwärtsgang (-n - einlegen).
Moteur : -r Motor, -e Motoren.
Marche avant : -r Vorwärtsgang (-n - einlegen).

Pare-brise : -e Windschutzscheibe.
Pare-chocs : -e Stoßstange.
Pédale : -s Pedal (-e).
Phare : -r Scheinwerfer.
Phare à iode : -r Halogenscheinwerfer.
Plaque d'immatriculation : -s Nummernschild.
Pneu : -r Reifen (ist geplatzt, ist abgefahren).

Radiateur : -r Kühler (ist leck : a une fuite).
Régler : ein/stellen.
Remorquer : ab/schleppen.
Réservoir : -r Tank.
Rétrograder : rück/schalten.
Rétroviseur : -r Rückspiegel.
Révision : -e Inspektion.
Roue : -s Rad ("er) (-s Reserverad).

Serrure : -s Schloß (ist zugefroren, klemmt).
Siège : -r Sitz (Vorder-, Beifahrer).
Starter : -r Starter (-n - ziehen / ein-schieben).

Ventilateur : -r Ventilator.
Vidange : -r Ölwechsel (Machen Sie den Ölwechsel).
Vitesse (1, 2...) : -r Gang (-n ersten - einschalten).
Vitre : -e Scheibe.
Volant : -s Lenkrad ;
(antivol sur le, -s Lenkradschloß.)

Expressions

Pour aller à ... ? : Wie komme ich nach... ?
Allez tout droit : Fahren Sie geradeaus (grad'aus) !
Tournez à droite : Biegen Sie rechts ab !
Allez jusqu'à ... : Fahren Sie bis (bis zu...) (bis nach...) !
Où est la prochaine pompe à essence ? : Wo ist die nächste Tankstelle ?
Y a-t-il un garage ? : Ist hier eine Werkstatt ?

Attention

Die Garage = on y parque sa voiture. Elle ne sera réparée que dans une Autoreparaturwerkstatt ou bei einem Mechaniker, Automechaniker.

An der Tankstelle

Tankstellenwart [2] - Benzin oder Super?
Autofahrer - Super, den Tank voll bitte!
T. Soll ich auch den Ölstand und den Reifendruck nachprüfen?
A. Das ist nicht nötig, könnten Sie aber bitte die Windschutzscheibe sauber machen?
T. Haben Sie sonst noch einen Wunsch?
A. Ach ja, ich habe unterwegs eine Reifenpanne gehabt. Können Sie mir bitte das Ersatzrad sofort reparieren?
T. Wenn Sie einen neuen Schlauch nehmen, ist die Reparatur in drei Minuten erledigt.

Währenddessen kommt eine Frau zur Tankstelle.

Frau - Entschuldigen Sie bitte, könnten Sie mir vielleicht helfen, ich habe etwa einen halben Kilometer von hier eine Panne gehabt. Mein Wagen steht am Straßenrand.
T. Was funktioniert denn nicht? Haben Sie vielleicht eine Ahnung?
F. Nein, überhaupt nicht, plötzlich blieb der Motor stehen. Ich versuchte 5 Minuten lang ihn anzulassen, aber nichts zu machen...
T. Ich rufe einen Mechaniker, er kann dann nach Ihrem Wagen sehen. Fritz, fahre mit dieser Dame zu ihrem Auto, der Motor springt nicht mehr an. Notfalls kannst du sie abschleppen [3].

Fritz kommt nach 10 Minuten zuruck.

T. Nun, was war denn los?
Fritz - Nichts Besonderes. Immer das alte Lied, sie hatte nämlich keinen Sprit [4] mehr...
T. In Ordnung! Kannst du gerade noch dem Herrn da das Reserverad wieder festmachen. - So, mein Herr, das wär's.
A. Was schulde ich Ihnen nun?
T. 30 Liter Super 29 DM, einen Schlauch 10 DM, das macht zusammen 39 DM. Zahlen Sie bitte an der Kasse, dort bekommen Sie auch Ihre Quittung [5].
A. Ja, die brauche ich eben fürs Finanzamt!
T. Auf Wiedersehen und gute Fahrt!

Notes

1. -e Tankstelle : la pompe à essence, station-service.
2. -r Tankstellenwart : le pompiste.
3. ab/schleppen : remorquer.
4. -r Sprit (familier) = essence.
5. -e Quittung : la facture.

Grammaire

Nichts Besonderes : rien de particulier.
Comparez : **Was gibt's Neues?** (Quoi de neuf?)
        Etwas Merkwürdiges : quelque chose de curieux.
L'adjectif substantivé neutre, qui s'emploie après **etwas** et **nichts**, prend une majuscule, et surtout une terminaison caractéristique du neutre (**-es** au nominatif-accusatif, **-em** au datif).

Ein Witz ✳ ✳ ✳ ✳ ✳ ✳ ✳ ✳ ✳ ✳ ✳ ✳ ✳ ✳ ✳ ✳ ✳ ✳ ✳

Ein Snob fährt mit seinem Sportwagen bei Rot über die Kreuzung. Stoppt kurz darauf, hält die Hand lässig aus dem Fenster und ruft dem Polizisten zu : « Zahlen bitte ».

Itinéraires touristiques

Si vous circulez en voiture en Allemagne, sachez sortir des autoroutes : repérez sur une bonne carte les routes touristiques, qui portent des noms souvent évocateurs et traversent des régions pittoresques ou intéressantes. Nous en citerons quelques-unes :

* Dans le Nord, la *Grüne Küstentraße* vous conduit du Danemark aux Pays-Bas en suivant toute la côte frisonne. Elle vous donne aussi l'occasion de visiter l'une des nombreuses îles, de Sylt au Nord à Borkum à l'Ouest, ce qu'il ne faut pas manquer si l'on va dans ces régions.

* Au départ de Coblence, la *Westerwald-Lahn-Taunus-Straße* est un très agréable circuit d'une centaine de kilomètres à travers les massifs montagneux et sur les bords de la Lahn et du Rhin, tandis que la *Rheingoldstraße,* qui suit le Rhin vers le Sud, sur sa rive gauche, s'en écarte parfois, et s'élève sur les hauteurs pour vous proposer d'admirables coups d'œil sur la vallée : elle aboutit à Bingen, avec sa célèbre *Mäuseturm.*

* Si vous venez de Metz et Sarrebruck, prenez à Kaiserslautern la *Kaiserstraße* jusqu'à Worms, puis la *Nibelungenstraße,* qui vous fait découvrir au hasard de ses détours des petites villes remarquables comme Michelstadt et Miltenberg, et remonter la vallée du Main jusqu'à Würzburg, avec le magnifique palais baroque qu'est la Résidence (Souvenirs du sculpteur Tilman Riemenschneider).

* De Würzburg, la *Romantische Straße* vous mène ensuite jusqu'à Füssen, à la pointe d'un lac alpin, mais au passage vous avez admiré les petites villes moyenâgeuses de Rothenburg ob der Tauber et de Dinkelsbühl, et visité Augsburg, qui en vaut bien la peine : vous y raviverez vos souvenirs sur les Fugger, les célèbres banquiers de Charles Quint...

* A Füssen, nous sommes déjà sur la très touristique *Deutsche Alpenstraße :* on peut la prendre aux environs de Salzbourg, passer par Berchtesgaden et redescendre jusqu'au bord du Chiemsee (de Mozart à Louis II de Bavière en passant par Hitler ! !), puis, plus à l'Ouest, faire du « lèche-vitrines » à Garmisch-Partenkirchen (ou monter à la Zugspitze), faire un saut à Munich par la *Olympia Alpenstraße* ou continuer vers l'Ouest en retrouvant la Deutsche Alpenstraße à Füssen, pour arriver à Lindau, sur les bords du lac de Constance.

* De Lindau, nous trouvons alors la *Grüne Straße* et nous passons des Alpes à la Forêt Noire : nous nous arrêtons à Meersburg, sur le lac encore, puis à Donaueschingen (source officielle du Danube), au Titisee et enfin à Fribourg-en-Brisgau, où nous visitons au moins la cathédrale.

* Enfin signalons la très longue et très belle *Deutsche Ferienstraße* qui de l'extrême Nord (Puttgarden sur l'île de Fehmarn, dans la Baltique) zigzague à travers toute l'Allemagne et aboutit à Berchtesgaden au cœur des Alpes de Bavière.

Ein Witz *

Auf der Autobahn. Zwei Autos prallen zusammen. Leichter Blechschaden. Der eine Autofahrer steigt aus und schimpft fürchterlich. Der andere holt eine Flasche Schnaps aus dem Wagen und meint ruhig : « Kommen Sie, wir trinken erst mal einen. » Der andere trinkt. Auch ein zweites und ein drittes Glas. Nach dem vierten sagt er zu dem edlen Spender : « Sagen Sie mal, warum trinken Sie eigentlich nichts ? » Darauf der andere : « Ich hole jetzt die Polizei. »

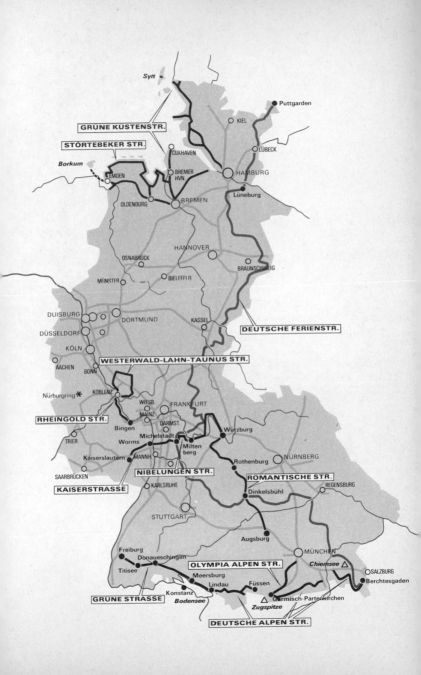

Anhalter [1] steht am Straßenrand und winkt den vorbeifahrenden Autos. Nach 5 Minuten hält ein Auto mit Wohnwagen [2] :

Autofahrer - Wohin wollen Sie denn?

Anhalter - Ich möchte nach München.

F. Das trifft sich gut [3], ich fahre nämlich nach Nürnberg, dann haben Sie es nicht mehr allzuweit.

A. Welche Strecke fahren Sie denn?

F. Immer Autobahn. Sie werden es sehen, mit einem Anhänger ist das viel praktischer.

A. Haben Sie auch auf einem Campingplatz reserviert? Ich glaube nämlich, es ist ziemlich schwer, auf ersten Anhieb [4] einen Platz zu finden. Letztes Jahr mußte ich mit meinem Kleinzelt auf einer Bauernwiese übernachten, da ich wegen Überfüllung auf zwei Zeltplätzen abgewiesen wurde.

F. Darum habe ich mich schon im Februar gekümmert. Ich habe mehrere Zeltplätze gleichzeitig angeschrieben.

A. Wo hatten Sie denn die Adressen her?

F. Ganz einfach aus dem Campingführer. Und die Plätze, die wir bis jetzt hatten, waren einfach prima, mit WC, Duschen, Schwimmbad usw.

A. Das ist ja fantastisch!

F. In Lindau hatten sie sogar eine Bar. Wenn ich daran denke, bekomme [5] ich geradezu Durst! Ich schlage Ihnen vor, wir halten an der nächsten Raststätte und trinken etwas!

A. Ja gern! Ich habe nämlich schon eine trockene Kehle und einen mächtigen Brand [6]!

Notes

1. Per Anhalter fahren = Autostop machen = trampen.
2. -r Wohnwagen : la caravane (-r Anhänger : la remorque).
3. Das trifft sich gut : ça tombe bien.
4. Auf ersten Anhieb : du premier coup.

5. bekommen (a, o) : Wo hast du das bekommen : où as-tu trouvé cela?
Ich habe es geschenkt bekommen : on me l'a offert.
Ich bekomme langsam Hunger : je commence à avoir faim.
6. Ich habe einen mächtigen Brand : j'ai une soif terrible.

Grammaire

Exercez-vous à employer les verbes à régime particulier.

1. Datif
Er winkt **den** vorbeifahrenden Autos : il fait signe aux autos qui passent.
Ich danke **Ihnen** : je vous remercie.
Er folgt **einem** Wagen : il suit une voiture.
Kann ich Ihnen helfen? : puis-je vous aider?
Es ist **mir** gelungen : j'ai réussi.

2. Accusatif :
Ich bitte **Sie** : je vous en prie.
Er bittet **den** Autofahrer, ihn mitzunehmen : il demande à l'automobiliste de le prendre.
Er fragt **ihn,** wohin er fährt : il lui demande où il va.

3. Préposition
Er kümmert sich **um einen** Campingplatz : il s'inquiète d'un terrain de camping.
Er fragt **nach dem** Weg : il demande son chemin.
Er denkt **an mich** : il pense à moi.

Ces verbes ne sont pas les seuls : notez les autres à chaque occasion.

Où se renseigner en Allemagne

A moins que vous n'alliez dans une famille allemande ou chez des amis, la première chose à faire, lorsque vous arrivez dans une ville allemande, est de rendre visite au syndicat d'initiative. Si vous avez un bon guide d'Allemagne, son adresse y est indiquée. Il se trouve souvent à la gare même ou à proximité, il y en a un dans tous les aérodromes, et à l'entrée des grandes villes, sur les grands axes routiers. Il s'appelle selon les cas :

> *Verkehrsamt (das)* ou *Fremdenverkehrsamt.*
> *Verkehrsverein (der)* ou *Fremdenverkehrsverein.*
> *Lotsendienst (der)* ou simplement : *Information.*

Dans les stations balnéaires ou de cure on s'adresse à la *Kurverwaltung.*
Si l'on cherche seulement un gîte, repérer l'inscription *Zimmernachweis.*

N.B. : Les employé(e)s sont généralement très patient(e)s et parlent souvent français (...)

Que peut-on demander au S.I. ?

- Un plan de la ville : *einen Stadtplan.*
- Des prospectus : *Prospekte (der Prospekt)*; *Prospektmaterial (das).*
- Un guide de la ville ou de la région : *einen Führer.*

Plans de ville et prospectus sont généralement gratuits, ainsi que les listes d'hôtels et pensions *(-s Verzeichnis der Hotels, Pensionen und Gasthöfe).*

Le SI peut par téléphone, contre une taxe *(eine Gebühr)* modique, vous réserver une chambre dans la ville même et aussi dans votre prochaine ville-étape. Il fournit des renseignements *(Auskunft, Auskünfte)* sur les musées, les expositions, les manifestations culturelles et artistiques *(Veranstaltungen).*

Ne le confondez pas avec les agences de voyages *(das Reisebüro, -s),* organismes privés et commerciaux...

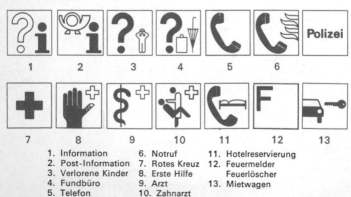

1. Information	6. Notruf	11. Hotelreservierung
2. Post-Information	7. Rotes Kreuz	12. Feuermelder
3. Verlorene Kinder	8. Erste Hilfe	Feuerlöscher
4. Fundbüro	9. Arzt	13. Mietwagen
5. Telefon	10. Zahnarzt	

Ces quelques symboles font partie d'un ensemble créé pour l'aéroport de Francfort, mais commencent à se répandre dans toute l'Allemagne Fédérale.

Fragen kostet nichts !

Quelques expressions pour se renseigner

* Entschuldigen Sie bitte, wie komme ich zum Verkehrsamt? - Gehen Sie immer geradeaus.

* Wo ist bitte die Hauptstraße? Sie fahren bis zur zweiten Ampel [1], biegen dort rechts ein und fahren dann an der nächsten Ampel links ab.

* Wie muß ich fahren, um ins Stadtzentrum zu kommen? - Sehen Sie dort die Kirche? Da fahren Sie links ab [2] und dann immer geradeaus; nach 200 m münden [3] Sie dann in die Bahnhofstraße; dann sind Sie im Zentrum.

* Wie kommt man zum Marktplatz? Da nehmen Sie am besten die Straßenbahn, die Linie 9.

* Welches ist der kürzeste Weg zur Kirche? Quer durch den Stadtpark.

* Wo ist die nächste Straßenbahnhaltestelle? - Gleich dort links um die Ecke.

* Wann fährt die letzte Straßenbahn? Gegen 1 Uhr.

* Wie oft kommt ein Bus? Alle 10 Minuten.

* Welche Linie fährt zum Zoo? Die Linien 5 und 17.

* Könnten Sie mir bitte ein preisgünstiges Hotel empfehlen? Das Hotel Waldeck ist nicht allzu teuer und ist sehr gepflegt.

* Wüßten Sie zufällig [4], wo man hier gut und nicht allzu teuer essen kann? - Da kann ich Ihnen nur den Ratskeller [5] empfehlen.

* Könnten Sie bitte für morgen mittag, zwölf Uhr, einen Tisch für fünf Personen reservieren? - Ja, auf welchen Namen [6] bitte? - Herr Mayer.

* Ich möchte gerne eine typische Weinstube kennenlernen. Gehen Sie zum « Grünen Krug » in die Buchenstraße.

* Gibt es hier in der Nähe eine Bank? - Ja gleich neben dem Bahnhof.

* Könnten Sie mir bitte einen 10-Markschein in ein 5-Markstück und 5 einzelne Markstücke wechseln? -Ich will mal nachsehen [7], ja, das geht.

* Wo ist das nächste Postamt? Zwei Minuten von hier, in der gleichen Straße auf der linken Seite.

* Wann öffnet die Apotheke?- Um 8 Uhr.

* Wann ist Geschäftsschluß? Wochentags um 18 Uhr, samstags schon um 14 Uhr.

* An welchem Tag sind die Museen geschlossen? Im allgemeinen am Montag.

* Wann beginnt das Konzert? Punkt 1/2 8 [8].

* Um wieviel Uhr ist das Schauspiel in etwa [9] zu Ende? Gegen Viertel nach zehn.

* Am Wievielten wird die « H-Moll Messe [10] » von Bach gegeben? Am 21. Juli.

* Hat der Hauptfilm schon begonnen? Ja, bereits seit 10 Minuten.

* Was schulde ich Ihnen? - 15 Mark bitte.

* Wie kann ich das wieder gut machen? Gar nicht, das ist doch selbstverständlich.

Notes

1. -e Ampel (-n) : feu tricolore.
2. links ab/fahren : tourner à gauche.
3. münden in + A : déboucher dans.
4. Wüßten Sie zufällig... : sauriez-vous par hasard...
5. -r Ratskeller (-) : caveau de l'Hôtel de ville.

6. auf welchen Namen? : à quel nom?
7. ich will mal nach/sehen : je vais voir.
8. Punkt halb acht : à 7 h et demie précises.
9. in etwa : approximativement.
10. die H-Moll Messe : la messe en si mineur.

Où vivent les Allemands?

Exercice = reconstituez des phrases complètes.

* Einwohnerzahl : 62 Millionen (betragen).
* Bevölkerungsdichte : 248 pro km² (sich belaufen auf).
* Bevölkerung ungleichmäßig verteilt (sein).
* Zahl der Gemeinden, Städte und Großstädte : 23 600 (es gibt).
  80 % davon weniger als 2 000 Einwohner (haben).
* Diese nur 1/5 der Gesamtbevölkerung (aus/machen).
* In den Großstädten : 33 % (wohnen).
* Besonders dicht besiedelte Gebiete = « Ballungszentren » (werden bezeichnet als).
* Das Ruhrgebiet, der Frankfurter Raum, der Mannheim-Ludwigshafener Raum, Hamburg, München (dazu zählen u.a.).
* Dünn besiedelt : Die Norddeutsche Tiefebene, das Fränkische Becken, die Bayerische Hochebene (Superlativ, sind folgend...).

Städte : Vier Generationen (unterscheiden können).
* Römerzeit (aus...) wie z.B. : Trier, Bonn, Aachen (es gibt).
* Mittelalter (stammen aus...), besonders malerisch : Rothenburg ob der Tauber, Nürnberg, Regensburg, Goslar, Tübingen.
* Fürstliche Residenzstädte : Mannheim, Karlsruhe, geometrische Stadtplanung (auffallen durch).
* Industriestädte des 19. Jhds : Essen, Städte des Ruhrgebiets (sein). Eine 5. Generation : Nachkriegszeit (mit sich bringen) ; wiederaufgebaute Städte, neue Stadtviertel (sich handeln um).

Wohntypen : Das Wohnbild der Deutschen ändert sich insofern, als sie in einer Stadt, an der Stadtperipherie (in einem Vorort) oder in einer Dorfgemeinde angesiedelt sind. Es seien hier nur die wesentlichsten Wohntypen aufgezählt : Einzelhäuser (Einfamilienhäuser, oft Bungalows), Doppelhäuser, Reihenhäuser, Siedlungen, mehrstöckige Häuser, Hochhäuser, Wohnblocks, alle meist mit Garten.
* Besonders die größeren Wohneinheiten sind in Studios, Zwei, Drei-, Vier-, ... zimmerwohnungen aufgeteilt (unterteilt).
* Die Bewohner sind entweder Mieter (sie wohnen in Miete), oder aber Haus- bzw. Wohnungseigentümer (ca. 50 %).
* Den französischen « HLM » entspricht der « Soziale Wohnungsbau » (Sozialwohnungen).
  N. B. Kasernenbau, Mietskasernen, Hasenställe, Wabenbau.

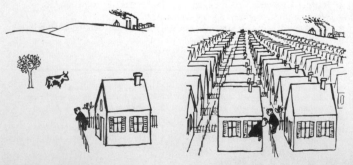

Müllers holen Germain ab

Frau Müller, Franz und Angelika stehen auf dem Bahnsteig, um Germain abzuholen, der mit dem Zug um 14 Uhr 10 ankommen soll.

Frau Müller - Wo bleibt denn nur der Zug, der hat ja schon 10 Minuten Verspätung!

Angelika - Aber nein, deine Uhr geht doch vor! Auf der Bahnhofsuhr ist es gerade 7 nach 2.

Franz - Was bist du nur so aufgeregt?

F.M. Ich befürchte, daß wir Germain nicht erkennen und daß er dann nicht weiß, wo er hin soll!

A. Du machst dir aber unnötige Sorgen, wir haben doch sein Foto und er hat ein Bild von uns allen!

F. Übrigens hat er eine rote Krawatte an, so fällt er gleich auf.

(Lautsprecher :) Bitte zurücktreten, der Schnelluzzg Nummer 315 aus Paris mit planmäßiger Ankunft 14 Uhr 10 hat Einfahrt Gleis 4.

A. Seht, dort neben dem Gepäckwagen steigt Germain aus!

F. Ja, er ist es, wir laufen ihm entgegen!

F.M. Rennt aber nicht die Leute um!

A. Guten Tag, Germain!

Germain - Guten Tag! Du bist also Angelika!

F. Grüß dich Germain! Komm, gib mir deinen Koffer, dort ist meine Mutter.

F.M. Ach, hier ist ja der Germain! Guten Tag! Hast du eine gute Reise gehabt?

G. O ja! die Reise war angenehm; nur am Zoll hatte ich etwas Angst.

F.M. Das ist jetzt aber vergessen, und wir werden schnell nach Hause fahren. Du hast ja sicher Hunger! Das Auto steht auf dem Bahnhofsvorplatz.

Grammaire

Marquez bien l'accent dans les verbes dits à « particule séparable et inséparable » :

    abholen : Sie holen ihn **ab**.   er**kenn**en : Sie er**kenn**en ihn.
    auffallen : Er fällt ihnen **auf**.   ver**gess**en : Er ver**gißt** es.

Quelques formules de politesse   ✳ ✳ ✳ ✳ ✳ ✳ ✳ ✳ ✳ ✳

✳ **Distinguez bien :** Guten Morgen, guten Tag, guten Abend, gute Nacht! En Allemagne du sud : Grüß Gott! Entre amis : Grüß dich!

✳ Entschuldigen Sie, bin ich hier bei Dr. Müller?

✳ Ich möchte Herrn Müller sprechen.

✳ Entschuldigen Sie, daß ich zu spät komme, ich fand kein Taxi.

✳ Gestatten Sie, daß ich mich vorstelle : Meyer. Sehr angenehm (freut mich, sehr erfreut), Schmitt. - Angenehm.

✳ Wie geht es (Ihnen, Ihrer Gattin, Ihren Kindern, dir, euch)?

✳ Dürfte ich hier bitte telefonieren?

✳ Darf ich Ihnen eine Zigarette anbieten? - Ja gern, ich bin so frei! (Danke, ich rauche nicht.)

✳ Stört es Sie, wenn ich rauche? - Keineswegs.

✳ Es tut mir leid, aber ich muß jetzt gehen (aufbrechen).

✳ Auf Wiedersehen, Herr Dr. Müller! Auf Wiederschauen! Bis bald! Bis morgen! Familier : Tschüß! Tschau! Bye!

La maison des Müller

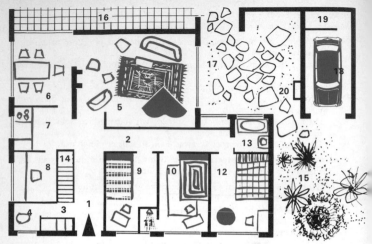

1. -r Eingang	7. -e Küche	14. -e Kellertreppe
2. -r Flur (Gang, Korridor)	8. -e Vorratskammer	15. -r Garten
3. -e Garderobe	9. -s Kinderzimmer	16. -e Loggia
4. -s WC (-e Toilette)	10. -s Elternzimmer	17. -e Terrasse
5. -s Wohnzimmer	11. -e Dusche	18. -e Garage
6. -s Eßzimmer	12. -s Fremdenzimmer	19. -r Abstellraum
	13. -s Bad (Badezimmer)	20. -r Brunnen

Die Einrichtung

1. -e Haustür
2. -e Blumenbank
3. -r Garderobenhalter
   -r Garderobenständer
4. -s Toilettenpapier
   -r Spüler : chasse d'eau
5. -s Sofa : canapé
   -e Couch : canapé-lit
   -r Sessel
   -r Hocker : tabouret, pouf
   -s Klavier : piano
   -r Flügel : piano à queue
   -e Musiktruhe : meuble radio électrophone
   -r Fernsehapparat
   -e Stehlampe : lampadaire
6. -r Eßtisch
   -r Eßzimmerschrank
   -e Kredenz : buffet
   -r Servierwagen : table roulante
   -r Kamin : cheminée
   -r Teppich
   -r Teppichboden : moquette
   -e Steckdose : prise
   -r Lichtschalter : interrupteur
7. -r (Elektro-, Gas-) herd : cuisinière

-e Spüle : bloc-évier
-r Küchenschrank
-r Kühlschrank
-e Geschirrspülmaschine
-r Müllschlucker : vide-ordures
8. -e Tiefkühltruhe : congélateur
   -s Bügelbrett : planche à repasser
   -e Waschmaschine
   -e Nähmaschine : machine à coudre
9 à 12. -s Bett (-en)
   -s Klappbett : lit-armoire
   -r Schreibtisch
   -r Einbauschrank : placard
   -e Bücherwand : ensemble éléments bibliothèque
13. -e Badewanne
   -r Spiegelschrank
   -s Waschbecken
   -s Frottiertuch : serviette-éponge
15 à 17. -r Rasen : gazon
   -e Sträucher : arbustes
   -s Blumenbeet : plate-bande
   -r Sonnenschirm : parasol
18. -e Einfahrt
   -s Gartentor

Germain entdeckt das Haus

F.M. So, da wären wir [1].

A. Komm Germain, hier geht's zur Haustür. Paß aber auf, daß Rolf dich nicht umwirft [2]! Das ist unser Hund.

G. Vor Hunden habe ich keine Angst.

A. Wo hab' ich denn nur meinen Haustürschlüssel?- Da werde ich wohl läuten müssen; Vater ist ja sicher schon da.

V. Guten Abend Germain, hast du die Reise gut überstanden [3]?

G. Ja, danke.- Ich soll Ihnen einen schönen Gruß von meinem Vater und meiner Mutter ausrichten [4].

V. Vielen Dank. Kommt doch durch, ihr braucht doch nicht hier im Flur stehenzubleiben. Angelika wird dich auf dein Zimmer führen und dir dann das Haus zeigen.

A. Komm hier rechts durch die Tür. Gleich hier ist mein Reich, und daneben ist das Gästezimmer, in dem du wohnen wirst.

G. Und was ist neben meinem Zimmer?

A. Da ist das Schlafzimmer meiner Eltern und dann das Bad.

G. Ist das Badezimmer groß?

A. Komm, sieh es dir mal an. Der Hahn hier ist für die Badewanne und der dort für die Dusche. Man verwechselt sie leicht. Ich wollte neulich Wasser in die Wanne laufen lassen, paßte aber nicht auf und drehte den Hahn für die Dusche auf. Das Ergebnis davon war, daß ich von Kopf bis Fuß naß war.

G. Was habt ihr denn für ein komisches Bidet hier?

A. Das ist doch kein Bidet, das ist das Klosett (die Toilette). Gleich neben dem Eingang ist dann noch eine zweite Toilette.

G. Wo führt denn dort die Tür hin?

A. Ins Wohnzimmer und ins Eßzimmer. Und gleich nebenan ist dann die Küche und das Bügelzimmer meiner Mutter.
Die Küche sehen wir uns aber lieber später an, sonst [5] muß ich meiner Mutter gleich wieder beim Abendessenvorbereiten helfen.

G. Ja und wo ist das Zimmer von Franz?

A. Der hat seine Bude im Untergeschoß [6]. Dort hat er sich auch eine Dunkelkammer [7], einen Hobbyraum [8] und sogar eine Bar eingerichtet.

G. Das muß ja ganz dufte [9] sein. Gebt ihr oft Parties?

A. Wenn's nach uns ginge [10], jede Woche eine. Meine Mutter will das aber nicht, sie ist in den Dingen etwas komisch und ziemlich streng.

G. Und dein Vater?

A. Der ist viel aufgeschlossener [11], nur kann er nicht immer zu uns halten [12], er muß eben bisweilen auch meiner Mutter beihalten.

M. Angelika, wo steckst du denn? Du mußt mir doch beim Abendbrot helfen! Es ist schon halb sieben, und Vater will um Punkt sieben essen.

Notes

1. Da wären wir : nous y sommes.

2. um/werfen (a, o, i) : renverser.

3. überstehen : supporter, surmonter.

4. aus/richten : Ich werde es ihm ausrichten : je lui ferai la commission.

5. sonst : sinon.

6. -s Geschoß : das Erdgeschoß = le rez-de-chaussée; das Untergeschoß = le sous-sol.

7. -e Dunkelkammer : chambre noire (pour la photo).

8. -s Hobby : le passe-temps préféré.

9. dufte (familier) : formidable.

10. Wenn es nach uns ginge : si cela ne tenait qu'à nous.

11. aufgeschlossen : ouvert, compréhensif.

12. zu -m halten : prendre le parti de qqn.

Les repas en famille

Nous dirons quelques mots des repas traditionnels, mais il faut se rendre compte de ce que la vie moderne impose son rythme aux Allemands aussi bien qu'aux Français. La « journée continue » se répand de plus en plus : le plus souvent, les travailleurs allemands n'ont à l'heure de midi qu'une heure ou 3/4 d'heure pour prendre un repas rapide *(Imbiß)*. Au maximum, le jeune Français reçu dans une famille aura cinq repas :

* Le petit déjeuner *(das Frühstück, frühstücken)* : café, chocolat, thé ou jus de fruits, pain [1], beurre, confiture et souvent charcuterie, ou poisson fumé, fromage, œuf à la coque.

* Le second petit déjeuner (vers 10-11 h) que l'on prend à la maison, au bureau ou à l'école (sandwich, chocolat, fruit).

* Le déjeuner *(das Mittagessen)* commence généralement par une soupe, suivie d'un plat garni et d'un dessert.

* Le goûter ou le thé *(der Fünfuhrtee, das Kaffeetrinken, die Vesper, das Vesperbrot, vespern, die Jause, jausen [2])*.

* Le dîner *(das Abendessen)* se prend souvent très tôt, c'est en général la *Kalte Platte* (comparable à l'assiette anglaise), accompagnée de thé [3] ou de bière, plus rarement de vin, en principe réservé au père de famille et à ses amis, tandis que la mère et en tout cas les enfants boivent des eaux minérales ou des jus de fruits (notamment le Apfelsaft, voire le Cola). Il arrive même qu'on ne boive rien pendant le repas, mais seulement après.

1. **Le pain** : Les Allemands, qui font aux Français une réputation de mangeurs de pain, en consomment eux-mêmes beaucoup, mais pas aux mêmes moments, et surtout ils disposent d'une variété de pains que nous ne soupçonnons pas : Schwarzbrot, Roggenbrot (**seigle**), Vollkornbrot (pain complet), Misch- ou Graubrot (**pain bis**) sous différentes formes, Kommißbrot (qui se conserve très longtemps), Mohnbrot (aux graines de pavot), Kümmelbrot (au cumin), der Weck ou Wecken (petit pain allongé, en deux parties), das Brötchen ou die Semmel... Ce ne sont là que quelques exemples, il y a une quantité de variétés et de désignations régionales.

2. Ici aussi il s'agit de termes régionaux.

3. Der Tee désigne non seulement le thé (Schwarzer Tee) mais encore les infusions diverses : Pfefferminztee (menthe), Kamillentee (camomille), Lindenblütentee (tilleul), Hagebuttentee (cynorrhodon = fruit d'églantier).

Les complexes

Les Allemands ont souvent, vis-à-vis des Français, un complexe gastronomique. Bien vivre, bien manger, c'est être « *wie der liebe Gott in Frankreich* ». Aussi demandera-t-on souvent à une jeune Française de préparer un jour un repas ou au moins un plat « à la française ».

Parallèlement, une campagne se développe pour corriger certains excès, on se convertit au régime végétarien, on prend de l'exercice « *Trimm dich fit!* », on surveille sa ligne *(die schlanke Linie)*, les boutiques de produits diététiques, notamment les « Reformhäuser », sont prospères.

Mais le fameux *Bierbauch*, la bedaine, se porte encore fort bien...

Ein Witz ✳ ✳ ✳ ✳ ✳ ✳ ✳ ✳ ✳ ✳ ✳ ✳ ✳ ✳ ✳ ✳ ✳ ✳ ✳

Beim Mittagessen. « So », sagt der Knirps [1] zu seiner Mutter, « jetzt habe ich die Möhren zehnmal gekaut [2] wie du gesagt hast ». « Brav, mein Junge », lobt die Mutter. « Und was soll ich jetzt damit tun ? »

1. der Knirps : le bambin. - 2. kauen : mâcher; cf. : der Kaugummi.

Das erste Abendessen

Mutter - Hast du den Tisch gedeckt, Angelika? Und auch nicht die Servietten vergessen?

Angelika - Alles ist bereit. Soll ich gongen?

M. Ja bitte, komm dann auch bitte die Suppe holen.

(etwas später) Nimmst du noch etwas Suppe nach [1], Germain?

G. Nein danke, ich habe keinen allzugroßen Hunger nach der langen Fahrt.

M. Und Ihr Kinder, wollt ihr auch keine Suppe mehr?

A. Nein danke, gib den Rest Vater, der ißt ja so gerne Suppe.

Vater - Ja dann will ich euch mal einen Gefallen tun [2].

Franz - Und was gibt's jetzt noch?

A. Nur noch Kalte Platte.

F. Wie immer also!

V. Wie, Schinken, Aufschnitt [3], Tomaten, Eier, Gurken [4] und Käse genügen dir nicht?

F. Natürlich, so war das ja auch nicht gemeint.

M. Und zum Nachtisch gibt's dann noch Heidelbeeren.

F. Hahahaha...

M. Warum lachst du denn so, Franz?

F. Als Mutter gerade die Heidelbeeren erwähnte, mußte ich an einen Witz denken, den ich gestern abend gehört habe.

M. Ist der auch stubenrein [5]?

V. Aber Grete, Franz erzählt doch nur saubere Witze oder?

A. Schieß schon los [6]!

F. Sie ist ein junges Mädchen vom Land, er ein junger Mann aus der Stadt. Sie lieben sich und er lädt sie eines Tages zu sich auf die Bude [7] ein.

M. Ist der Witz auch wirklich harmlos [8]?

V. Still, laß ihn doch weiterreden!

A. Jetzt wird's doch erst spannend [9]!

F. Er öffnet eine Flasche Sekt und bietet ihr den Kaviar an, den er gekauft hat. Et zündet dann einige Kerzen an und legt eine Platte auf [10]. Währenddessen sagt sie kauend : der Sekt ist ja ausgezeichnet, nur die Heidelbeermarmelade schmeckt leider etwas nach Fisch...

Notes

1. etw. nach/nehmen : reprendre de qqch.
2. -m einen Gefallen tun : faire plaisir à qqn.
3. -r Aufschnitt (sans plur.) : différents saucissons en rondelles.
4. -e Gurke (-n) : le cornichon.
5. stubenrein : propre (racontable).
6. Schieß schon los! : : Vas-y! Parle!.
7. -e Bude (-n) : ici « piaule, carrée ».
8. harmlos : inoffensif.
9. spannend : passionnant (film, histoire).
10. er legt eine Platte auf : il met un disque.

Grammaire

Nur et **erst**

Attention : si l'on pense en français, la traduction est souvent la même (seulement, ne... que). Mais **nur** indique une quantité, **erst** un repère dans le temps, avant lequel le fait énoncé n'a pas eu ou n'aura pas lieu :

Vier Freunde sollten mich um vier Uhr besuchen. Sie sind **nur zu dritt** gekommen, und **erst um fünf Uhr.**

Ich habe es **erst heute** erfahren : je ne l'ai appris qu'aujourd'hui.

A table

C'est à table que vous vous trouverez avec toute la famille réunie. C'est là que les conversations peuvent être le plus fructueuses : profitez-en et n'ayez jamais peur de poser des questions.

La politesse à table

Vous êtes le jeune Français, ou la jeune Française : à travers vous on va juger les autres, ou du moins se faire sa petite idée... Mais il suffit certainement d'être naturel, et, quant au reste, de faire comme les autres convives : il n'y a pas de cérémonial particulier. Il est seulement de bon ton de ne pas couper au couteau, mais à la fourchette les *Knödel, Klöße* ou pommes de terre. Et si le menu ne vous plaît pas, faites contre mauvaise fortune bon estomac, et ne vous exclamez pas qu'il n'y a que chez nous que l'on mange bien !

Par ailleurs, on appréciera toujours que vous offriez vos services : *Darf ich Ihnen helfen ?* : Vous permettez que je vous aide ? *Kann ich Ihnen irgendwie behilflich sein ?* : Puis-je vous être utile ?

Mini-lexique : *Ich decke den Tisch* ✳ ✳ ✳ ✳ ✳ ✳ ✳ ✳ ✳

-s Gedeck : le couvert, tout ce que l'on met sur la table.
-r Teller (-) : l'assiette (Der Teller **steht** auf dem Tisch).
-r Suppenteller, -r flache Teller, Salatteller.
-e Schüssel (-n) : le plat.
-e Suppenschüssel : la soupière.
-s Glas ('' er) : le verre.
  ein Wasserglas : un verre **à** eau.
  ein Glas Wasser : un verre **d'**eau.
Das Glas gehört nicht vor den Teller, sondern rechts davon : le verre ne se place pas devant l'assiette...
-s Besteck (-e) : le couvert (silbernes Besteck, Fischbesteck).

-s Messer (-) : le couteau (das Elektromesser).
-r Löffel (-) : la cuiller (Suppen-, Tee-, Kaffeelöffel).
  Man löffelt die Suppe : on mange la soupe (à la cuiller).
  Man gibt einen Löffelvoll Essig in den Salat : on met une cuillerée de vinaigre dans la salade.
-e Gabel (-n) : la fourchette.
-e Serviette (-n) : la serviette.
-r Serviettenring, -e Serviettentasche : rond, pochette à serviette.
-s Salzfaß, -r Salzstreuer : la salière.
-e Pfeffermühle : le moulin à poivre.
-e Tube Senf : le tube de moutarde.

Quelques éléments de conversation pratique ✳ ✳ ✳ ✳ ✳ ✳

✳ Wann ist das Frühstück ? Wann gibt es Mittagessen ?
✳ Wir essen gegen 7 Uhr zu Nacht (zu Abend). - Nehmen Sie bitte Platz !
✳ Möchten Sie noch etwas Suppe ? Ich nehme gern noch etwas Suppe.
✳ Darf ich Ihnen noch etwas nachreichen (nachservieren ?).
✳ Dürft'ich Ihnen noch nachgießen (nachschenken)? Ja bitte, aber nur noch halb voll. Wir wollen antrinken. Dürfte ich mir noch etwas Fleisch nachholen (nehmen)? Greifen Sie doch zu! Könnte ich bitte das Salz haben ? Könnten Sie mir bitte den Salzstreuer reichen ? Könnten Sie mir bitte den Senf herüberreichen ?

Beim Frühstück

M. Was trinkst du denn zum Frühstück, Germain?
G. Was die andern auch trinken.
M. Die trinken fast jeder etwas Verschiedenes : Schokolade, Kaffee, Tee...
F. Ich nehme Schokolade.
G. Ich möchte bitte etwas Kaffee.
M. Mit oder ohne Milch?
G. Schwarz, bitte. Und ein Stück Zucker.
M. Du ißt doch auch ein weiches Ei wie wir alle?
G. Das bin ich zwar nicht gewohnt [1], aber ich will's mal versuchen.
M. Du mußt tüchtig [2] essen, sonst kommst du ganz ausgehungert nach Haus.
   Franz, geh doch bitte die Brötchen holen!
V. Guten Morgen Kinder, gut geschlafen?
F. Wie immer.
V. Und du Germain?
G. Danke, eigentlich auch ganz gut.
V. So ganz gut scheinst du nicht geschlafen zu haben...
A. Wie, hat dich die Kirchturmuhr auch so gestört?
G. Die weniger, die hab'ich kaum gehört. Nur mit dem Bettuch bin ich
   nicht ganz zurechtgekommen [3].
M. Wie, Angelika, hast du etwa Germains Bett nicht richtig gemacht?
A. Aber doch, das versteh'ich nicht!
G. Entschuldigt bitte, wenn ich das sage : bei uns sind die Bettücher und
   Bettdecken etwas breiter, so daß man sie rechts und links um die Matratze
   schlagen kann. Und hier ist das Bettlaken [4] zu schmal dafür.
V. Und du hast Durchzug [5] gehabt!
G. Nur anfangs, nachher habe ich dann Abhilfe [6] gefunden.
A. Wie hast du denn das gemacht?
G. Ganz einfach, ich habe meine Hosenträger geholt, sie unter die Matratze
   durchgezogen und dann an beiden Seiten der Decke festgeklemmt [7].
M. O du armer Junge, für heute abend will ich dir aber eine größere Decke
   geben.

Notes

1. Ich bin es gewohnt = ich bin daran gewöhnt : j'y suis habitué.

2. tüchtig : (ici) comme il faut.

3. zurecht/kommen mit : s'arranger de qqch, s'y retrouver.

4. -s Bettlaken (-) = -s Bettuch (¨ er) : le drap de lit.

5. -r Durchzug (¨ e) : le courant d'air (es zieht : il y a des...).

6. Abhilfe finden : trouver un remède.

7. fest/klemmen : fixer avec une pince.

N. B. Les lits allemands ne sont pas comme les lits français. On trouve
rarement des lits à deux personnes. Le lit n'est pas bordé : il y a souvent
une couverture sur laquelle se boutonne un drap, ou une sorte de duvet
enfermé dans une housse (qu'on appelle dans le sud le « Plumeau »).
Quel que soit le système, on s'enveloppe dedans. Le traversin est remplacé
par un coussin en forme de sifflet placé sous le matelas.

Gut gekaut ist halb verdaut.
Der Hunger ist der beste Koch.

Les courses pour le déjeuner

Ne négligez aucune occasion de participer à la vie quotidienne... et d'enrichir votre vocabulaire pratique. Ne succombez surtout pas trop à la tentation des magasins à libre service *(Selbstbedienung)*, où vous pouvez avoir tout ce que vous voulez sans dire un seul mot (même à la sortie, où le prix à payer apparaît sur la caisse enregistreuse).

Comme partout, les magasins à grande surface *(der Supermarkt, "e)* connaissent un essor incroyable. Les grands magasins *(das Kaufhaus, "er)* sont prospères eux aussi. Essayez plutôt, pour mieux voir les Allemands, d'accompagner votre hôtesse chez les détaillants. Le commerce de détail *(der Einzelhandel)* connaît des difficultés. L'épicier du coin *(der Tante-Emma-Laden)* a du mal à survivre : il s'est modernisé et transformé en libre service *(der Selbstbedienungsladen)*. On y trouve bien sûr le ravitaillement ordinaire *(die Lebensmittel, pl.)* mais aussi les produits d'entretien *(Haushaltwaren)* et de nettoyage *(Reinigungsmittel)*.

On ne distingue pas le boucher du charcutier : *der Metzger (oder Fleischer, Schlachter) verkauft Wurst- und Fleischwaren*. Dans les villages, le boucher tient souvent un petit restaurant où l'on est assuré de manger de la bonne viande.

Le boulanger *(der Bäcker, beim Bäcker, in der Bäckerei)* mérite une visite, mais surtout la *Konditorei* (pâtisserie-salon de thé) a un rôle social non négligeable : elle n'est pas réservée aux classes privilégiées et remplace un bon nombre de nos « bistrots ».

Une recette de cuisine : *Ein Kochrezept*

Schweineschnitzel in Tomatensoße

Zutaten (für 4 Personen) : 4 Schweineschnitzel (à 150 g), Salz, Edelsüßpaprika, Pfeffer, 2-3 Eier, 4 Eßlöffel Semmelbrösel, 2 Eßlöffel Maiskeimöl, 1 Schachtel Tomatensoße, 1 Eßlöffel Sahne, 2 Eßlöffel geriebener Parmesan.
Zubereitung : Schnitzel würzen und in Ei und Semmelbröseln panieren. In heißem Fett von jeder Seite 4 Minuten braten und in eine feuerfeste Form geben. Die Soße nach Packungsanweisung bereiten, mit Sahne abschmecken und über die Schnitzel gießen. Alles mit Käse bestreuen und unter dem vorgeheizten Grill gratinieren. Dazu : Pommes Croquettes und Gemüsesalat.
Kalorien pro Person : ca. 460. Zubereitungszeit : ca. 30 Min.

Die Liebe geht durch den Magen.

In der Küche

Angelika hilft ihrer Mutter beim Kochen.

M. Aber Angelika, was machst du denn da, du schälst die Kartoffeln ja viel zu dick, die sind doch jetzt so teuer!

A. Mit diesem Küchenmesser da kann man aber nicht dünner schälen.

M. Dann nimm in Zukunft das Kartoffelschälmesser, für heute hast du genug geschält...

A. Wie soll ich denn die Kartoffeln schneiden? In Scheiben oder in Würfel?

M. In Scheiben, es gibt Röstkartoffeln. Und wenn du damit fertig bist, putze bitte zwei Köpfe Salat!

A. Wo ist denn nur die Salatschüssel?

M. Links unten im Hängeschrank. Und dann hol' mir eine Dose Bohnen aus der Speisekammer.

A. Ist das alles?

M. Ach, und dann gib mir auch noch schnell ein Ei aus dem Kühlschrank, ich muß ja die Schnitzel panieren.

A. Hier ist ja schon alles,... und was muß ich jetzt noch machen?

M. Stell doch das Gas unter der Suppe kleiner und mach den Salat an!

A. Wo ist denn das verflixte Salz nur? - Ach ja, hier!

M. Und nimm nicht zuviel Öl und Essig. - Die Schnitzel wären soweit fertig. Schnell nun die Nudeln in die Suppe und etwas nachsalzen.

A. Mutti, der Salat wäre soweit fertig. Willst du das Öl für die Schnitzel?

M. Aber Angelika, zum Braten der Schnitzel nimmt man doch kein Öl, da verwendet man nur Butter oder Margarine!

A. Wie soll ich das denn wissen? Du läßt mich ja nie alleine kochen!

M. Dafür bist du aber auch noch viel zu jung. Damit du das lernst, schmeck mal gerade die Suppe ab!

A. Pfui Teufel! Was hast denn du da dir zusammengekocht? Das schmeckt ja abscheulich!

M. Angelika, bitte etwas mehr Respekt!

A. Schmeck doch selbst, die ist ja ganz süß, du hast das Salz mit dem Zucker verwechselt... So gut hätte ich auch kochen können...

M. Um Himmels willen, was machen wir denn jetzt nur?

A. Entweder schnell eine Dose auf, oder wir essen eben gar keine Suppe!

Notes

schälen : éplucher.
-r Würfel : le cube (aussi : le dé à jouer).
-r Salat : pas de pluriel, on dit donc : deux « têtes » de salade.
-e Bohnen (pl.) : les haricots.
panieren : paner, garnir de chapelure (Brösel).

-s Gas kleiner stellen : baisser le gaz.
verflixt : sacré (familier).
ab/schmecken : goûter quelque chose.
schmecken : avoir un goût.
« Hat's geschmeckt? Cela vous a plu? »
verwechseln (mit) : confondre (avec).

Grammaire

Remarquez ici (comme dans d'autres dialogues), tous les « petits mots », (souvent les mêmes), qui n'ont guère de sens en eux-mêmes, mais qui sont une bonne part du vocabulaire courant. Apprenez (surtout par l'usage !) à les placer correctement.

Ex. Was machst du **denn** da? Wo ist **denn nur** die Schüssel?
Ich muß **ja** die Schnitzel panieren. Hier ist **ja** alles.
Die sind **doch** jetzt so teuer! Man nimmt **doch** kein Öl!

61

Jeux d'intérieur

Par temps de pluie ou d'ennui, les Allemands disposent d'une série de jeux que nous connaissons aussi, et de quelques autres dont il faut avoir une notion.

Les échecs : *das Schachspiel, Schach spielen, das Schachbrett, die Schach-figuren : der König, die Dame, der Läufer* (le fou), *der Springer* (cavalier), *der Turm* (tour), *der Bauer* (pion).
  Du bist am Zug : C'est à toi de jouer.
  Schach ! Échec ! *Schach-matt :* échec et mat.

Les dames : *das Damespiel.* Se joue sur les cases noires de l'échiquier *(auf den schwarzen Feldern des Schachbretts)* avec deux fois douze pions *(der Stein, -e)*.

Das Mühlespiel : se joue sur une planche qui se trouve souvent au verso de l'échiquier. Elle comporte trois carrés concentriques dont on a relié les milieux des côtés. Chaque joueur dispose de 9 pions *(schwarze bzw. weiße Steine)* qu'il dispose l'un après l'autre sur le jeu *(Steine stezen)*. Il s'agit de construire un « moulin » *(eine Mühle bauen)*, c'est-à-dire d'avoir trois pions disposés sur une même ligne. Une fois tous les pions posés, on ne peut plus que les glisser de point en point. Un joueur qui a réalisé un moulin peut enlever *(weg/nehmen)* n'importe quel pion de l'adversaire, sauf ceux des moulins constitués. Celui qui ne peut plus bouger ou qui n'a plus que deux pions a perdu.

Das « Mensch-ärgere-dich-nicht- » Spiel : c'est presque un jeu national. Il se joue sur une planche dont un côté représente une croix pour le jeu à 2 ou à 4 et l'autre une étoile à six branches pour le jeu à 3 ou à 6. Chaque joueur dispose de quatre pions qu'il avance sur les contours de la figure d'un nombre de cases égal aux points réussis en lançant un dé (le dé : *der Würfel;* lancer le dé : *würfeln*).

Le bridge : *das Bridgespiel (Bridge spielen)*. Se joue moins qu'en France, mais a néanmoins de nombreux adeptes. Le jeu de cartes national est plutôt le *Skat,* dont nous essaierons de donner une idée.

Petit vocabulaire des jeux de cartes

-e Farben : Kreuz (= Treff), Pik, Herz, Karo.
-e Figuren : der Bube (Junge), die Dame, der König, das As, die Kreuzdame, der Herzbube...
Die Augen : die Zehn, die Acht, usw...
-e Karten mischen : battre les cartes.
ab/heben (o, o) : couper.
-e Karten geben, austeilen : donner.
melden : annoncer.
-r Trumpf (" e) : l'atout.
stechen (a, o, i) : couper.
-r Stich (-e) : la levée.
Du bist an der Reihe : c'est à toi de jouer.
mogeln, schwindeln : tricher.
gewinnen (a, o) : gagner.
verlieren (o, o) : perdre.

Ja, als ich zum erstenmal « Achtzehn [1] ! » sagte, blickte mich Jan, aus seinen Karten auftauchend, zwar unbegreiflich blau an, nickte bejahend, ich darauf : « Zwanzig ? » Jan ohne Zögern : « Immer noch. » Ich : « Zwo ? Und die Drei ? Vierundzwanzig ? » Jan bedauerte : « Passe... Vierundzanwzig, Kobyella! Hörst du nicht, was der Junge gereizt hat ? » « Passe », sagte Kobyella.
Ich spielte einen Kreuz einfach.
Um zu den ersten Stichen zu kommen, mußte Jan, der « Contra » gab, den Hausmeister anbrüllen, gutmütig derb in die Seite stoßen, damit er sich zusammennahm [2] und das Bedienen [3] nicht vergaß ; denn ich zog [4] den beiden erst mal alle Trümpfe ab, opferte Kreuz König, den Jan mit Pique Junge wegstach [5], kam aber, da ich Karo blank war [6], Jans Karo As wegstechend, wieder ans Spiel, holte ihm mit Herz Bube die Zehn raus [7], - Kobyella warf Karo neun ab-, und stand dann bombensicher mit meiner Herzflöte da : Miteinemspiel zweicontradreischneidervier malkreuzistachtundvierzigoderzwölfpfennige [8]!

Nach G. Grass, *Die Blechtrommel*, Fischer Bücherei, S. 194.

Notes

1. 18 est l'enchère minimale.
2. sich zusammen/nehmen : se concentrer.
3. bedienen : fournir (à la couleur).
4. ab/ziehen : prendre.
5. weg/stechen : prendre en coupant.
6. Karo blank sein : avoir la coupe à carreau,
7. raus/holen : prendre.
8. Décomposez! (Schneider : l'adversaire a fait moins de 30 points, 48 : il s'agit de 48 points.)

Quelques notions de Skat

Le Skat se joue en général à 3 avec 32 cartes. L'as vaut 11 points *(Augen)*, le dix 10, le roi 4, la dame 3, le valet *(Bube, Junge)* 2, les autres 0 : au total 120 points. Pour gagner contre les deux autres il faut 61. L'atout est constitué par les 4 valets dans l'ordre trèfle, pique, cœur, carreau. Le valet de trèfle est *der Älteste*, de pique *der Zweite* (les deux : *die beiden Ältesten*). Le valet de cœur est *der Dritte*, de carreau *der Jüngste*.
Le donneur s'appelle *die Hinterhand*, à sa droite *Die Mittelhand* (qui coupe : *ab/heben*), à sa gauche *die Vorderhand* (par qui commence la donne). Le donneur met deux cartes de côté (le *Skat*) dont disposera le vainqueur des enchères. Nous ne pouvons entrer dans le détail de celles-ci (les enchères : *das Reizen*). L'annonce *Mit vieren* par exemple signifie : j'ai les 4 valets. L'enchère est au minimum de 18, au maximum de 168. *Mittelhand* annonce d'abord vers *Vorderhand* jusqu'à ce que l'un des deux passe *(ich passe)*. *Hinterhand* attaque alors celui qui reste, jusqu'à ce que l'un des deux passe. Le jeu commence.
Celui qui fait moins de 30 est *Schneider*, celui qui fait 0 est *Schwarz*. Le contre *(Contra geben)* double les points.

Grammaire

Um zu den ersten Stichen zu kommen, mußte Jan den Hausmeister anbrüllen, damit er sich zusammennahm.

1. Um ... zu + inf. : l'infinitif kommen et le verbe mußte ont le même sujet (Jan), Er désigne non plus Jan mais der Hausmeister : le sujet étant différent, um ... zu est impossible.
2. Après damit on a ici l'indicatif parce que le résultat est certain.

La télévision allemande

S'il est souvent déconseillé aux jeunes Français de regarder la télévision, qu'ils ne s'en privent surtout pas en Allemagne : ils en auront l'occasion

pratiquement dans chaque foyer (plus de 18 millions de récepteurs en 1973, 93 % des foyers!). C'est un merveilleux moyen de perfectionnement linguistique.

Ce qu'il est bon de savoir sur son organisation

Elle correspond à la structure fédérale : un Office par Land, indépendant de l'État. Chaque Office comprend 3 organes :

1. *Der Rundfunkrat* (Conseil de la radio-télévision), composé de représentants délégués par les *öffentliche Verbände* (syndicats, Église, partis politiques, journalistes, etc.). C'est l'organe de contrôle.

2. *Der Verwaltungsrat* (Conseil de gestion) est élu par le précédent et s'occupe des questions matérielles.

3. L'intendant *(Der Intendant),* élu lui aussi, est responsable de l'ensemble de la station.

L'infrastructure technique dépend de la *Bundespost,* à laquelle on paye d'ailleurs les redevances.

Les différentes chaînes

Il y en a 3 :

* **Die ARD** = « *Arbeitsgemeinschaft der Rundfunkanstalten Deutschlands* » diffuse le 1er et le 3e programme.

* **Das ZDF** = « *Zweites Deutsches Fernsehen* » a son centre à Mayence. Son programme est suprarégional *(überregional).*

La première chaîne est en partie régionale (programmes communs le soir).

* La 3e chaîne est entièrement régionale : c'est la chaîne culturelle, avec des émissions que certains prétendent réservées aux élites intellectuelles *(Minderheitenprogramm).*

Depuis 1967, la couleur existe sur les 3 chaînes.

Courrier des téléspectateurs

- Das Fernsehen zeigt enstchieden zuviel Gewalt und übt damit zweifellos einen unheilvollen Einfluß auf labile Menschen aus.
- Wir brauchen keine Lehrfilme für Mörder, Räuber und Entführer.
- Solche Filme hat es im Kino nur in Nachtvorstellungen gegeben. Im Fernsehen werden sie am Nachmittag freihaus geliefert.
- Das Fernsehen trägt eine sehr wesentliche Verantwortung für die zunehmende Brutalisierung.
- In jedem Kriminalfilm oder Western muß Gewalt vorkommen, sonst ist es kein Krimi oder Western. Wer so etwas nicht sehen will, soll den Knopf AUS drücken.

Fernsehzeit

Seit Jahren beobachte ich immer besorgter, wie uns die Leine [1] immer kürzer gehalten wird. Es werden uns immer strengere Fesseln [2] um unsere Freizeit gelegt. Ich merke das zum Beispiel an meinem Telefon. Früher riefen abends einfach die Freunde so an [3] - nach dem Abendbrot. Man kennt diese netten und menschenfreundlichen Überraschungen, die gar nichts wollen, nur so plaudern : Hallo, wie geht's denn, und was macht Ihr heute abend, und regnet es bei Euch auch so ? Das war einmal. Heute haben sich alle Anrufe der Freunde auf eine präzise Uhrzeit konzentriert. Sie beginnt exakt 18.01 Uhr (mit verbilligten Fernsprechtarifen) und endet schlagartig [4] 19.44 Uhr. In die Gespräche, die zwanzig vor acht beginnen, kommt schon etwas von Hast. Und plötzlich erstirbt das ganze, geht in Brüche [5]. Man spürt Unruhe, Hastigkeit, Verdrossenheit [6] auf der anderen Seite, überstürzte [7] Bemühungen, Schluß zu machen. Es wirkt beinahe unfreundlich, wie der andere einem gerade noch atemlos zuruft : Also ich muß jetzt abbrechen, leider, ja, auf Wiederhören, danke, dann knackt es [8] schon hart in der Leitung, und ich weiß : Fernsehzeit, natürlich. Jetzt kommen ja die Nachrichtensendungen. Niemand sagt's, und alle tun's. Ich übrigens auch.

Nach Horst Krüger, Über abendliche Zwänge.

Notes

1. n an der Leine halten (führen) ; tenir en laisse.
2. -e Fessel (-n) : lien, entrave.
3. -n an/rufen (ie, u) : appeler qqn au téléphone.
4. schlagartig : subitement.

5. In Brüche gehen : se disloquer.
6. -e Verdrossenheit : mauvaise humeur.
7. überstürzt : hâtif, précipité.
8. es knackt : on entend un claquement (sur la ligne).

Grammaire

1. Le passif
Uns wird die Leine immer kürzer gehalten.
Le passif est bien plus utilisé en allemand qu'en français, il permet entre autres d'éviter le pronom « on » = man.
Attention au passé composé : Uns sind Fesseln gelegt worden.
N.B. : man tanzt → es wird getanzt
heute tanzt man → heute wird getanzt.
Es est un faux sujet, il permet seulement à wird d'être à la 2e place qui est la sienne.
Si l'on commence par heute, wird se trouve naturellement en place, es est alors inutile.

2. ... wie der andere einem zuruft
einem est le datif de man (accusatif = einen) (en français ; vous).

Störungen sind die Schattenseite,
Vati macht Schattenspiele.

La radio

La radio allemande est caractérisée par l'utilisation intensive de la modulation de fréquence (UKW = *Ultrakurzwelle*), qui a pratiquement été imposée aux Allemands par la conférence de Copenhague en 1948, laquelle ne leur laissait aucune place sur les longueurs d'ondes traditionnelles.

La structure est la même que celle de la télévision. Il s'y ajoute toutefois les émetteurs du *Deutschlandfunk,* qui diffusent pour toute l'Allemagne et l'Europe, des émissions en langue allemande, et de la *Deutsche Welle,* qui peut être captée dans le monde entier, avec des programmes en plus de 30 langues.

En principe, chaque station (une par Land sauf Schleswig-Holstein) propose de 2 à 4 programmes. Chacune a son orchestre et ses chœurs.

Suivant la région, on entendra :

WDR = Westdeutscher Rundfunk (Köln)
NDR = Norddeutscher Rundfunk (Hamburg)
BR = Bayerischer Rundfunk (München)
HR = Hessischer Rundfunk (Frankfurt)
SWF = Südwestfunk (Baden-Baden)
SFB = Sender Freies Berlin
SDR = Süddeutscher Rundfunk (Stuttgart)
RB = Radio Bremen
SR = Saarländischer Rundfunk (Saarbrücken)

En France même, on peut, en fonction de l'éloignement, et de préférence à la nuit tombée, s'entraîner à écouter la radio allemande, sur les fréquences suivantes :

Baden-Baden I : 295 et 451 m - 1016 et 7265 kHz.
Informations : 5, 6, 7, 8, 12, 13, 15, 16, 17, 18, 19, 22, 24 h.

Baden-Baden II : M.F. seulement (98,9 - 95,4 - 97,9 kHz).

Deutschlandfunk : 1987 m - 151 kHz. Informations toutes les heures de 1 à 19, puis 19.30, 20, 21.30, 22 et 23 h.

Frankfurt (HR) : 506 m - 593 kHz. Informations chaque heure de 6 à 1 (sauf 20 et 21).

München (BR) : 375 et 187 m - 800 et 1602 kHz. Informations : 19, 21, 23, 24 h.

Stuttgart (SDR) : 522 m - 575 kHz. Informations : 19, 22 et 24 h.

NDR/WDR (309 et 189 m, soit 971 et 1586 kHz).

Saarbrücken (211 m - 1421 kHz).

Luxemburg (émetteur de langue allemande) est l'un des plus écoutés des amateurs de hit-parade (208 m - 1439 kHz).

Une bonne méthode consiste à écouter les séquences d'informations de 5 minutes diffusées toutes les heures, et où l'on reconnaîtra avec moins de difficulté les informations que l'on aura déjà entendues en français.

Quelques expressions ✳ ✳ ✳ ✳ ✳ ✳ ✳ ✳ ✳ ✳ ✳ ✳ ✳ ✳ ✳ ✳

Könntest du bitte das Radio anstellen (einschalten)?
Welchen Sender? Schalte lieber auf UKW um, der Ton ist besser.
Stell bitte lauter (leiser). Kann man hier französische Sender empfangen?
Wann sind die Nachrichten?
Sieh im Programm nach, ob es nicht ein Konzert gibt!

Tagesschau

... und nichts als die reine Wahrheit

Jeder Nachrichten-Redakteur bekommt von älteren Kollegen fromme Sprüche [2] mit auf den Weg. « Jedes Wort, das wir schreiben, muß eine Information und muß wahr sein », - aber auch : « Wir können nicht alles schreiben, was wahr ist ». Wer also entscheidet, was das Fernsehen bringt, und bitte, nach welchen Gesichtspunkten [3] ?

Diese Entscheidung trifft die Redaktion [4]. Um aber eine Nachricht richtig auszuwählen, braucht der Redakteur viel « Roh [5] » -Material, so viel, daß er vergleichen und sachlich [6] entscheiden kann. Was das Rohmaterial angeht [7], so werden unsere Fernseh-Redakteure gut bedient. In Deutschland und im Ausland haben wir eigene Reporter und Kameraleute. Dazu kommt [8] das Angebot ausländischer Nachrichten-Film-Agenturen. Bei großen Ereignissen ist die Direktverbindung weltweit, über Satelliten. Dazu kommen internationale Bildfunkdienste, die in Minutenschnelle aktuelle Fotos übermitteln [9], und - für die aktuelle Nachricht - die Presseagenturen. So ticken [10] zum Beispiel bei der Tagesschau fast pausenlos die Fernschreiber [11] der Deutschen Presseagentur DPA, der Britischen Agentur Reuter, der amerikanischen AP und UPI und der französischen Agence France Presse AFP. Dabei stützen sich [12] die Agenturen wiederum [13] auf eine Vielzahl von Quellen : allein DPA hat Nachrichten-Austausch-Verträge [14] mit 52 anderen Agenturen, auch solchen im Ostblock.

Das Fernsehen berichtet [15] (so ehrlich es kann). *Urteilen* muß der Zuschauer. Bildlich gesprochen : die Fernsehkamera kann ein teilweise gefülltes Glas zeigen. Ob es halbvoll oder ob es halbleer ist, das kann nur der Zuschauer sagen : auf jede Nachricht reagieren Menschen und lösen neue Nachrichten aus [16].

Nach Horst Ludwig, Tele 14 Tage, Heft 11, 1970. S. 162.

Notes

1. -e Tagesschau : la revue de l'actualité du jour.
2. fromme Sprüche : (ici) = gute Ratschläge.
3. -r Gesichtspunkt : le point de vue (ici, le critère).
4. Diese Entscheidung trifft die Redaktion ; eine Entscheidung treffen : prendre une décision. (Attention : le sujet est « die Redaktion » !)
5. roh : brut (der Rohstoff : la matière première).
6. sachlich : objectivement.

7. Was mich angeht = was mich betrifft : En ce qui me concerne.
8. Dazu kommt... : à cela s'ajoute...
9. übermitteln : transmettre.
10. ticken : Die Uhr tickt = la montre fait tic-tac.
11. -r Fernschreiber : le télescripteur.
12. sich stützen auf + A : s'appuyer, se fonder sur.
13. wiederum : (ici) de leur côté.
14. -r Vertrag (" e) : le contrat.
15. berichten über + A : rendre compte.
16. aus/lösen : déclencher.

Grammaire

1. Revoyez ces petits mots formés sur les prépositions : dafür, damit, darin... Le préfixe da ou dar (pour das = cela) leur donne valeur de pronoms.

2. dabei est d'un emploi délicat :
- Ich war dabei : j'y étais.
- Dabei stützen sie sich... : pour cela, en cela, elles s'appuient sur...
- Ich konnte ihn kaum sehen. Dabei war es dunkel.
  Je le voyais à peine. En plus il faisait sombre.
- Er hat das nicht bemerkt. Dabei ist er nicht dumm.
  Il ne l'a pas remarqué. Et pourtant il n'est pas bête.

La presse allemande

Radio et télévision n'ont pas détrôné la presse écrite : il paraît en RFA environ 1 350 journaux, dont 530 quotidiens. La structure fédérale fait qu'il n'y a pas comme chez nous les journaux de la capitale. Les deux grands centres sont Hambourg et Francfort. L'un des faits marquants est la concentration entre les mains du magnat hambourgeois de la presse, Axel Springer, de près de 30 % des journaux quotidiens (5 titres, dont le « Bild » qui tire à 3,5 millions d'exemplaires). Nous citerons seulement les journaux d'intérêt général, mais, s'il s'agit de prendre un bain d'allemand, vous pouvez aussi bien lire les feuilles locales : le choix d'un journal de bon style viendra après ! Et joignez l'utile à l'agréable en feuilletant des magazines illustrés.

Quotidiens suprarégionaux

TITRE	TIRAGE MOYEN	TENDANCE
Bild	3 500 000	A. Springer. Conservateur nationaliste, gros titres.
Süddeutsche Zeitung	282 000	Bavarois, conservateur.
FAZ Frankfurter Allgemeine	268 000	Modéré de droite, affaires. Bonne tenue littéraire.
Die Welt	230 000	Bon journal de tendance conservatrice.
Frankfurter Rundschau	160 000	Favorable aux sociaux-démocrates. De bons articles.
Handelsblatt	68 000	Journal des affaires.

Hebdomadaires

Bild am Sonntag	2 200 000	Comparable à France-Dimanche.
Die Zeit	333 000	L'un des mieux écrits. Indépendant, volonté d'objectivité.
Welt am Sonntag	354 000	Édition du dimanche de « Welt ».
Bayernkurier	168 000	Bavarois, organe de la CSU.
Deutsche Zeitung	151 000	Conservateur, national, évangéliste.
Der Rheinische Merkur	57 000	Conservateur, européen, affaires.
Vorwärts		Organe de la SPD.
Welt der Arbeit		Organe du DGB (Conf. du Travail).
Der Spiegel	1 000 000	Libéral, cf. Time, l'Express. Spécialiste de la mise au jour des scandales politiques.

Hebdomadaires illustrés

Bunte (Illustrierte), Neue Revue, Stern, Quick : 6,5 millions.

Ces journaux présentent pour le jeune lecteur français l'avantage de l'illustration... mais à condition de lire attentivement textes et légendes ! La langue courante y est fortement représentée, mais on trouve aussi des études et articles de fond non dépourvus d'intérêt.

Journaux féminins

Nous citerons seulement les plus répandus : *Brigitte* et *Für Sie*.

Journaux de radio et télévision

Hör zu et *Hören und sehen* ne présentent d'intérêt que pour les auditeurs et téléspectateurs en puissance.

DIE WELT
amburger Abendblatt
✶stern

V. Die letzte Nachtausgabe [2]... Nachtausgabe... Nachtausgabe soeben erschienen [3]... die letzte... Na, Kleiner, auch 'ne Nachtausgabe?

G. Nein danke, ich wollte die... ach, wie heißt sie doch noch?

V. Die Bildzeitung sicher.

G. Ach wo [4], aus der läuft ja das Blut, wenn man sie aufschlägt [5].

V. Das ist aber doch die meistverkaufte [6] Zeitung Deutschlands!

G. Ach ja, ich hab's [7], die Frankfurter Rundschau bitte und einen « Stern ».

V. Das macht 2,30 DM.

G. Das ist noch nicht alles, ich wollte auch noch sechs Postkarten.

V. Postkarten gibt's nur auf der Post, ich habe nur Ansichtskarten.

G. Das meinte ich ja auch, und dann sechs Briefmarken zu 40.

V. Die müssen Sie schon dort links um die Ecke am Briefmarkenautomaten holen.

G. Das wär's dann [8].

V. Also, 50 Pfg. die Frankfurter, 1,80 der Stern und 2,40 die Ansichtskarten ; das macht zusammen 4,70.

G. Hier, 2, 3, 4 Mark und 50, 60, 70 Pfennige.

V. Vielen Dank und auf Wiederselm... die Nachtausgabe... die neueste Nachtausgabe...

Notes

1. -r Kiosk : le kiosque (à journaux).
2. -e Ausgabe : l'édition.
3. erscheinen (ie, ie) : paraître.
4. Ach wo ! = mais non, pas du tout !
5. auf/schlagen (u, a, ä) : ouvrir (un livre, un journal).
6. meist : superlatif de viel = le plus.
7. ich hab's = j'y suis, je sais.
8. Das wär's dann : ce sera tout.

Grammaire

1. soeben

Le passé rapproché (il vient de...) s'exprime uniquement par les adverbes **soeben** ou **gerade** (tout juste, à l'instant) :

Die letzte Ausgabe ist soeben erschienen :
La dernière édition vient de paraître.

2. Le futur proche (il va...) utilise le simple présent, le futur avec **werden** ou un futur formé avec un auxiliaire de mode convenable (soll, muß...), la proximité étant exprimée par un adverbe : sofort, sogleich, ou plus souvent gleich (Ich komme gleich : j'arrive tout de suite).

3. meist = le plus. Ne confondez pas meistens (la plupart du temps) avec :
die meisten (Leute) : la plupart des gens.
die meisten Zeitungen : la plupart des journaux.

Le théâtre

Ouvrez à la page des spectacles un hebdomadaire suprarégional; vous serez surpris par le nombre des théâtres : il y a en RFA près de 190 salles. Cela tient pour une part à la décentralisation consacrée par le système fédéral. Non seulement ces salles (on distingue deux catégories : *das Große Haus* et *das Kleine Haus* ou *Kammerspiele*) existent et subsistent souvent subventionnées par les *Länder*, c'est-à-dire par le *Ministerium für Kultus, Unterricht und Volksbildung* du Land, mais elles ont leur propre troupe. La qualité est certes variable : les théâtres les plus réputés sont ceux de Berlin, Hambourg, Francfort, Cologne, Munich et Stuttgart.

On remarque aussi l'importance des festivals *(Theaterfestspiele)* de Berlin et de Recklinghausen.

Le répertoire classique et traditionnel se joue toujours, mais après les premières années de l'après-guerre de jeunes auteurs ont fait leur apparition, traitant de sujets brûlants : la montée du nazisme (P. Hirsch, *Triumph in 2000 Jahren*), le problème juif (M. Braun, *Das Haus unter der Sonne*), les deux Allemagnes (D. Meichsner, *Besuch aus der Zone*).

De plus en plus, le théâtre d'avant-garde fait à la fois recette et scandale, s'attaquant à la société mensongère, cupide, matérialiste (G. Grass, *Die Plebejer proben den Aufstand*; R. Dürrenmatt, *Der Besuch der alten Dame*).

Le théâtre « documentaire » *(das dokumentarische Theater)* veut présenter au public des dossiers objectifs (R. Hochhut, *Der Stellvertreter*; H. Kipphart, *In Sachen Oppenheimer*) et faire appel à sa conscience. Mais la liste d'auteurs serait longue. Citons seulement P. Hacks *(Volksbuch vom Herzog Ernst)*, Peter Weiss *(Die Ermittlung)*, Martin Walser *(Der schwarze Schwan)*.

N'oublions pas, parmi les têtes de file du théâtre actuel, des auteurs de langue allemande comme le Suisse F. Dürrenmatt, pour qui la comédie est dorénavant la seule forme possible du théâtre *(Romulus der Große, Die Physiker, Grieche sucht Griechin)*, et son compatriote Max Frisch *(Andorra, Das Spiel)*, ou encore l'Autrichien Peter Handke, avec ses procédés révolutionnaires, qui démasque et désarticule la langue et provoque le public en l'injuriant *(Selbstbezichtigung, Weissagungen, Publikumsbeschimpfung)*.

Conseils pratiques

Les programmes sont publiés par les grands hebdomadaires et les journaux locaux. Ils sont aussi affichés dans les Syndicats d'initiative, sur les colonnes Morris *(Plakatsäulen)* et dans les hôtels. Les représentations commencent tôt, généralement 20 h, parfois 19 h : n'arrivez pas en retard, les portes sont fermées ! Élèves et étudiants peuvent obtenir des places à prix réduit. La tenue de soirée n'est de rigueur que pour les premières *(Erstaufführung)*.

Meilleures places : *Orchester* et *Mittelloge*.

Les moins chères : *Letzter Rang, Hahnenbalkon* (poulailler).

On ne donne pas de pourboire à l'ouvreuse *(-e Platzanweiserin)*.

Kurz vor Theaterbeginn

Franz - Angelika, bist du denn bald fertig, auch ich möchte gern für zwei Minuten ins Bad.

Angelika - Seit wann legst du denn auf Sauberkeit solch großen Wert [1]? Ist das etwa, weil Christine mit ins Theater kommt [2]?

F. Dumme Ziege [3], beeil' dich lieber etwas!

A. Ich bin ja fast schon fertig, sag mir nur, welches Kleid ich heute anziehen soll.

F. Das ist mir gleich, nimm nur nicht dieses scheußliche [4], popgrüne Kleid vom vergangenen Sonntag; wie ein Pfingstochse [5] siehst du darin aus.

A. Es ist nicht abscheulicher als dein rosarotes Blümchenhemd. Und übrigens hat das grüne Kleid Germain äußerst gut gefallen. Es sei eine Wucht [6], meinte er.

F. Dann frag doch ihn, was du anziehen sollst, er versteht dich ja so gut - du dummes Huhn du. Mach, daß du jetzt aus dem Bad kommst, wir müssen gleich weg!

A. Brüll [7] nicht so, ich hör' noch gut! Christine ist übrigens auch noch nicht da. ... So, du kannst jetzt rein [8] und dich schniegeln [9].

Germain - Angelika, Christine ist da, sie möchte sich gerade noch etwas frisch machen.

A. Auch das noch [10], wo Franz doch schon so auf Touren [11] ist. Sie soll schnell hochkommen [12].

G. Gut, macht aber schnell, denn in einer halben Stunde beginnt die Vorstellung.

A. In zwei Minuten sind wir fertig, such du inzwischen die Haustürschlüssel, damit wir unsere Eltern heute nacht nicht zu wecken brauchen. Franz will nämlich nach dem Theater noch in ein Restaurant gehen.

Notes

1. Wert legen auf + A : attacher de l'importance à.

2. mit/kommen : pensez aux Belges ! Kommst du mit? Tu viens avec (moi, nous) ?

3. -e Ziege : la chèvre (Dumme Ziege : Idiote !).
Vous apprendrez vite sur place ces petits noms d'amitié...

4. scheußlich : affreux.

5. der Pfingstochse : mot à mot, le bœuf de la Pentecôte.

übertrieben schöngemachter (eiteler) Mensch.

6. eine Wucht (sein) : (être) du tonnerre.

7. brüllen : crier, « brailler ».

8. 'rein : pour herein; cf. : 'raus pour heraus ou hinaus.

9. sich schniegeln : se pomponner.

10. Auch das noch : il ne manquait plus que cela.

11. Er ist auf Touren : il est remonté énervé.

12. hoch/kommen : monter (à l'étage).

Grammaire

Seit wann?... Depuis quand ?

1. ... seit gestern, seit einem Monat, seit letzter Woche.
... seit ich das weiß : depuis que je sais cela.
Seit est une préposition, mais aussi une conjonction comme **seitdem**. Ne dites surtout pas seit daß... pour **depuis que** !

2. Il y a d'autres façons d'exprimer l'idée de « depuis » :
Das habe ich **schon lange** gewußt : il y a longtemps que je le sais.
Ich lerne schon drei Jahre Deutsch : il y a trois ans que je fais de l'allemand (mais : ich lerne **erst** 3 Jahre... : il n'y a que trois ans).
Es ist schon lange her : il y a bien longtemps.

3. **Il y a** (dans le temps).
Ich habe ihn **vor einer Woche** gesehen : Je l'ai vu il y a une semaine.

Le cinéma allemand

Sous le régime nazi, le cinéma allemand dépendait entièrement de Goebbels et était exclusivement au service de la propagande : films de guerre, films idéologiques alternaient avec les bluettes destinées à endormir le public. On était loin de la grande époque du film naturaliste et surtout expressionniste (Murnau, Lubitsch, Pabst et Fritz Lang).

Après la guerre, le réveil fut difficile. Le marché était envahi par la production américaine, et aussi italienne et française. La télévision, à ses débuts, vidait les salles. Le film, entre l'art et les affaires, était souvent contraint de choisir la rentabilité *(Kassenfüller)*.

Cependant, le jury de la *Filmbewertungsstelle Wiesbaden* put primer des films tels que : *Die große Versuchung, Weg ohne Rückkehr, Canaris, Himmel ohne Sterne, Der Hauptmann von Köpenick, Der letzte Zeuge, Das Brot der frühen Jahre, Der Prozeß, Die Zeit der Schuldlosen.*

Les réalisateurs les plus notables sont :

Helmut Käutner : *Die letzte Brücke* (1954), *Des Teufels General, Himmel ohne Sterne, Der Hauptmann von Köpenick.*

Wolfgang Staudte : *Die Mörder sind unter uns, Rosen für den Staatsanwalt,* et *Kirmes,* films de violente satire sociale.

Bernhard Wicki : *Die Brücke, Der längste Tag.*

Il est un peu tôt pour parler de jeunes réalisateurs comme Strobel, Rühl, Senft, Kluge, Schamoni, Pohland, Klick, Geigendorfer, Fassbinder, Schlaf ou Vesely : mais faites-vous une opinion en ne manquant pas de voir les quelques films allemands qui passent en France.

Petit vocabulaire : Un tour au cinéma ✳ ✳ ✳ ✳ ✳ ✳ ✳ ✳

Ich gehe ins Kino : je vais au cinéma
-s Non-Stop-Kino : le cinéma permanent
-e Wochenschau : les actualités
-r Film (-e) = -r Streifen (-) : le film
-r Kulturfilm : le documentaire
-r Unterhaltungsfilm : film de divertissement
-r Problemfilm : film à thèse
-r Fortsetzungsfilm : film à épisodes
-r Stummfilm, Tonfilm : film muet, sonore
-r Farbfilm : film en couleurs
-r Krimi : film policier
-r Western, Wildwestfilm : western
-r Heimatfilm : film généralement « à l'eau de rose » (souvent belles prises de vue)
einen Film drehen : tourner un film
-s Drehbuch : le scénario
-r Drehbuchautor (-s, en) : le scénariste
-e Dekoration, Ausstattung : les décors
-e Bildführung : prise de vues
-e Regie, -r Regisseur : mise en scène, metteur en scène
Demnächst in unserem Theater : prochainement sur nos écrans
Der Film läuft bis Montag : le film passe jusqu'à lundi
Programmwechsel am Dienstag : changement de programme le mardi
Keine Vorstellung : relâche
Spätvorstellung : représentation supplémentaire, en général à 22 heures

-r Kurzfilm : le court métrage
-r Hauptfilm : le long métrage
-r Zeichentrickfilm : le dessin animé

Comme la télévision, le cinéma est un excellent moyen de perfectionnement de la langue : ne manquez pas d'y aller, même pour voir un western !

Ende gut, alles gut !

Film als Traumfabrik

Die beiden Mädchen diskutieren mit den Jungen über den Film.

F. Für mich ist der Film eine rein kommerzielle Sache.

G. Das mag schon stimmen [1], aber es gibt doch auch wertvolle Filme, die sogar als Kunstwerk [2] bezeichnet werden könnten.

F. Nur gibt's von diesen Kunstfilmen kaum welche. Auf einen guten Film kommen zig [3] Schundfilme.

Christine - Hier übertreibst du etwas. Schundfilme [4] sind all die anderen ja doch nicht gerade.

F. Statt Schundfilme hätte ich eben Massenfilme sagen sollen.

G. Was verstehst du unter Massenfilmen?

F. Heimatschnulzen [5], Wild-Westfilme - Bonanza zum Beispiel, Krimis oder auch Pornofilme. Dann ganz besonders...

G. Teilweise sind aber doch viele dieser Filme lebensnah.

A. So lebensnah, daß man nur Millionäre, dicke Autos, schmuckbehangene Frauen und grandiose Hotelpaläste sieht.

F. Und alle führen ein Leben im großen Stil. Der Zuschauer muß ja da bald vor Neid platzen [6] und sich ganz klein vorkommen [7].

G. Meinst du, daß er Minderwertigkeitskomplexe [8] bekommt?

A. Die ganz bestimmt.

F. Und das schlimmste bei der Geschichte ist ja, daß er dann versucht, den gleichen Lebensstandard zu erlangen; teilweise sogar mit unerlaubten Mitteln.

C. Das glaube ich nicht, so dumm sind die Leute doch nicht, die haben sicher schon längst gemerkt, daß das nur « Theater » ist.

A. Wenn du dich da mal nicht täuschst [9].

G. Ich glaube, ihr haltet die Leute für dümmer als sie sind.

C. Ich protestiere, ich hab' das nicht gesagt!

G. Was ich dem Film vorwerfe [10] ist, daß es fast immer ein Happy-end gibt.

A. Und dann finde ich, daß die Morde und Einbrüche viel zu realistisch dargestellt werden. Da wird aber wirklich alles bis ins kleinste Detail vorgeführt.

C. Ich finde die Krimis einfach ganz toll, die sind so ein richtiger Nervenkitzel für mich.

F. Kinder, wenn ihr noch lange diskutiert, ist es zu spät für die Acht-Uhr-Vorstellung... Nichts wie los [11]!

Notes

1. Das mag schon stimmen : c'est bien possible.
2. -s Kunstwerk (-e) : l'œuvre d'art.
3. zig : des dizaines (zwanzig, dreißig, fünfzig...).
4. -r Schundfilm (-e) : le navet.
5. -e Schnulze (-n) : la romance à l'eau de rose.
6. vor Neid platzen : crever d'envie.

7. Ich komme mir ganz klein vor : J'ai l'impression d'être tout petit.
8. -r Minderwertigkeitskomplex (-e) : le complexe d'infériorité.
9. sich täuschen : se tromper, se faire des illusions.
10. -m etw. vor/werfen : reprocher qqch à qqn.
11. nichts wie los ! Filons !

Grammaire

Nur gibt es von diesen Filmen kaum **welche.**
Seulement, ces films-là, il n'y **en** a guère.

1. Hast du ein 5-Mark Stück ? Ja ich habe **eines** (eins). Nein, ich habe **keines.**
2. Hast du Geld ? Ja, ich habe **welches.** Nein, ich habe **keines** (keins).

Restaurants allemands

Les Français, souvent difficiles en matière culinaire, peuvent trouver dans les grandes villes des restaurants qui proposent une cuisine internationale. Nous leur conseillons néanmoins d'essayer de se mettre à l'heure du pays et de goûter les nombreuses spécialités régionales.

Tous les restaurants proposent un ou plusieurs menus à prix fixe *(Menü, Gedeck)*, qui commencent traditionnellement par un potage, que l'on peut remplacer par un jus de fruits ou de légumes *(Fruchtsaft, Gemüsesaft,* notamment *Tomatensaft)*. Le plat principal, viande garnie généralement en sauce, accompagnée d'une salade verte ou mixte servie dans une petite assiette séparée ou dans un compartiment du plat-assiette, se suffit largement à lui-même. Si vous désirez du pain, commandez-le spécialement (on vous demandera au moment de l'addition combien vous en avez consommé).

Il est souvent plus intéressant de commander à la carte : personne ne s'étonnera que vous ne preniez qu'un plat, sans hors-d'œuvre ni dessert.

Boissons : cf. page 78 et 160.

N.B. Vous ne trouverez jamais de carafe d'eau : commandez une eau minérale, en général très gazeuse *(Ein Mineralwasser, einen Sprudel).*

Les Allemands prennent leurs repas assez tôt : à partir de 11 h 30 (mais on vous servira jusqu'à 14 h) et le soir à partir de 18 h 30.

Où prendre ses repas ?

Il existe en Allemagne différents types de restaurants :

Die Bahnhofsgaststätte, le buffet de la gare, comporte souvent deux catégories, 1ʳᵉ et 2ᵉ classe.

Les hôtels ont en général un restaurant (cuisine internationale). Dans les *Wirtshaus* vous trouverez souvent une *Stube,* où l'ambiance est plus germanique et plus *gemütlich.* (De même dans les *Weinstuben.)*

Dans la plupart des villes vous pouvez faire confiance au *Ratskeller* situé sous l'Hôtel de Ville, parfois assez cher, mais qui sert des plats régionaux.

Les *Gasthaus* et *Wirtschaft* sont de type assez simple et bon marché. Si vous désirez prendre un repas rapide, cherchez une *Imbißstube* ou *Schnellimbiß.* Vous en trouverez souvent associées à une boucherie-charcuterie. De plus tous les grands magasins ont leur restauration.

Les *Nordseestuben* offrent essentiellement des plats de poisson, la chaîne des *Wienerwald* est spécialisée dans les poulets rôtis (prix très modiques).

N.B. Les prix indiqués sur la carte sont des prix « tout compris ». Il est cependant de tradition de laisser la petite monnaie.

Le soir, après le spectacle, il y a toujours à proximité un restaurant ouvert qui accueille les clients tardifs.

Im Restaurant

Ober - Guten Abend die Herrschaften [1]!

F. Guten Abend, wir möchten einen Tisch für 4 Personen.

O. Kommen Sie bitte, dort in der Ecke ist noch ein schöner Platz frei. Was darf's sein?

F. Die Speisekarte bitte!

O. Bitte sehr, nehmen Sie einen Aperitif?

F. Möchte jemand von euch einen Drink vorher? ...Nein danke.

A. Ich hätte Lust auf eine Pizza!

F. Und ich äße gern ein Wiener Schnitzel mit Pommes-frites. Aber was wollt ihr, Christine und Germain?

Christine - Ich will mal die Leberklöße [2] versuchen.

G. Und ich ein Eisbein [3] mit Sauerkraut.

F. Und als Vorspeise?

A. Nichts, das wird doch sonst zuviel, das Essen ist hier immer so reichlich [4], und übrigens soll man vor dem Schlafengehen auch nicht so viel essen!

G. Du hast wohl wieder Angst, zu dick zu werden.

C. Ach wo, Angelika achtet doch nie auf [5] ihre schlanke Linie.
Und was trinkt ihr?

G. Ich trinke wie gewöhnlich ein Bier.

A. Und ich einen Mosel.

C. Ja, ich werde wohl auch einen Mosel nehmen. Und du Franz?

F. Ein Bier! *Der Ober kommt, und Franz bestellt.*

A. Jetzt müssen wir aber rasch den Nachtisch bestellen, Ich schlage vor, wir nehmen alle einen Eisbecher, einverstanden [6]?

Alle - Einverstanden

F. Herr Ober, 4 Eisbecher bitte!

O. Hier sind die Eisbecher, möchten sie dann anschließend [7] noch eine Tasse Kaffee?

F. Danke, ich glaube das wird sonst zu spät für uns, bringen Sie dann bitte gleich die Rechnung.

A. Du hast es aber eilig [8], für den Lumpensammler [9] reicht [10] es doch immer noch!

F. Das meinst du, zuerst kommst du nicht von zu Hause weg, und dann willst du nicht mehr heim. Ich möchte dich darauf aufmerksam machen, daß die letzte Elektrische in 5 Minuten abfährt.

Notes

1. -e Herrschaften : Messieurs Mesdames.
2. -r Leberkloß (" e) = Leberknödel.
3. -s Eisbein : ce n'est pas un dessert à la glace, mais un jarret de porc !
4. reichlich : abondant, copieux.
5. achten auf + A : faire attention à.
6. einverstanden : d'accord.
7. anschließend : ensuite.
8. Ich habe es eilig : je suis pressé.
9. -r Lumpensammler (fam.) : mot à mot, le fripier. Ici : le dernier tram.
10. das reicht, das genügt, das langt : cela suffit, cela va.

* Pour appeler le garçon : *Her Ober bitte!* la serveuse : *Fräulein!* (même si elle a 75 ans et de la moustache).

* Si c'est visiblement le patron ou la patronne qui sert : *Herr Wirt! Frau Wirtin!*

* Si, ayant commandé, vous avez la visite d'un autre garçon : *Danke, ich habe schon bestellt! Ich habe bei Ihrem Kollegen (Ihrer Kollegin) bestellt.*

* Pour payer : *Herr Ober, bitte zahlen* (ou *bezahlen*). Si vous donnez 20 marks pour 19,25, vous dites de garder la monnaie : *Danke, es stimmt schon* (mot à mot : c'est exact).

Les menus

Une carte de restaurant allemand est un peu déroutante, il n'est pas facile de s'y retrouver. Le mini-lexique vous aidera à comprendre l'essentiel. Pour le reste, à moins que votre estomac ne réclame une viande saignante ou bleue *(englisch gebraten)*, demandez au garçon s'il y a une spécialité locale *(Gibt es hier in der Gegend eine Spezialität?)*.

La gastronomie varie en effet selon les régions. On peut en gros établir une ligne de démarcation : le nord et le sud du Main. Au sud, la nourriture est riche, sinon lourde, avec un choix peu banal de saucisses et de porc sous ses formes les plus diverses. La base de l'accompagnement est constituée par les *Knödel* ou *Klöße* (dont il existe une infinité de variétés) et par les *Spätzle* (pâtes fraîches), plutôt que par les pommes de terre. Au nord, on trouve plus de légumes verts et de viande de boucherie, même de mouton (Lüneburg), le poisson étant bien sûr de plus en plus à l'honneur quand on remonte vers le nord.

Nous indiquerons seulement quelques spécialités régionales.

Nord

Aalsuppe : soupe à base d'anguille, pruneaux, poires, légumes, épices.
Labskaus : repas des marins-pêcheurs, bœuf, porc et hareng, pommes de terre, betterave rouge, œuf sur le plat, concombres.
Bremer Kükenragout : ragoût de poussins au ris de veau, avec moules et asperges, sauce à la crème. - *Krabben Granat* (chair de crabe).

Westphalie

Le jambon! *(Schinken)* - la bière de Dortmund.
Pfefferpottast : bœuf en cubes, cuit avec du poivre en grains, épices, oignons, sauce chapelure.
Töttchen : ragoût de tête et cervelle de veau, relevé.
Pickert : crêpe aux pommes de terre et raisins secs.

Basse-Saxe

Buntes Huhn : viande salée *(Pökelfleisch)*, légumes.

Hesse

Saucisses de Francfort *(Frankfurter Würstchen.)*
Handkäs' mit Musik : fromage de Mayence, vinaigrette.
Appelwoi : cidre sec de Francfort. (Déformation de *Apfelwein)*.

Bade-Wurtemberg

Alcools blancs, jambon de la Forêt Noire, *Kirschtorte*.
Maultaschen : cannellonis (viande, cervelle, épinards).
Geschnetzeltes : viande de veau en petits morceaux, sauce à la crème.
Felchen : poisson réputé du Lac de Constance (féra).

Bavière

Bière fumée *(Rauchbier)* de Bamberg, bières de Munich. Fromages de l'Allgäu. Saucisse blanche *(Weißwurst)* de Munich.
Geselchtes : porc salé fumé.
Leberkäs : pains de viande de porc et de bœuf hachés.
Haxen : jarrets de porc ou de veau.

Rhénanie

Sauerbraten : bœuf mariné avec raisins secs, amandes et boulettes de pommes de terre.
Hämchen : pied de porc *(Eisbein)*, choucroute, purée.

Was bestelle ich?

Aal (-e) -r : anguille
Apfel (") -r : pomme
Apfelsine (-en)-e : orange
Apfelstrudel -r : tarte aux pommes
Aprikose (-n) -e : abricot

Backwaren -e : patisserie
Bauernschinken -r : jambon fumé
Birne (-n) -e : poire
Blumenkohl -r : choux-fleur
Blutwurst ("e) -e : boudin
Bohne (-n) -e : haricot
Braten -r : rôti
Bratfisch (-e) -r : poisson frit
Bratkartoffeln -e : p. de terre sautées
Butter -e : beurre

Deutsches Beefsteak (-s) -s : Hamburger

Eintopf -r : potée
Eis -s : glace
Eisbein (-e) -s : jarret de porc
Ente (-n) -e : canard
Erbse (-n) -e : petits pois
Erdbeere (-n) -e : fraise
Essig -r : vinaigre

Fisch (-e) -r : poisson
Fleisch (-sorten) -s : viande
Forelle (-n) -e : truite
Frikadelle (-n) -e : Hamburger froid
Frucht ("e) -e : fruit

Gans ("e) -e : oie
Geflügel -s : volaille
Gemüse -s : légume
Gulasch -e : goulasch, ragoût
Gurke (-n) -e : concombre, cornichon

Hackfleisch -s : viande hachée
Hähnchen -s : poulet rôti
Hammel -r : mouton
Hase (-n) -r : lièvre
Hecht (-e) -r : brochet
Heidelbeere (-n) -e : myrtille
Hering (-e) -r : hareng
Himbeere (-n) -e : framboise
Huhn auf Reis -s : poule au riz

Jägerschnitzel -s : escalope forestière

Kabeljau (-e) -r : cabillaud
Kalb ("er) -s : veau
Kaltschale (-n) -e : soupe froide à base de fruits
Karpfen -r : carpe
Käse -r : fromage
Kirsche (-n) -e : cerise
Kloß ("e) -r : boulette à base de p. de t.
Kotelett (-en) -s : côtelette
Krabbe (-n) -e : crevette
Krebs (-e) -r : écrevisse, crabe
Kuchen -r : tarte, gâteau

Lachs (-e) -r : saumon
Leber -e : foie

Niere (-n) -e : rognon
Nudel (-n) -e : nouille
Nuß ("sse) -e : noix

Obst (-sorten) -s : fruit
Ochsenschwanzsuppe (-n) -e : soupe de queue de bœuf
Öl (-e) -s : huile

Palatschinken -r : crêpe fourrée
Paprika (schoten) -e : poivron
Paprika -r : paprika
Pellkartoffel (n) -e : pomme de terre en robe des champs
Pfannkuchen -r : crêpe
Pfeffer -r : poivre
Pfirsich (-e) -r : pêche
Pilz (-e) -r : champignon
Preiselbeere (-n) -e : airelle

Radieschen -s : radis
Rahm -r : crème fraîche
Reh (-e) -s : chevreuil
Reis -r : riz
Rettich (-e) -r : radis noir
Rind (-er) -s : bœuf
Rippchen -s : petit salé
Rosenkohl -r : choux de Bruxelles
Rostwurst ("e) -e : saucisse grillée
Rote Rüben -e, Rote Beete : betteraves rouges
Rotkraut -s : chou rouge
Russische Eier : œufs mayonnaise

Sauerbraten -r : viande marinée
Sauerkraut -s : choucroute
Schellfisch (-e) -r : morue
Schinken -r : jambon
(Schlag-) Sahne -e : crème chantilly
Schnitzel -s : escalope
Schwarzwurzel (-n) -e : salsifis
Schweizer Käse -r : gruyère
Sellerie -r : céleri
Senf -r : moutarde
Spanferkel -s : cochon de lait
Spargel (-n) -e : asperge (ou : -, r)
Spätzle (-n) -e : genre de pâtes maison
Spiegelei (-er) -s : œuf sur le plat
Steinpilz (-e) -r : cèpe

Tagesgericht (-e) -s : plat du jour
Tomate (-n) -e : tomate
Torte (-n) -e : tarte à la crème
Truthahn ("e) -r : dinde

Weiches Ei -s : œuf à la coque
Weißkraut -s : chou blanc
Weißwurst (-e) : sorte de boudin blanc
Weinbergschnecke (-n) -e : escargot
Weintraube (-n) -e : raisin
Wiener Schnitzel -s : escalope panée
Wildschwein (-e) -s : sanglier
Wurst ("e) -e : saucisse. saucisson

Zucker -r : sucre

77

Les vins allemands

Il y a en Allemagne beaucoup plus de vignobles qu'on ne le croit, et qui produisent de fort bons vins, malheureusement assez chers.

On distingue les *Tafelweine* ou *Markenweine,* vins de table ordinaires, le *Qualitätswein* qui doit comporter l'indication *naturrein,* et les vins de qualité primés *(prämiert),* soulignés par des désignations comme *Kabinett* (réserve spéciale), *Spätlese* (récolte tardive), *Auslese* (grumes sélectionnées), *Trockenbeerenauslese* (vins liquoreux faits avec des raisins à demi séchés) ou *Erzeuger-Abfüllung* (mis en bouteille par le producteur).

Les régions productrices s'étendent très au nord.

* A partir du sud, on trouve :

Lac de Constance : Meersburg.
Forêt Noire : Müllheim, Kaiserstuhl (Ihringen).
Bade : Oberkirch, Bühl, Neuweier; de très bons vins rouges.
Wurtemberg : Stetten, Schwaigern, Weinsberg.
Palatinat : (Deutsche Weinstraße) Bad Dürkheim, Neustadt.
Franconie : Würzburg, Iphofen.
Hesse rhénane : Worms, Oppenheim, Nierstein.
Basse vallée de la Nahe : Bad Kreuznach.
Le Rheingau : Johannisberg, Rüdesheim, Bingen, Bacharach.
Toute la vallée de la Moselle, de Trier (Trèves) à Koblenz par Bernkastel, Traben-Trarbach, Zell, Cochem.
La vallée de l'Ahr, au sud de Bonn : Walporzheim, Altenahr, Ahrweiler, Unkel.

* Les connaisseurs ont pour caractériser les vins des termes raffinés :

feurig, samtig, weich :	capiteux, velouté, tendre
blumig, fruchtig, spritzig :	bouqueté, fruité, perlant
herzhaft, rassig, duftig :	corsé, racé, léger de bouquet
frisch, kräftig, süffig :	frais, puissant, gouleyant
stahlig, erdig, glutvoll :	sec, au goût de terroir, ardent
lieblich, mild, leicht :	suave, doux, léger

* Les principaux cépages sont le Riesling, le Sylvaner, le Portugieser, le Burgunder, le Müller-Thürgau.

* Les vins blancs prédominent largement (environ 80 %).

Le vin se boit parfois à table, mais surtout après dîner.

Les Allemands apprécient de plus en plus les vins mousssseux : le Champagne français *(Champagner)* étant hors de prix, il est remplacé par des vins dits « *Sekt* » parfois fort agréables. Il s'agit de marques que nous ne pouvons citer ici.

* Le « **Bocksbeutel** » est une bouteille typique du Bade-Wurtemberg et de Franconie qui ressemble un peu à nos bouteilles d'Armagnac.

On trouve souvent des vins ouverts *(offene Weine)* servis au verre (1/8 ou 1/4 de litre : *ein Achtel, ein Viertel),* ou en cruches ou pichets. La contenance est obligatoirement gravée sur le verre ou la cruche.

Wein auf Bier, das rat' ich dir,

Moweneier
Kieler Sprotten
Katenschinken, Katenwurst

SCHLESWIG-
HOLSTEIN

Krabben
Muscheln
Hummer

Aalsuppe
Labskaus
Gefüllte Schweinerippchen
Holsteiner Schnitzel
Marzipan

Matjesheringe

Hamburg
Stubenküken
Vierländer Mastenten

OSTFRIESISCHER TEE

Ammerländer Schinken
Braunkohl mit Pinkelwurst
Bremer Kükenragout
Granat

Bremen

Elbe

NIEDERSACHSEN

Braunkohl mit Bragenwurst
Buntes Huhn

KORN

Hannover

Weser

Spargel
Knackwurst

Schinken

Harzer Käse

STEINHAGER

Mettwurst

WEISSE MIT SCHUSS

Aal grün
Eisbein
Berliner

Pumpernickel

NORDRHEIN-
WESTFALEN

BIER

Duisburg

Dortmund

Düsseldorf

Pfefferpottast
Töttchen
Pickert
Bergische Kaffeetafel
Rauch-Fleisch

Muzen

Köln

Printen
Gütchen

Sauerbraten
Reibekuchen
Hämchen

Speckkuchen

MITTELRHEIN

HESSEN

AHR

RHEINGAU

Sülperknochen
Frankfurter Würstchen

MOSEL

Frankfurt

APPELWOI

Main

RAUCHBIER

RHEINLAND-PFALZ

RUWER

NAHE

Handkäs mit Musik
Spargel

FRANKEN

Schlachtschüssel
Rostbratwürste

SAAR

Streuselkuchen

RHEINHESSEN

WEINHEIM

Meefischli

Mosel

SAARLAND

PFALZ

Brezeln

MOSCHT

Nürnberg
Lebkuchen

Schweinepfeffer
Saumagen
Leberwurst
Griebenwurst

FEDERWEISSER

WIESLOCH

WÜRTTEMBERG

BAYERN

Donau

régions viticoles

BADEN-WÜRTTEMBERG

Stuttgart

Schills

Milzwurst

Donauwaller

BADEN

Spätzle, Maultaschen
Gaisburger Marsch
Geschnetzeltes

Saibling
Huchen

Geselchtes, Weisswurst
Knödel, Leberknödel
Leberkäs
Haxen
Dampfnudeln

KAISERSTUHL

Neckar

KIRSCHWASSER
ZWETSCHENWASSER
HIMBEERGEIST

Zwetschendatschi
Springerl

München

BIER

ENZIAN

MARKGRÄFLER
LAND

Schinken
Kirschtorte

Rhein

Zwiebelkuchen

Renke und Saibling

MEERSBURG

KLOSTERLIKÖR ETTAL

Bodensee Felchen

Weisslacker
Backsteiner

Bier auf Wein, das laß sein!

La santé

Quelques chiffres

Il y a en Allemagne fédérale environ :
94 000 médecins *(der Arzt, ''e)*
31 250 dentistes *(der Zahnarzt)*
20 000 pharmaciens *(der Apotheker)*
3 587 hôpitaux.

La sécurité sociale

Elle a été organisée très tôt en Allemagne : C'est en 1881 que l'Empereur demandait dans un message au Reichstag la création d'une *Sozialversicherung* rendue nécessaire par le développement de l'industrie. La RFA n'a fait que reprendre et perfectionner un système existant.

Ce système est différent du système français en ce sens qu'il n'est pas centralisé : il est fondé sur les caisses de maladie *(die Krankenkasse, n)*, contrôlées par le *Bundesversicherungsamt,* et qui sont publiques *(Allgemeine Ortskrankenkassen, Landkrankenkassen)* ou gérées par des organismes privés ou semi-publics (comparables à nos mutuelles) : les entreprises employant plus de 450 personnes peuvent avoir leur propre *Betriebskrankenkasse.* Les cotisations sont payées par moitié par les employeurs et les employés. Plus de 98 % des Allemands sont affiliés à une caisse de maladie.

Pour un Français en Allemagne

Avant un séjour en Allemagne, il est prudent, si vous êtes affilié à la Sécurité Sociale française, de vous procurer auprès de votre centre le formulaire « E 6 ». En cas de maladie, adressez-vous alors à l' « AOK » *(Allgemeine Ortskrankenkasse)* de la région où vous séjournez. On vous établira un *Krankenschein* (bulletin de maladie) qui permet la prise en charge directe des soins médicaux.

Si vous ne trouvez pas de médecin, adressez-vous à la pharmacie, au poste de police ou consultez l'annuaire téléphonique à la rubrique *Notruf-Ärztedienst.*

Les hôpitaux

Ils portent différents noms : *Krankenhaus, Klinik, Sanatorium, Spital* (*Lazarett* désigne généralement un hôpital militaire).

La moitié des hôpitaux appartiennent à l'État, au Land ou aux communes, plus d'un tiers aux Églises et aux « Wohlfahrtsverbände » (associations d'action sociale). Il y a en RFA 112 lits pour 10 000 habitants.

Petit vocabulaire

Wo ist hier der nächste Arzt?
Wann hat der Herr Doktor Sprechstunde (consultation).
Ich möchte mich zur Untersuchung anmelden.
-s Wartezimmer : la salle d'attente.
-s Sprechzimmer : le cabinet de consultation.
-r praktische Arzt : le médecin de médecine générale.
-r Herz-, Augen-, Hals-Nasen-Ohrenarzt sind Spezialisten.
Nicht alle Ärzte sind Kassenärzte : tous les médecins ne sont pas affiliés à une caisse.
Auch Kassenärzte haben Privatpatienten.
Wenn man in ein Krankenhaus will, muß man zuerst zur Aufnahme.

G. Guten Morgen.

A. Guten Morgen, womit kann ich dienen [1]?

G. Ich bräuchte irgend ein Mittel [2] gegen Magenweh.

A. Seit wann haben Sie denn die Magenschmerzen?

G. Seit heute nacht, ich habe mich auch 2 mal übergeben [3].

A. Haben Sie vielleicht etwas gegessen, das Sie nicht vertragen [4] haben?

G. Ich glaube das kommt vom Sauerkraut, das liegt mir seit gestern abend schwer im Magen.

A. Was für Symptome haben Sie denn sonst noch?

G. Ich habe auch etwas Durchfall [5] und sehr starke Kopfschmerzen.

A. Sie haben wohl gestern etwas über die Stränge geschlagen[6] und sicher auch zuviel geraucht. Haben Sie Fieber?

G. Nein, Temperatur habe ich keine.

A. Dann gebe ich Ihnen hier Kohletabletten [7], die Sie dreimal täglich vor der Mahlzeit einnehmen [8]; für die Kopfschmerzen nehmen Sie Aspirin, höchstens 6 pro Tag.

G. Vielen Dank, was macht das dann?

A. 4,50 DM, und wenn es Ihnen bis morgen nachmittag immer noch nicht besser geht, dann sollten Sie doch einen Arzt aufsuchen.

A. Das wird schon besser werden, und vielen Dank auch, auf Wiedersehn.

Notes

1. Womit kann ich dienen? Que puis-je faire pour vous?
2. -s Mittel (-) : un remède; (die Arznei, das Medikament, -e).
3. sich übergeben : vomir.
4. vertragen : supporter, tolérer (ici, digérer).
5. -r Durchfall : la diarrhée.

6. Über die Stränge schlagen (fam.) : faire des excès.

7. -e Tablette : le comprimé. Ne confondez pas : der Kohl, pl. Kohlköpfe (le chou) et die Kohle, -n (le charbon).

8. ein/nehmen (a, o, i) : prendre (médicament, nourriture).

Expressions ✳ ✳ ✳ ✳ ✳ ✳ ✳ ✳ ✳ ✳ ✳ ✳ ✳ ✳ ✳ ✳ ✳ ✳

Ich fühle mich nicht wohl : Je ne me sens pas bien.
Er hat hohes Fieber : Il a beaucoup de fièvre.
Er hat 39,5 (Grad) Fieber : Il a 39,5.
Ich habe Kopfweh : J'ai mal à la tête.
Ich habe entsetzliche Zahnschmerzen : J'ai terriblement mal aux dents.
Er hat Verstopfung : Il a de la constipation.
Ich habe Atembeschwerden : J'ai du mal à respirer.
Ich habe mich erkältet : J'ai pris froid.
Er ist verschnupft : Il est enrhumé.
Ich habe mich in den Finger geschnitten : Je me suis coupé au doigt.

N.B. Les automobilistes allemands sont tenus d'avoir dans leur voiture une trousse de première urgence.

Besser mit dem Bäcker essen, als mit dem Apotheker

Les services (die Dienstleistungen)

La droguerie : die Drogerie

Ne la confondez pas avec la pharmacie, vous n'y trouverez pas de médicaments, mais par contre un grand nombre d'articles divers, dentifrice, savon, produits de beauté, lessive, films et même apéritifs, Cognac et liqueurs...

La teinturerie : die Trockenreinigung, Schnellreinigung

Der Fleck : la tache (einen Fleck **entfernen**).
Einen Anzug (eine Jacke, eine Hose) **reinigen**.

La blanchisserie-laverie : die Wäscherei, der Waschsalon

Können Sie mir das Hemd waschen und bügeln (repasser) ?
Wann kann ich es **abholen**?
Es ist morgen ab 10 fertig.
Ist das nicht noch heute möglich?
Der Annahmeschein (-zettel) : le ticket de dépôt.

Le cordonnier : der Schuhmacher, der Schuster

Können Sie mir diesen Schuh reparieren (= flicken) ?
Dieses Paar Schuhe muß völlig neu gesohlt werden.
(Sohle und Absatz : semelle et talon.)
Würden Sie mir bitte die Spitzen neu sohlen?
Würden Sie mir bitte den Absatz festmachen? (fixer le talon).
Ich bräuchte ein Paar schwarze (braune) Schuhschnüre (ou suivant les régions : Schuhbändl, Schuhlitzen, Schnürsenkel).
Hätten Sie bitte ein Mittel zum Imprägnieren? (un produit pour imperméabiliser.)

Choses utiles pour elle et lui

Kosmetikartikel : cosmétiques	
-e Seife : le savon	-r Lippenstift : le rouge à lèvres
-e Zahnpasta : le dentifrice	-r Gesichtspuder : la poudre
-e Zahnbürste : la brosse à dents	-r Lidschatten : l'ombre à paupières
-r Körperspray : le déodorant corporel	-e Wimperntusche : le fard à cils
Haarspray : la laque	-r Nagellack : le vernis à ongles
-e Reinigungsmilch : le démaquillant	-r Nagellackentferner : le dissolvant
-e Feuchtigkeitscreme : crème hydra-tante	-s Parfüm : le parfum
-e Make-up-Unterlage : la base	-s Kölnisch Wasser : l'eau de Cologne
-e Grundierung : le fond de teint	-e Rasiercreme : crème à raser
-s Wangenrot : le rouge à joues	-r Rasierschaum : mousse à raser
	-r Rasierapparat : le rasoir
	-e Rasierklinge : la lame de rasoir
	Preshave, Aftershave, comme en français

Beim Frisör

Franz - Wir wollten uns die Haare schneiden lassen.
Friseur - Haben Sie sich angemeldet?
F.   Nein, wie lange müssen wir denn da noch warten?
Fr. Einen Augenblick bitte, ich werde nachsehen.
Germain - Hoffentlich [1] müssen wir nicht erst eine Stunde warten!
F.   Und wenn wir die Haare nicht geschnitten haben, ist das auch nicht weiter schlimm. Das ist sowieso eine fixe Idee meiner Mutter gewesen.
Fr. Ja, das läßt sich noch machen [2], kommen Sie doch hier links in den Salon.
F.   Germain, nach links, rechts ist doch der Damensalon!
Fr. Nehmen Sie hier bitte Platz und Sie, mein Herr, dort drüben! Wie soll ich Ihnen die Haare schneiden?
F.   Messerschnitt [3], bitte aber nicht zu kurz.
Fr. Gut, dann fangen wir gleich mit dem Waschen [4] an. Möchten Sie ein Spezialshampoon, Sie haben etwas Schuppen.
F.   Ein Shampoon gegen fettendes Haar genügt.
Fr. So, jetzt können Sie sich wieder gerade hinsetzen.
F.   Mir tut auch der Hals schon ganz weh.
Fr. Tragen Sie den Scheitel [5] rechts oder links?
F.   Am besten machen Sie gar keinen Scheitel.
Fr. Und wie wollen Sie die Haare über den Ohren?
F.   Stehenlassen, es genügt fast, wenn Sie die Haare nur etwas lichten [6].
Fr. Soll ich die Nackenhaare übergehend schneiden [7], oder möchten Sie einen Rundschnitt [8]?
F.   Nur ausputzen. Dauert es noch lange?
Fr. Nur noch föhnen [9], und dann sind wir fertig. Ihr Freund übrigens auch. Möchten Sie etwas Haarspray?
F.   Ach wo, das geht so. So ist's gut - nur meiner Mutter wird der Schnitt nicht gefallen, aber was tut's.

Notes

1. hoffentlich : espérons que...
cf. : bekanntlich : comme chacun sait ; voraussichtlich : on peut s'attendre à ce que...
2. das läßt sich machen : c'est possible.
3. -r Messerschnitt : la coupe au rasoir.
4. Haarwaschen : un shampoing.
-s Shampoon : le (produit pour) shampoing.

5. -r Scheitel : la raie.
6. die Haare lichten : désépaissir.
7. Übergehend schneiden : coupe basse (sur la nuque).
8. -r Rundschnitt : ... dégager la nuque.
9. föhnen : gonfler (au séchoir électrique : der Föhn) ; aus/putzen : rafraîchir.

N.B. Le pourboire (environ 10 %) est d'usage chez les coiffeurs.

Grammaire

Les verbes dits « auxiliaires de mode ».

Germain und Franz **wollen** nach Hamburg **fahren**.
1. Faites très attention à l'emploi et aux nuances !
Er kann   possibilité matérielle.   Er soll   ordre ou sollicitation d'un tiers.
Er muß   obligation matérielle.   Er will   volonté du sujet (et futur proche).
Er darf   autorisation d'un tiers.   Er mag   désir du sujet ou éventualité (cf. möglich).
2. Attention aussi au « double infinitif » :
Er ist zu spät gekommen, weil er beim Friseur **hat lange warten müssen.**
Le double infinitif est également de règle avec d'autres verbes dont le principal est lassen : Er hat sich die Haare **schneiden lassen.**

La poste

La poste allemande est symbolisée traditionnellement par la couleur jaune
et la trompe de postillon *(das Posthorn)* qui orne les boîtes à lettres *(-r
Briefkasten)* et les cars postaux : ceux-ci transportent courrier, colis et
voyageurs dans les endroits non desservis par la Bundesbahn.

* Distinguez bien :

Die Post = le courrier (« *Ist Post für mich da?* ») ;
Das Postamt, das Hauptpostamt : le bureau de poste (central);
Die Postkarte est une carte postale non illustrée.

La carte postale illustrée s'appelle *Ansichtskarte* et bénéficie du tarif
réduit si elle ne comporte que 5 mots plus la signature.

> *Was kostet ein Brief* nach... *Paris, Frankfurt, Frankreich, England...?*
> *Ich möchte eine Marke zu* 30 *Pfennig.*
> *Ist der Brief richtig frankiert?*

* Aux heures de fermeture des guichets, vous trouverez toujours à
l'extérieur du bureau un distributeur automatique de timbres. Inutile par
contre de vous adresser à un bureau de tabac : seuls ceux qui vendent
des cartes postales ont souvent aussi les timbres correspondants.

Heures d'ouverture

En général de 8 à 12 h et de 14 à 18 h, le samedi de 8 à 12 h. Le dimanche,
dans certains bureaux de 11 à 12 h. Les services du télégraphe et du téléphone des bureaux principaux *(Hauptpostamt)* sont ouverts plus longtemps. On peut à toute heure téléphoner un télégramme de chez un
particulier.

Tarifs

Il leur arrive d'augmenter, donc renseignez-vous. En tout cas, tarif
intérieur allemand pour les pays du Marché commun, l'Andorre, Monaco,
San Marino, le Vatican.

Zahlkarten und Postanweisungen : mandats et mandats-poste

Mittels einer Zahlkarte können Summen in unbegrenzter Höhe überwiesen werden :
On peut envoyer par mandat des sommes sans limitation de montant.
Postanweisungen sind bis zu einer Summe von 1 000 DM möglich : Les mandats-
poste sont limités à 1 000 marks.
In dringenden Fällen ist eine Eilüberweisung oder auch eine telegrafische Überweisung
möglich : En cas d'urgence on peut utiliser les mandats-express ou les mandats
télégraphiques.

Auf dem Postamt

G. Mit wieviel muß ich diesen Brief nach Frankreich frei[1] machen?

P. Geben sie mal her, ... es reicht, wenn sie ihn mit einer 40 Pfg. Briefmarke frankieren.

G. Und diesen Einschreibebrief[2] nach München?

P. Das macht 80 Pfg. Einschreibegebühr und 40 Pfg Briefporto.

G. Dann hätte ich noch ein Päckchen aufzugeben.

P. Damit müssen Sie zu meinem Kollegen an Schalter[3] 4, dort wo Paketannahme steht.

G. Ich wollte dieses Paket nach Paris schicken.

P. Ja, gut, das macht noch keine 2 kg [4], da können wir es ja noch als Päckchen senden.

G. Wie lange braucht das denn bis nach Paris?

P. 2 bis 3 Tage, wenn sie es natürlich eilig haben, können sie es als Eilsendung [5] schicken.

G. So dringend[6] ist das nicht.

P. Sie müssen mir nur noch die Zollinhaltserklärung[7] ausfüllen[8].

G. Was muß ich denn auf diesen grünen Zettel schreiben?

P. Nur den Inhalt des Päckchens und den Warenwert.

G. So, bitte sehr, ist das alles?

P. Ja, das wärs.

G. Vielen Dank und auf Wiedersehn

P. Hallo, junger Mann, Sie müssen doch noch zahlen. Hallo!

- Aber alles Rufen ist vergeblich, G. ist schon hinter der Tür verschwunden.

Notes

1. frei/machen = frankieren : affranchir (mit = à).
2. -r Einschreibebrief : la lettre recommandée.
3. -r Schalter : le guichet.
4. das macht **noch keine** 2 Kilo : cela ne fait pas 2 kilos.
5. -e Eilsendung : le colis express.
6. dringend : urgent.
7. -e Zollinhaltserklärung : déclaration pour la douane.
8. ein Formular aus/füllen : remplir un formulaire.

Expressions ✳ ✳ ✳ ✳ ✳ ✳ ✳ ✳ ✳ ✳ ✳ ✳ ✳ ✳ ✳ ✳ ✳ ✳

Einen Brief postlagernd senden : envoyer poste restante (le destinataire doit présenter un papier d'identité, mais peut se faire envoyer anonymement du courrier poste restante sous un nom fictif ou sous un numéro; de toute façon il n'a rien à payer).
Bitte nach/senden : prière de faire suivre.
Einen Film als Warenprobe auf/geben : poster un film en échantillon.
Eine Zeitung als Drucksache schicken : envoyer un journal comme imprimé.
Per Luftpost : par avion.
Jn telegrafisch benachrichtigen : prévenir quelqu'un par télégramme.

Le téléphone

Sachez d'abord vous servir de l'annuaire *(das Telefonbuch)* : disponible non seulement dans les bureaux de poste, mais dans toutes les gares, il permet de situer une personne dont on a oublié l'adresse.

Le réseau téléphonique intérieur allemand étant entièrement automatique, chaque localité est caractérisée par un « *Vorwählnummer* » qu'il faut composer sur le cadran avant le numéro du correspondant si celui-ci habite une autre commune que celle d'où vous appelez.

Dans un bureau de poste, il y a en général des cabines pour « *Ortsgespräche* » (appareils à monnaie, réseau local) et d'autres pour les « *Ferngespräche* » (interurbain). Pour téléphoner en France, adressez-vous au guichet (« *Ich möchte nach Marseille telephonieren* »). Épelez le numéro demandé chiffre par chiffre :

632 45 27 = sechs drei *zwo* vier fünf *zwo* sieben.

A partir d'un poste d'abonné (l'abonné : *der Fernsprechteilnehmer*), demandez à votre ami allemand l'indicatif du service international !

Les cabines téléphoniques publiques permettent les communications non seulement en République Fédérale, mais aussi avec tous les réseaux automatiques étrangers. Vous y lirez des indications comme celles-ci :

1. Handapparat abnehmen :
Décrocher le combiné.
2. Wählton und Speicherbeleuchtung abwarten :
Attendre la tonalité et l'éclairage du compteur.
3. Mindestens 20 Pfg. einwerfen :
Introduire au moins 20 Pfennig.
4. Wählen :
numéroter.

5. Wenn Gespräch beendet oder nicht zustande gekommen, Handapparat einhängen :
Keine Rückgabe des Restbetrags von 50-Pfg und 1 DM-Münzen :
Lorsque la communication est terminée ou si elle n'a pas été obtenue, raccrocher. La monnaie n'est pas rendue sur les pièces de 50 Pfg et 1 DM.

Polizei   110   Feuerwehr   5026   6455

Pour téléphoner de France en Allemagne Fédérale :
Faites le 19, attendez la tonalité et formez le 49, et aussitôt le numéro de l'abonné allemand, mais **sans le 0** qui précède dans l'annuaire le *Vorwählnummer*.

Pour téléphoner d'Allemagne Fédérale à Paris : oo 33 1.

Cadrans parisiens :

1	2 = ABC	3 = DEF	4 = GHI	5 = JKL
	6 = MN	7 = PRS	8 = TUV	9 = WXY	o = OQ

Petit vocabulaire ✻ ✻ ✻ ✻ ✻ ✻ ✻ ✻ ✻ ✻ ✻ ✻ ✻ ✻ ✻ ✻

Das Telefon : le téléphone. - **Der** Apparat (-e) : l'appareil.
Wer ist am Apparat ? Qui est à l'appareil ?
(N.B. : Quand on est appelé, on décroche et on annonce immédiatement son nom : « (Hier spricht) Meyer ».)
-r Handapparat (-e) = -r Hörer : le combiné.
ab/heben (o, o) = ab/nehmen (a, o, i) : décrocher.
auf/legen = ein/hängen : raccrocher.
Entschuldigen Sie, ich bin falsch verbunden : Excusez-moi, c'est une erreur.
Kein Anschluß unter dieser Nummer : Il n'y a pas d'abonné à ce numéro.
-e Gebühr (-en) : taxe, coût de la communication.

Das verhexte Telefon

Neulich [1] waren bei Pauline
Sieben Kinder beim Kaffee.
Und der Mutter taten schließlich
Von dem Krach [2] die Ohren weh.

Deshalb sagte sie : « Ich gehe.
Aber treibt es nicht zu toll [3].
Denn der Doktor hat verordnet,
Daß ich mich nicht ärgern soll. »

Doch kaum war sie aus dem Hause,
Schrie die rote Grete schon :
« Kennt ihr meine neuste Mode?
Kommt mal mit ans Telefon. »

Und sie rannten wie die Wilden
An den Schreibtisch des Papas.
Grete nahm das Telefonbuch,
Blätterte darin und las.

Dann hob sie den Hörer runter,
Gab die Nummer an und sprach :
« Ist dort der Herr Bürgermeister?
Ja? Das freut mich. Guten Tag!

Hier ist Störungsstelle [4] Westen.
Ihre Leitung [5] scheint gestört.
Und da wäre es am besten,
Wenn man Sie mal sprechen hört.

Klingt ganz gut... Vor allen Dingen
Bittet unsere Stelle Sie,
Prüfungshalber was zu singen.
Irgendeine Melodie. »

Und die Grete hielt den Hörer
Allen sieben an das Ohr.
Denn der brave Bürgermeister
Sang : « Am Brunnen vor dem Tor ».

Weil sie schrecklich lachen mußten,
Hängten sie den Hörer ein [6].
Dann trat Grete in Verbindung
Mit Finanzminister Stein.

« Exzellenz, hier Störungsstelle.
Sagen Sie doch dreimal « Schrank ».
Etwas lauter, Herr Minister!
'Tschuldigung und besten Dank.

Wieder mußten alle lachen.
Herta schrie : « Hurra! », und dann
Riefen sie von neuem lauter [7]
Sehr berühmte Männer an.

Ach, sogar den Klassenlehrer
Rief man an. Doch sagte der :
« Was für Unsinn? Störungsstelle!
Grete, Grete! Morgen mehr [8]. »

Das fuhr allen in die Glieder [9]
Was geschah am Tage drauf?
Grete rief : « Wir tun's nicht wieder. »
Doch er sagte : « Setzt euch nieder.
Was habt ihr im Rechnen auf? »

Erich Kästner

Aus : So viele Tage wie das Jahr hat,
Siegbert Mohn Verlag, Gütersloh.

Notes

1. neulich : récemment.
2. -r Krach : le bruit.
3. Treibt es nicht zu toll : ne faites pas trop de bêtises.
4. -e Störungsstelle : (le service des) dérangements.
5. -e Leitung : la ligne.
6. ein/hängen : raccrocher.
7. lauter : rien que...
8. Morgen mehr : on en reparlera demain.
9. das fuhr ihnen in die Glieder : cela les refroidit, leur fit un choc.

N.B. die Hexe : la sorcière;
verhext : maudit, sacré.

Métrique

La poésie allemande est caractérisée non par la rime *(der Reim, -e)*, qui est un luxe (dans les quatrains ci-dessus, seuls les vers 2 et 4 riment), mais par le rythme *(der Rhythmus)*. On compte non le nombre de syllabes d'un vers, mais le nombre de syllabes accentuées *(die Hebung ≠ die Senkung)* qui soutiennent les pieds. Ceux-ci sont essentiellement :

RYTHME DESCENDANT	RYTHME ASCENDANT
der Daktylus | ' - - |	*der Anapäst* | - - ' |
der Trochäus | ' - |	*der Jambus* | - ' |
der Spondäus | - - |	

Les transports urbains

Comme dans tous les pays industriels, les villes allemandes connaissent de graves problèmes de circulation *(der Verkehr)*, doublés de préoccupations de défense de l'environnement *(der Umweltschutz)*. Aux heures de pointe *(die Spitzenstunden)*, les encombrements sont la règle *(eine Verkehrsstockung)*. Beaucoup de gens travaillent en ville et habitent à l'extérieur ou inversement : ce sont les *Pendler*. Pour se déplacer ils disposent des moyens connus :

La voiture personnelle	*der Privatwagen*
Les trains de banlieue	*die Nahverkehrszüge*
Le car ou le bus	*der Autobus, der Bus (-se)*
Le tramway	*die Straßenbahn, Tram(bahn)*
(le tramway est encore très fréquent en RFA)	
Le métro	*die U-Bahn (Untergrundbahn)*
Le métro-express	*die S-Bahn (Schnellbahn)*

Il y a des métros ou métros-express à Berlin, Hambourg (le plus ancien), Francfort (en fait un tramway à tronçons souterrains), à Munich (construit à l'occasion des Jeux Olympiques) et à Stuttgart.

Les *Schwebebahnen* ou *Hängebahnen* sont des métros aériens suspendus à un rail, comme à Wuppertal dans la Ruhr.

Beaucoup de gens se déplacent à vélo *(das Fahrrad* ou *das Rad* - verbe : *rad/fahren)*, à vélomoteur *(das Moped, -s)* ou à cyclomoteur *(das Mofa, -s)*. La moto *(das Motorrad)* connaît aussi un renouveau remarquable.

Par ailleurs, des projets ambitieux et révolutionnaires sont à l'étude : la ville de Fribourg-en-Brisgau par exemple prévoit un réseau de cabines à 2 ou 4 places à guidage électronique (système CATS).

En attendant, la plupart des grandes villes tentent de rendre les transports publics plus commodes et plus attrayants, notamment par une harmonisation des différents moyens de transports (y compris comme à Hambourg les services fluviaux) et par l'instauration de billets ou de cartes valables sur tous. On verra page 124 l'exemple de Munich.

✳ Si vous circulez en voiture dans une ville à tramways, méfiez-vous : ils ont bien sûr priorité. Vous pouvez les doubler à droite, sauf aux arrêts. Aux carrefours, des feux spéciaux leur donnent le passage ou les autorisent à tourner indépendamment des voitures.

Dans de nombreuses villes, il est obligatoire, avant de monter dans le tramway, de prendre un billet au distributeur ou au guichet. Il y a souvent une entrée réservée exclusivement aux porteurs de cartes d'abonnement.

N.B. Vous pouvez bien sûr circuler en taxi *(das Taxi* ou *die Taxe,* parfois *die Droschke)*. Le pourboire est de règle.

Les syndicats d'initiative et les principales stations de bus, tramways ou métro, ainsi que les gares, vous fournissent généralement un plan de la ville et des moyens de transport publics, souvent avec l'indication des principales curiosités et de leurs accès.

Straßenbahnen-Haltestelle

Kraftfahrlinien-Haltestelle

Verlauf der Vorfahrtstraße

Ankündigung einer Umleitung

Straßenbahn

Schaffner [1] — Ist noch jemand zugestiegen?
G. Ja, ich hier.
S. Wo möchten Sie denn hin?
G. Zum Schwimmbad.
S. Sie sind wohl kein Hiesiger [2]?
G. Wie? ... ach so, ob ich von hier bin. - Nein.
S. Sie müssen da bis zur Lindenallee fahren und dort umsteigen und die Linie 5 nehmen.
G. Könnten Sie mir dann bitte bescheidsagen [3], wenn wir in der Lindenallee sind?
S. Selbstverständlich, tu'ich; möchten Sie einen einfachen Fahrschein, oder eine Mehrfahrtenkarte?
G. Was ist denn da der Unterschied?
S. Die Mehrfahrtenkarte können Sie mehrere Male benutzen, die einfache Karte hingegen nur einmal. Mit der Mehrfahrtenkarte stehen Sie sich [4] auf jeden Fall besser. - So, das macht 2 DM.
G. Bitte sehr, und vergessen Sie doch nicht, mir ein Zeichen zu geben, wenn ich umsteigen muß.

Notes

1. -r Schaffner : le receveur.
2. der Hiesige, ein Hiesiger, de l'adjectif hiesig, formé sur hier (d'ici, autochtone).
3. Bescheid sagen : dire, mettre au courant; cf. : ich weiß Bescheid : je suis au courant.
4. Sie stehen sich besser : vous y avez intérêt.

Expressions ✳ ✳ ✳ ✳ ✳ ✳ ✳ ✳ ✳ ✳ ✳ ✳ ✳ ✳ ✳ ✳ ✳ ✳ ✳

Einen Fahrschein lösen : prendre un billet.
Wo ist die nächste Haltestelle (der U-Bahn, der Trambahn)?
Welche Linie fährt zum Hauptbahnhof, zum Marktplatz?
Wie komme ich zum Hauptbahnhof?
Gibt's hier einen Fahrkartenautomaten?
Wo muß ich **umsteigen**?
Einmal Hauptbahnhof **und zurück**, bitte! (un aller et retour...)
An der nächsten Haltestelle aus/steigen : descendre à la prochaine.
Gestatten Sie bitte! (Permettez! = vous descendez?)

Grammaire

tu' ich, je le ferai.   Revoir le verbe **tun.**

Ce n'est pas un auxiliaire comme l'anglais **to do,** mais dans certaines régions (sud surtout) on l'emploie comme tel, en particulier dans le langage enfantin : Was tust du? - Ich tu' schlafen.

Un emploi familier dans le sens de « mettre », quand on ne précise pas la position (stecken, stellen...) : Ich habe das Buch aufs Regal getan = j'ai mis le livre sur l'étagère. Dans le sud, on emploie en ce cas le verbe **geben.**

Schülerlotsen

Einbahnstraße

Haltverbot

Verbot für Fahrzeuge aller Art

91

Berlin

S'il n'est pas pensable d'ignorer Berlin lorsqu'on parle de l'Allemagne fédérale, il faut néanmoins lui réserver une place à part.

Un peu d'histoire

* Ce n'est qu'en 1244 que le nom apparaît pour la première fois dans un document. En 1440, le Prince Électeur Friedrich II en fit sa résidence. En 1539, son successeur lointain Joachim II y introduisit avec beaucoup de modération la Réforme : la ville est restée depuis un bastion du protestantisme. A une ère de prospérité succéda lors de la guerre de Trente Ans une période d'indécision, la ville se rangeant tantôt du côté des Impériaux, tantôt du côté des Suédois.

* C'est en 1640 que Frédéric-Guillaume, *der Große Kurfürst,* qui régna pendant près de 50 ans, commença à ranimer la ville et à en faire le centre indiscuté de la Maison de Brandebourg, noyau de la future Prusse (1701). En 1685, il y invita les Huguenots chassés de France, dont beaucoup s'installèrent là définitivement.

* Le 18e siècle est une époque de développement à la fois économique et culturel.

* 1806 marque l'entrée de Napoléon dans la ville et le début d'une occupation de 3 ans.

* En 1840, Frédéric-Guillaume IV, souverain réactionnaire, accède au trône. Il refuse toute Constitution : en 1848 il cède en apparence à un soulèvement. En 1850, la Prusse aura une représentation parlementaire, encore très soumise à l'absolutisme royal. Ensuite, on connaît l'histoire : Guillaume I appelle Bismarck. En 1871 Berlin devient capitale de l'Empire, ce qui lui assure un développement sans précédent, mais aussi l'apparition d'un prolétariat industriel qui fournit la première clientèle de la jeune Social-démocratie : après le sursaut nationaliste de la Première Guerre, le social-démocrate Friedrich Ebert devient Président de la jeune République. L'époque est mouvementée : grèves, manifestations, soulèvements de gauche (spartakiste) et de droite (putsch militaire), crise économique (inflation de 1923). Cependant, en 1920, Berlin s'agrandit par rattachement des villes et communes avoisinantes, et le *Groß-Berlin* est divisé en 20 *Bezirke :* c'est maintenant l'une des premières villes du monde, la 2e d'Europe. Les années 1924-1929, *die goldenen Zwanziger,* consacrent Berlin comme métropole internationale. La suite, depuis le krach de Wall Street, se confond avec la montée et l'avènement du nazisme.

La deuxième guerre mondiale

Jusqu'à la chute de Stalingrad, Berlin n'avait pas trop souffert. C'est après la proclamation par Goebbels de la guerre totale qu'eut lieu la première attaque aérienne massive, le 1er mars 1943. Ce n'était qu'un prélude. Lorsque le 20 avril 1945 (dernier anniversaire d'Hitler), l'Armée Rouge atteignit les abords de la ville, qu'elle occupa après 12 jours de combats de rues acharnés (30 avril, suicide de Hitler dans son Bunker sous la Chancellerie), il n'y avait plus qu'un champ de ruines, 75 millions de mètres cubes de décombres.

Depuis 1945

A la suite de la capitulation, Berlin est divisée en quatre zones d'occupation, soumises à l'administration commune d'un Conseil de Contrôle Allié. Mais au sein de ce dernier, les divergences ne tardent pas à apparaître.

Le 22 juin 1948, l'administration militaire soviétique décide le blocus de Berlin *(die Blockade)*, les Occidentaux y répondent par le pont aérien. C'est la guerre froide, et la division en Berlin-Ouest et Berlin-Est, concrétisée en août 1961 par l'édification du « mur de Berlin » : mur de la Honte *(Schandmauer)* pour l'Ouest ; mesure vitale de sauvegarde pour l'Est, contre la perte de potentiel humain que représentait la fuite vers l'Ouest (1,5 million d'Allemands étaient passés depuis 1949 à Berlin-Ouest).

Depuis lors, les relations se sont normalisées, grâce notamment à la *Ostpolitik* du Chancelier Willy Brandt. Depuis le 20 décembre 1971, un accord entré en vigueur le 3 juin 1972 permet aux habitants de Berlin-Ouest de se rendre 30 jours par an à Berlin-Est et en RDA. Pour les étrangers, le passage à l'Est ne fait aucune difficulté : il suffit de se présenter au « Checkpoint Charlie » (Friedrichstraße/Zimmermannstraße) avec un passeport en cours de validité. Il est seulement interdit d'emporter des journaux occidentaux. On peut également prendre le métro à la station Zoo, changer à Hallesches Tor et descendre à Friedrichstraße. Ou encore s'offrir une des visites organisées en car à Berlin-Est et à Potsdam.

postes de contrôle
internationaux
réservés aux Allemands de l'Ouest
autoroute
route
chemin de fer

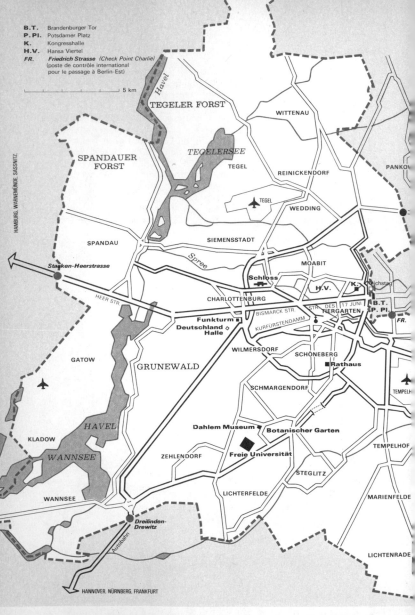

B.T. Brandenburger Tor
P. Pl. Potsdamer Platz
K. Kongresshalle
H.V. Hansa Viertel
FR. *Friedrich Strasse* (Check Point Charlie)
(poste de contrôle international
pour le passage à Berlin-Est)

|_____| 5 km

HAMBURG, WARNEMÜNDE, SASSNITZ.

TEGELER FORST

SPANDAUER FORST

WITTENAU

TEGELERSEE

TEGEL

REINICKENDORF

PANKOW

Havel

TEGEL

WEDDING

SPANDAU

SIEMENSSTADT

Spree

MOABIT

Staaken-Heerstrasse

HEER STR.

Schloss

H.V. K. Reichstag

CHARLOTTENBURG

BISMARCK STR. STR. DES 17 JUNI TIERGARTEN

B.T. P. Pl.

FR.

Funkturm
Deutschland
Halle

KURFÜRSTENDAMM

WILMERSDORF

SCHÖNEBERG

GATOW

GRUNEWALD

Rathaus

SCHMARGENDORF

TEMPELH

HAVEL

Dahlem Museum Botanischer Garten

KLADOW

WANNSEE

ZEHLENDORF

Freie Universität

TEMPELHOF

STEGLITZ

MARIENFELDE

WANNSEE

LICHTERFELDE

Dreilinden-
Drewitz

Autobahn

LICHTENRADE

HANNOVER, NÜRNBERG, FRANKFURT

Renseignements à l'arrivée :

Pavillon am Zoo : Hardenbergstr. 20, Tél. 31-70-94/95.
Pavillon im Flughafen Tempelhof, Tél. 690-93-03.
Verkehrsamt Berlin : Berlin 12, Fasanenstr. 7/8, Tél. 24-01-11.
Consulat Général de France : Kurfürstendamm 211, Tél. 881-81-45.

Berlin-Ouest

C'est une ville sans arrière-pays, sans « Umland », un îlot de 480 km²
et un peu plus de 2 millions d'habitants, qui dépend étroitement de ses
communications avec la RFA (3 corridors aériens exclusivement réservés
aux compagnies alliées, 3 voies de chemin de fer, des routes et 2 canaux),
et aussi de la bonne volonté de la RDA.

L'arrivée par avion est impressionnante, l'avion semble plonger en
pleine ville pour se poser sur l'aérodrome central « Berlin Tempelhof »
(l'autre est celui de Tegel). Mais on se rend compte que la ville est très
aérée : les forêts occupent 17 % de la surface, les champs et prés 13 %,
les cours d'eau (la Havel) et les lacs (Tegeler See, Wannsee, Schlachtensee)
environ 900 hectares, de sorte que le climat est très sain.

Pourtant, Berlin-Ouest est l'une des villes les plus industrielles de la
RFA. Les conditions font que ce sont les industries qui nécessitent le
moins de matières premières et le plus de main-d'œuvre qualifiée qui s'y
sont surtout développées : industrie électrique (36 %) et électronique,
constructions mécaniques (13 %), industries alimentaires (12 %).

Le parler berlinois

Il n'est pas aisé à comprendre, en voici un échantillon explicatif, d'après
Willy Lehmann, *Leierkastenmann* (joueur d'orgue de Barbarie) :

« Wat een echta Berlina is, hörnse wenna spricht. Dabei isses « Z » inna Mitta
vonnet Wort und ooch vorneweg so scharf wien « ß ». Wat anderet isses
mitten « ßu », ßum Beispiel : ick hab eene Molle uffn Tüsch ßu stehn und
danebn eene Zigarre ßu liejen. »

Traduction : « Was ein echter Berliner ist, hören Sie wenn er spricht. Dabei
ist das « Z » in der Mitte von einem Wort und auch vorne so scharf wie ein
« ß ». Was anderes ist es mit dem « zu », zum Beispiel : ich habe eine Molle
auf dem Tisch stehen und daneben eine Zigarre liegen. »

Eine Molle : ein Glas Bier   Brötchen : Milchbrötchen
Schrippe, Knüppel : Brötchen   schnabulieren : essen
ein Hackepeter : gehacktes Fleisch mit Zwiebeln.

« Berlin bei Nacht »

Il y a d'abord le théâtre. L'Opéra de Berlin est réputé. Le Kurfürstendamm-
Theater et la Komödie donnent des pièces de boulevard, mais il y a une
bonne quinzaine de théâtres : demandez au Verkehrsamt la *Monatsvor-
schau* et le *Berlin-Programm*.

Pour les sorties moins sérieuses, le grand centre est le *Ku'damm*. On
danse par exemple au *Alt-Berliner Bier-Salon*, au *Big Eden* ou encore au
Milli Vanilli (Knesebeckstr. 35), au *Big Apple* (Bundesallee 13). Tous les
premiers lundis du mois, l'hôtel Arosa Airlines *(Ku'damm 68)* organise
une dégustation de vins commentée. Vous rencontrerez des artistes le
mercredi au restaurant des caricaturistes, *Die Spitze* (Lietzenburger
Straße 84).

Les amateurs de musique folk trouveront le *Go-In* (Bleibtreustr. 17),
le *Folkpub* (Leibnitzstr. 56) et bien d'autres Jazz-Cafés. Là encore, demandez au Verkehrsamt brochures et prospectus.

Il est bon de commencer par une visite guidée en car, mais ensuite
suivez l'inspiration et essayez de sentir cette atmosphère de façade du
monde occidental, que l'on ne trouve nulle part ailleurs et qui semblerait peut-être factice si l'on ne savait que les gens ici ont de sérieux problèmes et qu'ils cherchent toutes les occasions de les oublier.

Hamburg

Renseignements à l'arrivée

Tourist-Information, Bieberhaus am
Hauptbahnhof, Hachmannplatz,
Tél. (0411) 24-12-34. (Lu-ve 7³⁰-18.,
Sa. 7³⁰-13.)
Aéroport, hall d'arrivée,
Tél. (0411) 59-10-04-57 - (9 h-23 h).
ADAC : Autobahn-Raststätte Stillhorn,
Tél. 75-88-03 (9-20 h).

Deuxième ville d'Allemagne (1 850 000 h) après Berlin et avant Munich,
Hambourg est avant tout un port, l'un des plus importants d'Europe,
et une ville d'affaires très active. La date de naissance de la ville-État
(Stadtstaat) moderne est très précise : le 7 mai 1189, Frédéric Barberousse
accordait à la modeste bourgade installée à 110 km de la mer, au confluent
de l'Elbe et de l'Alster, le droit de libre navigation sur l'Elbe inférieure :
de là date son essor, protégé par son adhésion à la ligue de la Hanse, association de villes résolues à défendre leur commerce contre la piraterie
et les prétentions féodales de hobereaux, et qui établit en fait un véritable
monopole sur les échanges avec la Scandinavie et la Russie. La période
de plus grande prospérité est le 19ᵉ siècle, où la flotte de Hambourg
(notamment la Hamburg-Amerikalinie) était la première du monde.
Actuellement, Hambourg est en concurrence avec Brême, mais reste
un grand centre de constructions navales et de commerce international,
en même temps que la grande base technique de la Lufthansa et que le
principal centre de la presse, notamment hebdomadaire *(Springerpresse)*.

* Dans toute ville où vous arrivez, vous avez intérêt, pour avoir une
première impression, à suivre une visite guidée : vous pourrez mieux
ensuite revenir à loisir voir ce qui vous intéresse.

Visites guidées

Départ de la *Stadtrundfahrt,* gare principale, toutes les heures de 9 à
17 h, durée 1 1/2 h.

Hôtel de ville, de 10 à 15 h, sam. dim. de 10 à 13 h.
Église Saint-Michel : de 9 à 17 h 30, dim. de 11 h 30 à 17 h 30.
Tour de télévision : (plate-forme) de 9 à 23 h.

Magasins ouverts de 8 h 30 à 18 h 30, le samedi de 8 h 30 à 14 h. Le premier
samedi du mois jusqu'à 18 h.
En dehors de ces heures, s'adresser aux boutiques des gares.

Vue d'ensemble

* Des bords de l'Alster, ou mieux, de l'un des bateaux du service de
l' « Alsterrundfahrt » (de 10 à 18 heures, durée 50 mn, départ Jungfernstieg).

* Depuis le « Michel », la fameuse tour de la Hauptkirche St. Michaelis,
emblème de la ville, vue sur le centre ville, les tours, les lacs de l'Alster
et surtout l'Elbe et le port.

* Depuis le « Stintfang », terrasse au pied de l'auberge de jeunesse, très
belle vue sur le port.

Hambourg

Le centre

Vous trouverez toutes les indications dans n'importe quel bon guide. Procurez-vous en outre brochures et prospectus auprès de la *Fremden-verkehrs-und Kongreßzentrale,* Hachmannplatz 1, près de la gare principale. Hôtels, réservation de chambres : *Hotelnachweis* à la gare même et dans le hall d'arrivée de l'aéroport. Tél. (0411) 59 10 04 57.

Alster : petite rivière de 58 km, sur laquelle des barrages édifiés au 12e siècle pour actionner les moulins à céréales créèrent un vaste plan d'eau de 183 ha, plus tard divisé en Binnen- und Außenalster.

Alsterwanderweg : promenade très variée (prairies, bois, moulins, écluses). Départ : Meekwiesenbrücke, station de métro Lattenkamp.

Alte Post : construction en briques de style florentin.

Altona : faubourg ouest, belle vue du « Altonaer Balkon ».

Blankenese : faubourg pittoresque auquel aboutit l'Elbchaussee.

Chilehaus : immeuble de bureaux de conception hardie (Architecte Höger, 1922-24).

Elbtunnel (1907-1911) : le plus ancien tunnel sous rivière du continent. Doublé en 1973 par un tunnel autoroutier qui relie l'autoroute nord aux autoroutes sud et ouest.

Elbchaussee : avenue célèbre par les parcs qui se succèdent le long de ses 9 km (Jenischpark : souvenirs de Barlach dans la « Barlach-Haus »).

Elbuferweg : promenade pédestre le long du fleuve jusqu'à Blankenese.

Fernmeldeturm (Heinrich-Hertz-Turm) : dressée près du parc des expositions « Planten un Blomen », cette tour de télévision de 271 m domine toute la ville. Restaurant pivotant à 127 m.

Jungfernstieg : ancien barrage sur l'Alster, aujourd'hui artère élégante et animée. Restaurant « Alsterpavillon ».

Fischmarkt : le pittoresque marché au poisson le long du port, à ne pas manquer. (dimanche matin).

Hohe Brücke : vieux pont sur le Nikolai Fleet (bassin), le long du Binnenhafen, vue sur le vieux Hambourg.

Lombardsbrücke + Kennedybrücke : séparent la Binnenalster de l'Außenalster. Entre les deux, sur le pont ferroviaire, passe le trafic le plus important de toute la RFA.

Kontorhäuser, Krameramtswohnungen : maisons et immeubles anciens, on respire là l'atmosphère du fameux roman de Thomas Mann « Die Buddenbrooks », bien que son action se situe à Lübeck.

Kunsthalle : Musée des Arts, fermé le lundi. Ne pas manquer Museum für Hamburgische Geschichte : voir notamment les salles consacrées au port et à la navigation (maquettes).

Museumsdorf in Volksdorf : village musée où l'on voit d'authentiques et typiques constructions de la région.

Rathaus : construit en 1886-97 dans le style Renaissance allemande, il abrite le Parlement du Land (la *Bürgerschaft*) et le gouvernement (le *Senat*). On peut considérer comme symbolique que le même complexe architectural englobe aussi la Bourse. La tour de 112 m fait partie du décor de la ville.

Reeperbahn : *Reep = Tau* (corde, câble), c'est la rue des Cordiers, le quartier des plaisirs, où l'on ne risque de préférence en groupe !

Wedel : au bord de l'Elbe, café-restaurant qui abrite le poste de salut aux navires. Coup d'œil intéressant.

Auf der Aussenalster

F. Was bleibst du denn schon wieder stehen, Angelika? Wir verpassen [1] noch das Schiff für die Alsterrundfahrt.

A. Komm, sieh mal, hier ist ein Bootsverleih [2].

G. Das ist eine Wucht [3], hier gibt's Ruder- und sogar Segelboote.

A. Das wäre viel besser als eine Rundfahrt auf dem Schiff. Da sind wir wenigstens ganz unter uns.

F. Und haben nicht das Geschnatter [4] der vielen Touristen. Aber habt ihr auch genügend Geld?

G. Ja, ja, heute zahle ich.

A. Das kommt garnicht in Frage [5], es wird wie immer geteilt.

F. Was nehmen wir denn nun für ein Schiff, ich wäre für ein Segelschiff.

A. Ich ja eigentlich auch, ich habe nur Angst, daß ihr nicht damit umgehen [6] könnt.

G. Nur keine Angst, ich war während der letzten Ferien in der Bretagne in einer Segelschule.
   - Sie mieten ein Segelboot und verlassen unter großem Gelächter den Bootssteg [7].

A. Schaukelt [8] nicht so, sonst kippen wir noch um [9].

F. Du Angsthase [10], wart' erst mal bis der Wind kräftig in die Segel blast.

G. Du wirst doch nicht etwa seekrank?

A. War ich noch nie. - Paßt aber auf das (Steuer-) Ruder auf, sonst stoßen wir noch mit dem Schiff dort zusammen [11].

G. Du brauchst nur unsere Anweisungen [12] zu befolgen, dann kann garnichts schief gehn [13].

A. Ihr fahrt ja viel zu dicht ans Ufer, das kann nicht gut gehn.

G. Vorsicht, Franz, ein dicker Ast!

F. So ein Mist [14], jetzt hat der doch das Segel zerrissen.

A. Ich hab's euch ja gesagt. Und was tun wir jetzt?

G. Das Segel einholen und rudern.

Notes

1. verpassen : manquer.
2. ein Bootsverleih : location de bateaux.
3. ... eine Wucht ! du tonnerre !
4. -s Geschnatter : de schnattern, caqueter.
5. Das kommt nicht in Frage : pas question !
6. mit etwas um/gehen : se servir de, manier.
7. -r Bootssteg : l'embarcadère.
8. schaukeln : balancer.
9. um/kippen : se renverser.
10. -r Angsthase : le poltron (comme un lièvre).
11. zusammen/stoßen (ie, o) mit : heurter, entrer en collision avec...
12. -e Anweisung : l'indication.
cf. Gebrauchsanweisung : mode d'emploi.
13. schief/gehen : aller de travers.
14. -r Mist : le fumier - So ein Mist ! quelle saloperie !

Grammaire

Vous avez remarqué bien sûr que nos jeunes personnages se tutoient, et surtout qu'ils emploient souvent le pluriel de tutoiement ihr. Comme vous le pratiquez peu en classe, il est bon d'y revenir.

1. ihr est le pluriel de du.
A tous les temps, le verbe prend la terminaison -t : ihr habt, ihr könnt, paßt auf, ihr fahrt, ihr rudert, ihr hattet, ihr konntet, ihr fuhrt, ihr rudertet.

2. Attention aussi à l'adjectif possessif euer, euren, eure... et aux formes d'accusatif et de datif euch du pronom personnel ihr : Ich miete mir ein Boot, ihr mietet **euch** ein Boot. Ich wasche meine Hände, ihre wascht **eure** Hände.

La vie musicale

Hambourg a un Opéra très réputé : profitons-en pour faire une petite digression sur la musique. L'Allemagne, pour beaucoup de gens, c'est le pays des grands musiciens (et des poètes). Si tous les Allemands ne sont pas musiciens, il est vrai que la musique sous toutes ses formes occupe ici une grande place.

Opéras et orchestres

Toute grande ville allemande, et beaucoup de petites, a au moins son *Oper,* son *Symphonieorchester* et son *Kammerorchester.* Les opéras les plus célèbres sont ceux de Hambourg, Munich et Berlin : on y cultive les classiques, mais on ne recule pas devant la musique la plus moderne.
   Les grands orchestres philharmoniques sont :
- le Berliner Philharmoniker (Herbert von Karajan),
- le Münchner Philharmoniker,
- et le Bamberger Symphoniker.
   Parmi les meilleurs orchestres de chambre, citons :
- le Münchner Bachorchester (Karl Richter) et
- le Stuttgarter Kammerorchester (Karl Münchinger).

Compositeurs contemporains

Le plus connu est sans aucun doute Carl Orff (*Carmina Burana,* synthèse de jeu, danse, allégorie et chœurs), puis Werner Egk, Rolf Liebermann. Parmi les jeunes : Boris Blacher, Wolfgang Fortner, Bernd Alois et Hans Werner Henze. Enfin Karlheinz Stockhausen a fait sensation avec sa musique électronique.

Les festivals

On connaît surtout le festival de Bayreuth (cf. p. 130) mais il y a de nombreuses autres manifestations tout aussi brillantes :
- les Mai-Festspiele de Wiesbaden, avec les meilleures troupes étrangères,
- le Mozart-Fest de Würzburg (juin),
- le Beethoven-Fest de Bonn,
- les Domfestspiele de Bad Gandersheim (juin-juillet),
- les Festspiele de Bad Hersfeld,
- le Festival de Donaueschingen (musique d'avant-garde),
- les Festivals de Schwetzingen près de Mannheim (mai-juin),
- les Königliche Spiele de Herrenhausen (Hanovre, juillet),
- les Journées Berlinoises du Jazz,
sans compter les nombreux concerts donnés tout l'été dans d'anciens châteaux (Résidence de Munich, Nymphenburg, Schleissheim...).

La musique de tous les jours

Dès le jardin d'enfants les jeunes Allemands font connaissance avec la musique, et surtout le chant. Ils en conservent souvent le goût : presque chaque village a son *Männerchor* et son *Kirchenchor,* les Universités leur *Universitätschor.* Il faut y ajouter les orchestres de chambre d'amateurs, les fanfares (les *Posaunenchöre*) et surtout les nombreux groupes de musique pop. La musique, en Allemagne, reste bien vivante.

Ein Abend in der Oper

Kürzlich haben wir zum ersten Mal Orchesterplätze bekommen, erste Reihe, und da ich gleich zu Beginn der Vorstellung einen Rippenstoß [1] erhielt, weil ich den im Programm abgebildeten Schauspielerinnen Schnurrbärte malte, blickte ich verdrossen [2] hinunter ins Orchester...

Der Fagottspieler [3] saß unmittelbar vor mir und hatte ein Kreuzworträtsel [4] auf seinem Notenständer [5]. Er suchte eine Griechische Göttin mit acht Buchstaben, die mit einem P begann und ein E als vierten Buchstaben hatte. Ich prüfte mein mythologisches Wissen. Patroklus ging nicht, Parthenon noch viel weniger. Abgesehen davon, daß das Wort zu lang war, konnte ich nicht beschwören, ob es sich um eine sie oder um einen er handelte. Das Fagott tat das einzig Richtige : der Musiker riß eine Ecke von seinem Notenblatt ab, kritzelte [6] « Griechische Göttin, 8 Buchstaben, erster P, vierter E » darauf und ließ den Zettel rundgehen. Erst das Waldhorn [7] wußte Bescheid, schrieb den Namen auf die Rückseite des Zettels und ließ ihn zum Fagottisten zurückgehen, der das leere Feld mit dem Wort Poseidon ausfüllte. Mir schlug das Herz bis zum Halse. Ich warf einen Blick auf meine Frau, die gebannt auf die Bühne starrte, riß ein Blatt aus dem Programm und schrieb! « Um Himmelswillen! Man verkohlt Sie [8]! Poseidon war der Bruder des Zeus! » Den Zettel warf ich zum Musiker hinunter.

« Was soll das bedeuten ? » zischte meine Frau. « Eine Verwarnung [9]. Er hat eine Oktave zu hoch gespielt » flüsterte ich « Du ahnungsloser Engel du! » rief Faust. Beflügelt von Gounods Musik, tauchte vor meinem inneren Auge die Griechische Göttin auf. In höchster Eile kritzelte ich das Wort Penelope nieder und warf den Zettel dem Fagottisten zu.

Während der Pause behauptete meine Frau, ich hätte dem Musiker Karamelpapier an den Kopf geworfen. « Ausgeschlossen! Du weißt doch, daß ich dieses süße Zeug [10] nicht mag! »

« Jedenfalls hast du dich merkwürdig benommen! »

Nach **Willy Breinholst**. Agentur des Rauhen Hauses.

Notes

1. -r Rippenstoß : une bourrade dans les côtes.
2. verdrossen : de mauvaise humeur.
3. -s Fagott : le basson.
4. -s Kreuzworträtsel : le problème de mots croisés.

5. -r Notenständer : le pupitre.
6. kritzeln : gribouiller, griffonner.
7. -s Waldhorn : le cor (de chasse).
8. verkohlen + A = se moquer de.
9. -e Verwarnung : l'avertissement.
10. dieses süße Zeug : ce truc sucré.

Petit vocabulaire ✳ ✳ ✳ ✳ ✳ ✳ ✳ ✳ ✳ ✳ ✳ ✳ ✳ ✳ ✳ ✳

A H C D E F G B
La si do ré mi la sol si bémol
ré dièse : Dis en ré majeur : in D dur
ré bémol : Des en ré mineur : in D moll
Ich spiele Klavier : je joue du piano.
-e Geige : le violon

-e Gitarre : la guitare
-s Schlagzeug : la batterie
-s Konzert : le concert, mais aussi, le concerto
-e Premiere = die Erstaufführung
-s Gastspiel : le gala

Grammaire

Meine Frau behauptete, ich **hätte** Karamelpapier geworfen.
Le « style indirect » est très employé. Il faut au moins le comprendre, sinon l'utiliser. Il fait appel au subjonctif I (revoir les formes...) et quand celui-ci peut se confondre avec un indicatif, au subjonctif II : **ich habe** n'est pas senti nettement comme subjonctif, on le remplace donc par **ich hätte**.

La mer

Partant de Hambourg, nous avons le choix entre deux directions : au nord nous trouvons la Baltique, la *Ostsee* (de Lübeck à la côte est du Danemark (Flensburg), en passant par Kiel). Au Nord-Ouest et à l'Ouest, la mer du Nord, *die Nordsee,* avec Bremerhaven, Wilhelmshaven et Emden. Les deux mers sont reliées par le Nord-Ostsee-Kanal (99 km) qui évite le détour par le Jutland et connaît un trafic intense.

On imagine un pays plat : c'est une erreur, il est très varié, très vallonné, marqué par les anciens glaciers scandinaves qui y ont laissé leurs moraines. Comme la pierre est rare, mais l'argile abondante, la construction est caractérisée par l'emploi de la brique, le matériau de cette architecture appelée *Backsteingotik,* et que le béton n'a pas totalement supplanté.

La côte attire, bien sûr : suivre au mois d'août la « Bäderstraße », la route des stations balnéaires, demande de la patience, les plages, fort belles, ont au moins la même densité de population que celles de la Côte d'Azur : elles sont couvertes de petites cabines d'osier *(Strandkörbe)* où l'on s'assied à l'abri du vent.

Les îles, en saison, sont au moins aussi fréquentées : sur la Baltique, la grande île de Fehmarn, et sur la mer du Nord, en partant du Danemark, les îles de la Frise du nord (Sylt, Föhr, Amrum, Halligen) et vers la Hollande les 7 îles de Frise orientale (*die ostfriesischen Inseln :* Borkum, Juist, Norderney, Baltrum, Langeoog, Spiekeroog et Wangerooge). Au large : Helgoland.

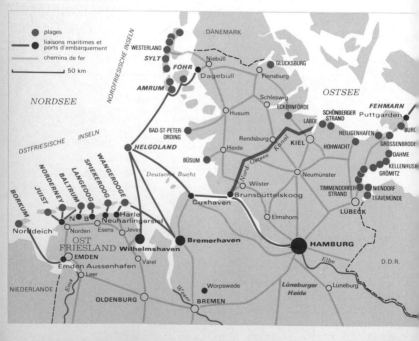

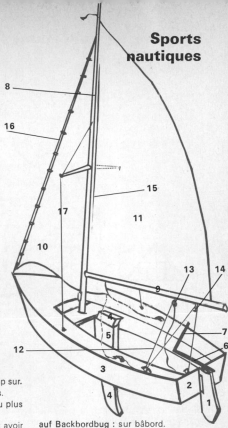

Sports nautiques

1. -s Ruder
2. -r Spiegel
3. -r Freibord
4. -s Schwert
5. -r Schwertkasten
6. -e Ruderpinne
7. -r Pinnenausleger
8. -r Mast
9. -r Baum
10. -e Fock
11. -s Großsegel
12. -e Schot
13. -r Block (-"e)
14. -r Schäkel (manille)
15. -r Fall (drisse)
16. -r Stag (étai de foc)
17. -e Wante (-n) l'étai

Mini-lexique de la voile

klar machen : parer.
Alles klar! Paré!
heißen : hisser (les voiles).
Heiß auf! A hisser!
die Segel setzen, ein/ziehen : mettre, amener les voiles.
segeln nach : faire voile vers.
Kurs nehmen auf + A : mettre le cap sur.
am Wind segeln : naviguer au près.
hoch am Wind segeln : naviguer au plus près.
Gegenwind, Rückenwind haben : avoir vent contraire, vent arrière.
an/luven : remonter au vent.
ab/fallen (ie, ist a) : abattre.
wenden = über Stag gehen : virer vent debout.
halsen : virer vent arrière, empanner.
einen Schlag machen : tirer un bord.
auf Steuerbordbug : sur tribord.

auf Backbordbug : sur bâbord.
krängen : gîter.
das Ende (-n) : un « bout » (un cordage).
Wahrschau ! Attention, place !
Er ist gekentert : il a chaviré.
Die Windstille : le calme plat.
10 Knoten laufen : filer 10 nœuds.
die Seemeile (-n) : le mille marin.
vor Anker gehen : jeter l'ancre.
am Ufer an/legen : aborder.

En Allemagne comme en France, la pratique de la voile se répand. On peut s'inscrire pour un cours de une ou deux semaines (hébergement et petit déjeuner ou pension complète à partir de 300 et 500 DM pour 14 jours) dans un des clubs dépendant du DSV (der DSV = der Deutsche Segler-Verband, 2 Hamburg 76, Adolfstraße 56). Voir **A.U.** p. 173.

Un stage de deux semaines permet au débutant de plus de 14 ans d'obtenir le permis A *(den DSV-Führerschein A)* valable (mais non exigible) sur les eaux intérieures.

DSV-Führerschein BR = Revierfahrt (eaux territoriales).
DSV-Führerschein BK = Küstenfahrt (navigation côtière).
DSV-Führerschein C = Seefahrt (navigation hauturière).

103

La lande de Lunebourg

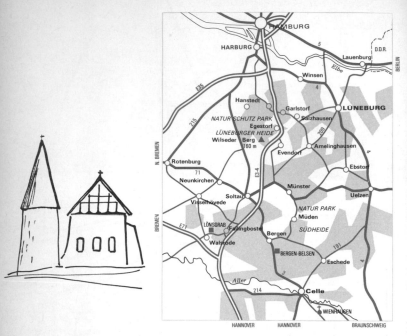

Si, au lieu de chercher la mer, nous nous enfonçons depuis Hambourg vers le sud, vers Hanovre, nous traversons la fameuse lande de Lunebourg : mais en voiture, prenez garde, vous risquez de ne presque rien voir.

Les limites : L'autoroute Brême-Hambourg au nord-ouest, la rivière de l'Aller au sud (avec Wolfsburg, cité de Volkswagen, et Celle, admirable petite ville), et à l'est, la route Nº 4, la *Harz-Heide-Straße* qui va de Brunswick (Braunschweig) à Lunebourg.

Le centre : Le petit pays de Wilsede, et le Wilseder Berg (169 m).

Le paysage : Non pas le plat pays, mais un paysage vallonné, où des chemins sableux serpentent à travers les étendues de bruyère et les bosquets de pins, de bouleaux, de genévriers, un paysage sauvage, un peu mélancolique, qui peu à peu a reculé, avec ses troupeaux de moutons jadis célèbres, devant l'industrie et la charrue. Les villages se cachent sous les arbres, autour de l'église au clocher de bois séparé de la nef. Les vastes maisons basses, qui abritent les gens et les bêtes, ont leur pignon orné de deux têtes de chevaux croisées, grossièrement esquissées, qui doivent conjurer le mauvais sort.

Accès : Pour les gens pressés, prendre l'autoroute Hambourg-Hanovre, que l'on quitte à Egestorf. Aller en voiture jusqu'à Underloh : c'est la limite de la réserve naturelle *(-r Naturschutzpark)* du Wilseder Berg, où les voitures sont interdites. Une voiture à cheval vous mène à Wilsede, au cœur du parc. Continuez à pied et n'oubliez pas l'appareil photo...

Altes und Neues

Weite Moore [1], grüne Wiesen, Weiden, fruchtbares Marschland [2] anmutig unterbrochen von verstreuten [3] Laub- und Nadelwäldern, bedecken das Kernland Niedersachsens... Das breite, niedersächsische Bauernhaus gibt den Dörfern das besondere Gepräge [4]. Symbol der Landschaft sind die gekreuzten Pferdeköpfe an den Dachfirsten... Erst am Südrand der Moore und der Heide haben sich größere Stadtkulturen entwickelt : hier zieht auch der für die Binnenschiffahrt so wichtig gewordene Mittellandkanal [5] vorüber.

Manche Moorgebiete, die einstmals nur dem Torfstich [6] dienten, erwiesen sich als reich an Erdöl und Erdgas, so daß sich hier ein neuer Industriezweig entwickeln konnte, der mit größtem Erfolg die Verarbeitung [7] dieser Rohstoffe [8] durchführt. So birgt die karge Heide, in der selbst die Heidschnukken [9], die in der kalten und Übergangszeit buchstäblich [10] das trockene Heidekraut [11] verzehren [12], ein kümmerliches Leben führen, in der Tiefe doch ehedem ungeahnte Schätze, während uns ihre Oberfläche das Erlebnis einer Lansdchaft von herbem [13] Reiz [14] schenkt.

Aus : Deutschland Porträt in Bild und Wort, C. Bertelsmann Verlag, Gütersloh.

Notes

1. -s Moor (-e) : le marais.
2. -e Marsch : nom géographique des régions marécageuses alluvionnaires et riches en nord-ouest. On y oppose die Geest (zones arides, sableuses).
3. verstreut : dispersé.
4. -s Gepräge : le cachet, le caractère.
5. -r Mittellandkanal : Ce canal très important, d'une longueur de 323 km dont 258,7 en RFA, relie le canal de Dortmund-Ems à l'Elbe près de Magdebourg.
6. -r Torf : la tourbe, utilisée pour le chauffage ; -n Torf stechen (a, o,i) : extraire la tourbe.
7. ... führt die Verarbeitung durch : effectue la transformation.
8. -r Rohstoff (-e) : la matière première.
9. -e Heidschnucke (-n) : désigne les moutons de cette région.
10. buchstäblich : littéralement (de : -r Buchstabe, n).
11. -s Heidekraut : la bruyère.
12. verzehren : consommer, manger.
13. herb : âpre.
14. -r Reiz : le charme.

Grammaire

1. Der... so wichtig gewordene Mittellandkanal.
Exemple de groupe qualificatif (voir p. 27).

2. Analysez bien la dernière phrase (« So birgt... »), assez longue, avec deux propositions relatives emboîtées :
Die karge Heide, **in der** die Heidschnucken (xx) ein kümmerliches Leben **führen**, birgt ungeahnte Schätze.
... die Heidschnucken, **die** in der kalten und Übergangszeit buchstäblich das trockene Heidekraut **verzehren**, ...
Il n'est pas nécessaire que vous fassiez vous-même des phrases aussi complexes, mais il ne serait pas mauvais de savoir vous en tirer. Essayez celle-ci :
Le symbole du paysage, dans lequel de vastes marécages, qui ne servaient autrefois qu'à l'extraction de la tourbe, alternent (ab/wechseln) avec des forêts de feuillus et de résineux, ce sont les chevaux croisés.

Francfort

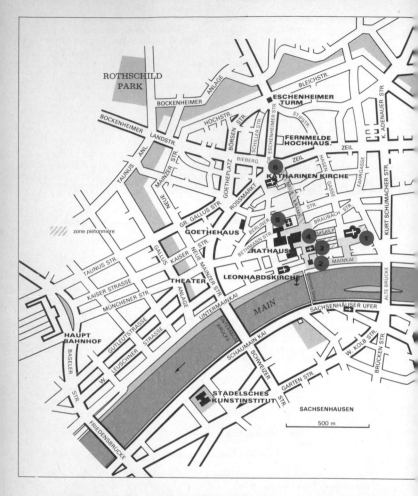

Francfort, plaque tournante de l'Allemagne fédérale, est au premier coup d'œil une ville moderne de béton et de verre. Elle doit sa naissance au gué *(die Furt)* découvert par les Francs pour passer le Main. Charlemagne y tint synode en 794, Frédéric Barberousse y fut élu empereur en 1152, et à partir de la Bulle d'Or (cf. p. 12), 23 rois et empereurs furent élus dans la cathédrale Saint-Bartholomé, tandis qu'en 1848 siégea dans l'église Saint-Paul la première assemblée nationale allemande.

Après la Seconde Guerre mondiale, la ville fut jusqu'en 1949 le principal centre des services alliés qui gouvernaient l'Allemagne occidentale.

Elle reste actuellement la ville de l'argent (siège de la Bundesbank) et des livres *(Frankfurter Messe,* foire internationale du livre).

1 1/2 Stunden Weg durch deutsche Geschichte

Man beginnt mit der Besichtigung des **Doms** (1). Er ist an Werktagen von 9.00 bis 12.00 Uhr und von 15.00 bis 18.30 Uhr geöffnet, im Winterhalbjahr bis 17.00 Uhr. Der Domschatz [1] und die Wahlkappelle können nur mit einer Führung besichtig werden. Anmeldung [2] Dompfarramt.

Wir gehen dann in südlicher Richtung zum Mainkanal. Ihm folgen wir bis zur **Saalhof Kapelle** (2). Diese ist in die Bauten [3] des Historischen Museums einbezogen. (Offnungszeiten : Dienstag -Samstag 10.00 - 16.00, Sonntag 10.00 - 13.00 Uhr. Eingang am « Fahrtor ») Das « Fahrtor » führt dann zur **Nicolaikirche** (3). Von hier aus gehen wir in nord-westlicher Richtung weiter, an der Front des **Römers** (4) vorbei, zur Limpurger Gasse, die zum Römerhöfchen führt. Hier stehen Automaten für Eintrittskarten zum Kaisersaal. (Offnungzeiten : April bis September 9.00 - 17.30, Oktober bis März 9.00 - 16.30 Uhr. Sonn- und feiertags nur von 10.00 - 15.30 Uhr geöffnet). Über den Treppenturm gelangt man in den Limpursaal und den Kaisersaal. Wir verlassen dann den Römer durch den Haupteingang, wenden uns nach links, gehen an der Häuserfront vorbei, überqueren die Beetmannstraße und gelangen dann zur **Paulskirche** (5). (Öffnungszeiten : Mo, Mi, Fr 10.00 - 12.00, Di, Do 14.00 - 16.00 Uhr. Führung nur durch Voranmeldung, Tel. : 212-49-20.)

Wer an diese Besichtigung noch einen Einkaufsbummel [4] anschließen möchte, geht in nördlicher Richtung weiter, überquert die Berliner Straße und folgt der Neuen Kräme bis zum Platz an der **Hauptwache (6)**.

Stadtbummel

Die Hauptgeschäftsstraße ist die Zeil. Hier reiht sich Schaufenster an Schaufenster von der Hauptwache bis fast zum Zoo.

Auf dem anderen Mainufer laden zahlreiche Apfelwein-Lokale zu einer Rast ein. Sie sind an dem grünen Kranz über dem Eingang und an ihren oft schrulligen [5] Namen zu erkennen : « Kanonesteppel » (l'Etoupille), « Zum Grauen Bock » (au bouc gris), « Zum Struwwelpeter » (Chez Pierre l'ébouriffé) oder « Affentorschenke » (taverne de la Tour aux singes).

Der Treffpunkt für Jazz- und Beatamateure sind der « Jazz-Keller », « Zoom », und « Number One », um nur die berühmtesten zu nennen.

Wer das Künstlermilieu kennenlernen möchte, gehe doch einmal ins Karmeliterkloster in Tonis Artistenkeller.

Kulturelle Veranstaltungen verschiedenster Art finden in der « Jahrhunderthalle » der Farbwerke Höchst statt. Oper, Schauspiel und Kammerspiel sind in der « Theateranlage » unter einem Dach vereint (Theaterplatz, Tel. Oper : 21-06/3-35, Schauspiel : 21-06/435, Kammerspiel : 21-06/3-95.)

Bedeutend ist auch das « Kleine Theater am Zoo » (Alfred-Brehm-Platz 11-14, Tel. 43-51-66) und « Die Komödie » (Theaterplatz, Tel. 28-45-80). Politisch-satirisch ist das Kabarett « Die Maininger » (Neue Rothofstr. 26 a Tel. 28-02-27). Makabres satirisches Theater spielt «Die Schmier - das schlechteste Theater der Welt » (Karmeliterkloster, Tel. 28-10-66).

Notes

1. -r Schatz (''e) : le Trésor.
2. sich an/melden : annoncer sa visite.
3. -e Bauten, pl. de -r Bau : construction, édifice.
4. -r Bummel : promenade, flânerie; bummeln : flâner; -r Bummelzug (''e) (fam.) : le tortillard.
5. schrullig : bizarre, curieux.

Que voir à Francfort

Le jeune germaniste n'oubliera pas que le plus grand poète allemand, Goethe, est né et a vécu un temps à Francfort. Sa maison natale *(das Goethehaus)* a été fidèlement reconstruite et l'intérieur reconstitué après la guerre. On la visite en semaine de 9 h à 18 h (16 h l'hiver), de 10 à 13 h le dimanche. **Adresse** : Großer Hirschgraben 23.

La vieille ville : Il n'en reste presque rien, sinon un noyau groupé autour de la cathédrale, miraculeusement épargnée par les bombes, et du *Römer,* ensemble disparate de maisons patriciennes du Moyen Age, qui fait fonction d'Hôtel de Ville.

Les musées : Les amateurs d'art ne manqueront pas de visiter le *Städelsches Kunstinstitut* (de 10 à 17 h sauf lundis et fêtes) avec son impressionnante collection de Primitifs flamands et de Maîtres allemands du xvie siècle, non plus que la *Städtische Galerie Liebighaus* (mêmes heures), intéressant surtout par ses statues du Moyen Age et de la Renaissance. Le musée d'histoire naturelle *(Naturmuseum Senckenberg)* (9 h à 16 h) est réputé notamment par sa section préhistorique.

Le Zoo (de 8 à 19 h, hiver 17 h) mérite également une visite : ne pas négliger l' « Exotarium » (malgré le supplément de prix!), c'est la partie la plus curieuse, où l'on voit les animaux dans leur « environnement » naturel.

Enfin, l'**aérodrome** Rhein-Main, le plus grand d'Allemagne et l'un des plus importants d'Europe, est en lui-même un lieu possible d'excursion : pourquoi n'y pas aller déjeuner par exemple?

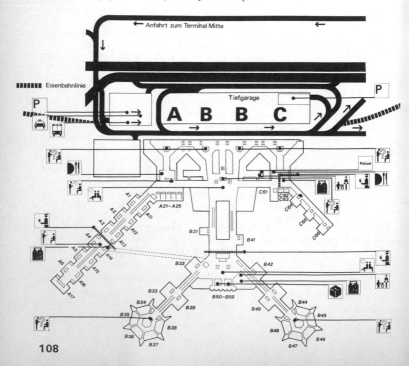

Der Flugplatz Frankfurt Rhein-Main

Der Volksmund hat die Empfangsanlage [1] des Frankfurter Flughafens, das « Terminal Mitte », Jumbo-Bahnhof getauft. Es ist eine der größten und modernsten Anlagen Europas.

Wie kommt man zum Flughafen?

1. Mit dem Zug : Direktverbindung mit dem Hauptbahnhof in 12 Minuten. Oder mit den Nahverkehrszügen [2] der Strecke Frankfurt-Mainz.

2. Mit dem Auto : Auf Hochstraßen gelangt [3] man vom Frankfurter Autobahnkreuz unmittelbar in die Tiefgarage des Flughafens. Man zahlt vor dem Abholen [4] des Wagens, behält aber den Parkschein bis zur Ausfahrt.

Das Terminal Mitte

Es ist in drei Sektionen eingeteilt :

    A = Lufthansa, B = andere Fluggesellschaften,
    C = Sonderflüge (Charter).

Diese Kennzeichnung [5] beginnt in der Tiefgarage, setzt sich im Unterirdischen Bahnhof fort [6] und erstreckt sich bis zu den Flugzeugpositionen an den Flugsteigen [7].

Von der Flughalle bis zum Flugzeug

Bei Betreten der Abflughallen orientiert sich der Reisende auf den Fluginformationstafeln [8] :

    LH 110 PARIS 9.25 9.35 107-108 A 19-20
    LH = Lufthansa, 110 = Flugnummer

Die Maschine startet nach Paris planmäßig um 9,25 Uhr. Wegen Verspätung startet sie aber erst um 9.35 Uhr. 107-108 = Nummern der Schalter, an denen die Lufthansa ihre Gäste abfertigt [9].

    A 19-20 = Das Flugzeug steht am Flugsteig A auf Position 19-20 bereit. Der Reisende legt am Schalter seinen Flugschein [10] vor und stellt seinen Koffer auf ein Wiegeband [11] ; dieser wird von einer elektronisch gesteuerten Gepäckförderanlage zum Flugzeug transportiert.

    Man passiert dann die Paßkontrolle und hat noch Zeit, durch die Auslandwartehalle zu bummeln : hier kann man im Duty Freeshop Tabakwaren, Spirituosen oder Parfüms kaufen. Wenn auf den Anzeigetafeln zwei grüne Lämpchen aufleuchten, können die Fluggäste ins Flugzeug steigen : sie gehen durch Fluggastbrücken [12], von Wind und Wetter geschützt, direkt ins Flugzeug.

Notes

1. Installations d'accueil.
2. Trains de banlieue ou desserte locale.
3. gelangen = arriver, parvenir.
4. ab/holen = aller chercher.
5. Marquage, repérage.
6. sich fort/setzen : se continuer.
7. -r Flugsteig (-e) : quai d'embarquement.
8. Panneaux indicateurs.
9. ab/fertigen = expédier (formalités de départ ou d'expédition).
10. Billet d'avion.
11. Bande transporteuse de pesage.
12. Passerelle.

Abflug   Ankunft   Treffpunkt   Besucherterrasse   Paßkontrolle   Zollfreier Verkauf

La vie bancaire

Créée en 1957 pour remplacer la *Bank Deutscher Länder,* la Banque Fédérale d'Allemagne, *Deutsche Bundesbank,* dont le siège est à Francfort, est l'organisme central qui, par les décisions de son Conseil et de son Directoire, en principe indépendants du Gouvernement fédéral, veille sur toute la vie financière et économique de la RFA. Elle est représentée dans les Länder par les *Landeszentralbanken.*

La monnaie allemande actuelle, le DM (= *Deutsche Mark,* N.B. : sans pluriel), a remplacé lors de la réforme monétaire de 1948 *(Währungsreform)* le Reichsmark. Cette réforme, due au Ministre des Finances Ludwig Erhard, permit à l'Allemagne de repartir sur des bases saines, et explique en partie le fameux miracle économique *(das deutsche Wirtschaftswunder).* Depuis lors le mark, dont la valeur fut fixée à l'origine par le Fonds monétaire international *(I. W. F. Der Internationale Währungsfonds)* à 0,30 Dollar, a subi de nombreuses variations :

Petite histoire du D-Mark

20-6-48   Création du D-Mark.
27-6-48   Échange de 10 Reichsmark pour 1 D-Mark.
4-10-48   Annulation de 70 % des avoirs bloqués.
          1 DM = 0,30 US-Dollar.
28-9-49   Dévaluation de 20,6 % du DM. 1 DM = 0,238 Dollar.
6-3-61   Première réévaluation de 5 %. 1 DM = 0,25 Dollar.
27-10-69 Deuxième réévaluation de 9,6 %. 1 DM = 0,27 Dollar.
Du 10-5 au 17-12-71   Mark flottant (« Floating »).
18-12-71 Réalignement : réévaluation du D-Mark et dévaluation du Dollar, au total 13,58 %.
19-3-73   Réévaluation de 3 % du DM.
29-6-73   Réévaluation de 5,5 %.

* En dehors de la Bundesbank, il y a en RFA plus de 300 banques de crédit *(Kreditbanken),* 12 *Girozentralen,* environ 830 caisses d'épargne *(Sparkassen),* plus de 7 000 banques coopératives *(Kreditgenossenschaften)* et de nombreux autres *Kreditinstitute.*

Les principales banques sont la *Deutsche Bank,* la *Dresdner Bank* et la *Commerzbank.*

* C'est au XVIᵉ siècle que Francfort fut autorisée à frapper monnaie *(Geld prägen),* ce qui est réservé aujourd'hui à la Bundesbank, seul institut d'émission.

La Bourse de Francfort *(die Frankfurter Börse)* est actuellement la plus importante d'Allemagne fédérale. Il y en a d'autres à Berlin, Brême, Düsseldorf, Hambourg, Hanovre, Munich et Stuttgart.

Petit lexique financier ✳ ✳ ✳ ✳ ✳ ✳ ✳ ✳ ✳ ✳ ✳ ✳ ✳ ✳ ✳

-e **Währung** : la monnaie (d'un pays).
-r **Kurs** : le cours (der Wechselkurs : cours du change).
-e **Abwertung** : la dévaluation.
-e **Aufwertung** : la réévaluation.
-e **Entwertung** : la dépréciation de la monnaie.

-e **Devisenbewirtschaftung** : réglementation des devises.
-e **Währungspolitik** : politique monétaire.
-e **Kreditpolitik** : politique du crédit.
-e **Bilanz** : le bilan (**Zahlungsbilanz** : balance des paiements).

Germain hat keine D-Mark mehr

G. Franz, ich glaube, ich muß noch zur Bank.

F. Wieso denn das? Bist du etwa schon ganz blank [1]?

G. Das gerade nicht, wenn wir aber bis nach Bayern wollen, muß ich noch etwas Geld wechseln. Wir haben in Hamburg etwas zu flott gelebt [2].

F. Gerade dort um die Ecke ist eine Dresdener Bank. Während du dein Geld wechselst, gehe ich schnell Zigaretten stechen [3].

G. O.K., wir treffen uns dann hier an der Straßenbahnhaltestelle.

F. Bis gleich, trödle [4] aber nicht.

G. Entschuldigen Sie, wo kann ich hier Geld wechseln?

Angestellter - Gehen Sie bitte zu dem Fräulein dort an Schalter 16.

G. Ich möchte gerne 300 Franken wechseln.

Angestellte - Schweizer Franken?

G. Nein, Französische. - Hier ist mein Personalausweis [5].

A. Den brauche ich nicht, Sie können ohne jegliche Formalität [6] Geld umtauschen.

G. Wie steht denn heute der Wechselkurs?

A. Ganz gut; Sie haben Glück, der Franken ist im Kurs gestiegen, die Lire hingegen gefallen.

G. Deren Kurs purzelt [7] aber laufend [8]!

A. So, gehen Sie hiermit bitte zur Kasse, und warten Sie bis Ihre Nummer aufgerufen wird. Sie zahlen dann auch dort Ihr Geld ein.

G. Vielen Dank.

Kassierer - Nummer 125 bitte! Würden Sie mir bitte die 300 Franken geben?

G. Bitte sehr, hier sind sie.

K. Dafür bekommen Sie 152,10 DM. Wie möchten Sie's, in Zehn-oder Zwanzigmarkscheinen?

G. Möglichst groß. Einen Hunderter [9] und einen Fünfziger.

K. 100, 150, 152 DM und 10 Pfennige. Zählen Sie nur nach [10].

G. Das wird schon stimmen, denn nach einem Taschenspieler [11] sehen Sie mir nicht aus.

Notes

1. blank sein : être à sec.
2. flott leben : mener la grande vie.
3. Zigaretten stechen : prendre des cigarettes dans un distributeur automatique.
4. trödeln : traîner.
5. -r Personalausweis : la carte d'identité.
6. ohne jegliche Formalität : sans aucune formalité (jeglich remplace jeder dans le langage administratif).
7. purzeln : faire la culbute.
8. laufend : sans arrêt.
9. -r Hunderter : -r Hundertmarkschein.
10. nach/zählen : recompter.
11. -r Taschenspieler : le prestidigitateur.

Expressions ✳ ✳ ✳ ✳ ✳ ✳ ✳ ✳ ✳ ✳ ✳ ✳ ✳ ✳ ✳ ✳ ✳

Ich zahle bar : *je paye comptant, en espèces.*

Müllers kauften ein Auto auf Raten (auf Kredit). Sie müssen monatlich 200 Mark abzahlen.

Der Zinssatz beläuft sich augenblicklich auf 11 %.

Ich gehe auf die Bank, um Geld abzuheben.

Er zahlt Geld auf seines Bruders Konto ein.

Er bezahlt alle seine Rechnungen durch Überweisung oder mit Scheck.

Er hat einen zu hohen Scheck ausgestellt und somit sein Konto überzogen.

Auf meinem Sparbuch habe ich fast 5 000 DM.

La vallée du Rhin

L'une des plus agréables excursions que l'on puisse faire en Allemagne est sans doute la remontée ou la descente du Rhin en bateau. Les services de passagers sont assurés par la *Köln-Düsseldorfer Deutsche Rheinschifahrt,* 5 Köln 1, 15 Frankenwerft, BRD.

De Bâle à Rotterdam

C'est la formule maximale : La descente dure 4 jours, la remontée de 5 à 7 jours. Il s'agit en fait d'une véritable croisière, pour laquelle il y a intérêt à s'adresser à une agence de voyages (**A.U.**, p. 170). Le prix est élevé. Le trajet Francfort-Rotterdam (3 jours) est à cet égard plus intéressant.

Le Rhin héroïque

Il suffit en fait de se limiter à la partie la plus pittoresque (et la plus fréquentée !), celle qui va de Mayence (ou même Bingen ou Rüdesheim) à Coblence. On ne manquera pas de visiter Rüdesheim, avec ses nombreuses tavernes où l'on peut déguster l'un des plus célèbres vins du Rhin.

En passant devant la *Mäuseturm,* plantée au milieu du Rhin, après Bingen, on se rappellera la légende de l'évêque Hatto, mais on saura que le nom est une déformation de *Mautturm* (Tour d'octroi, cf. *Mautstraße* = route à péage).

Mais déjà commence la série impressionnante des *Burgen* dressés sur des pentes escarpées ou perchés sur des pitons rocheux : on pourra s'arrêter à Bacharach (exercice de prononciation !) et monter au Burg Stahleck. C'est ensuite, au milieu du fleuve comme la Mäuseturm, la petite forteresse d'octroi de la « Pfalz », et enfin, le moment attendu : la Lorelei, où il faut savoir reprendre en chœur la chanson célèbre, diffusée par les haut-parleurs du bateau. Étape possible à Saint-Goarshausen, d'où l'on peut monter au Burg Katz et au belvédère de la Lorelei.

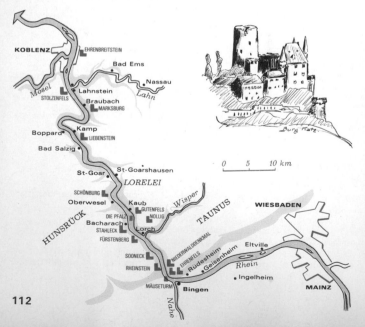

Lorelei

Andante.   Friedrich Silcher. (1837)

1. Ich weiß nicht, was soll es be - deu - ten, daß ich so trau - rig bin, ein
1. Mär - chen aus al - ten Zei - ten, das kommt mir nicht aus dem Sinn. Die
1. Luft ist kühl und es dun - kelt, und ru - hig fließt der Rhein; der
1. Gip - fel des Ber - ges fun - kelt im A - bend - son - nen - schein.

Die Luft ist kühl, und es dunkelt,
Und ruhig fließt der Rhein ;
Der Gipfel des Berges funkelt [2]
Im Abendsonnenschein.

Die schönste Jungfrau sitzet
Dort oben wunderbar,
Ihr goldenes Geschmeide [3] blitzet,
Sie kämmt ihr goldenes Haar.

Sie kämmt es mit goldenem Kamme
Und singt ein Lied dabei ;
Das hat eine wundersame,
Gewaltige Melodei.

Den Schiffer im kleinen Schiffe
Ergreift es mit wildem Weh ;
Er schaut nicht die Felsenriffe [4],
Er schaut nur hinauf in die Höh.

Ich glaube, die Wellen verschlingen [5]
Am Ende Schiffer und Kahn ;
Und das hat mit ihrem Singen
Die Lorelei getan.

HEINRICH HEINE

Notes

1. Das kommt mir nicht aus dem Sinn :
Je ne peux m'empêcher d'y penser.
2. funkeln : étinceler.

3. -s Geschmeide : la parure, les bijoux.
4. -s Riff (-e) : l'écueil, le récif.
5. verschlingen (a, u) : engloutir.

La légende transpose dans le monde des nixes et des ondines le phénomène naturel qu'est l'embrasement du sommet du rocher au soleil couchant.

✱ Entre les coups d'œil sur les châteaux et le paysage, on sera frappé par l'intensité du trafic fluvial : énormes automoteurs de 1 000 à 2 000 tonnes, pousseurs brouettant 2, 4 ou 6 barges, multitude de petits bâtiments, vedettes de police fluviale. On s'intéressera aux manœuvres de croisement et de dépassement. On remarquera, sur chacune des rives, la route et la voie ferrée, et l'on se fera une idée de l'importance économique de cette grande artère européenne. Sur le Rhin même, les matériaux transportés sont essentiellement, à la montée, les minerais destinés à la Ruhr, puis le charbon de la Ruhr et les hydrocarbures destinés à la Suisse, et à la descente les engrais (potasses d'Alsace), les céréales, les matériaux de construction.

La Forêt Noire

Pendant des Vosges par rapport au Rhin, la Forêt Noire étend sur 170 km, de Karlsruhe à Bâle, ses hauteurs boisées de résineux, ses ravins (le *Höllental*, le Val d'Enfer), ses vallons romantiques (le *Bärental*, le Val aux Ours) et ses sources thermales. C'est pour le Français l'une des régions d'Allemagne fédérale les plus facilement accessibles et les plus pittoresques.

C'est en effet la région touristique par excellence. L'air y est sain grâce aux forêts et à la très faible industrialisation. Les villages et stations se situent entre 800 et 1 200 m. Les plus hauts sommets culminent à 1 500 m seulement, mais le climat y assure un enneigement exceptionnel de plus de 170 jours par an : le *Feldberg* est ainsi une station de ski réputée. (C'est là aussi que se dresse l'antenne d'un poste de radio périphérique bien connu en France). Le Sud par contre est une des régions les plus chaudes d'Allemagne, et les automnes y sont magnifiques.

Les villes sont fort diverses : la capitale Fribourg *(Freiburg)* possède une très belle cathédrale *(das Münster)* de style gothique, sur une place qu'il faut voir un jour de marché, avec son animation et ses mille couleurs. Au Nord, Baden-Baden est une élégante station thermale dont les eaux radioactives guérissaient déjà les Romains de leurs rhumatismes. Au cœur de la forêt, Freudenstadt, créée en 1599 par le duc Frédéric Ier de Wurtemberg pour accueillir des Protestants chassés de Salzbourg, a été détruite pendant la guerre, mais amoureusement reconstruite. Mais c'est ici la nature qui attire, et le randonneur, au long des 21 000 km de sentiers jalonnés, découvrira bien des merveilles.

Construite sur une pente, elle abrite hommes et bêtes.
La vaste grange est accessible de plain-pied par l'arrière.
Le toit enveloppant protège bien de la neige.

Im Zauber des Schwarzwaldes

Unter allen Mittelgebirgen Deutschlands bietet [1] der Schwarzwald mit seinen dunklen Waldbergen, die ihm auch den Namen verliehen [2], mit seinen mattenbedeckten [3] Gipfeln und seinen von wasserreichen Bächen durchströmten Tälern und Schluchten [4] die größte Vielfalt [5] an großartigen und auch an lieblichen Landschaftsbildern.

Der Schwarzwald, in dem eigentlich alle Straßen schön sind, ist ein altes Urgebirge, das ursprünglich [6] mit den Vogesen zusammenhing, von diesen aber durch den Einbruch [7] des Rheingrabens getrennt wurde. Er ist klimatisch ein Gebiet großer Gegensätze. Während er im Süden zwischen dem Kaiserstuhl und dem Bodensee zu den wärmsten Gegenden Deutschlands gehört, ist er in seiner Hochregion ein ausgezeichnetes [8] Skigebiet mit oftmals 170 und mehr Schneetagen. Während der Eiszeit entwickelten sich auch im Schwarzwald Gletscher, deren längster der vom Feldberg abgeflossene Wiesegletscher war : Überbleibsel [9] aus dieser Zeit sind sowohl Findlingsblöcke [10] als auch die kleinen, fast kreisrunden Schwarzwaldseen, wie Mummelsee, Wildsee und Feldsee, die von den Gletschern ausgeschürft [11] wurden und heute einen besonderen Schmuck seiner Landschaft bilden, neben größeren Seen, wie Titisee und Schluchsee, und Wasserfällen wie bei Triberg.

Der Schwarzwald, der infolge seiner vielen Vorzüge zu einem Fremdenverkehrsgebiet ersten Ranges geworden ist, wurde schon vor 12 000 Jahren von Menschen bewohnt... Heute ist der Schwarzwald von freundlichen, fleißigen Menschen, überwiegend Badensern, bewohnt, die sich schon frühzeitig der Heimindustrie zuwandten [12], aus der die Uhrenproduktion besonders hervorragt [13]; Schwarzwälder Kuckucksuhren genießen noch heutigentags weltweiten Ruf [14]. Sie waren ursprünglich ganz aus Holz geschnitzt [15]. Erst seit etwa 1750 wurde Messing [16] für das Radwerk benutzt.

Aus Deutschland, C. Bertelsmann Verlag, Gütersloh 1966.

Notes

1. bieten (o, o) : offrir.
2. verleihen (ie, ie) : donner, conférer.
3. -e Matte : la prairie.
4. -e Schlucht : la gorge, le ravin.
5. -e große Vielfalt an + D : une grande variété de.
6. ursprünglich : à l'origine.
7. -r Einbruch : (ici) l'affaissement.
8. ausgezeichnet : excellent; remarquable.
9. -s Überbleibsel (-) : le reste, ce qui demeure.
10. -r Findlingsblock ("e) : le bloc erratique.
11. aus/schürfen : (ici) creuser.
12. sich einer Sache zu wenden : se tourner vers, se consacrer à.
13. hervor/ragen : ressortir, se distinguer.
14. -r Ruf : (ici) la renommée.
15. schnitzen : sculpter dans le bois. -r Holzschnitzer.
16. -s Messing : le laiton, cuivre jaune.

Grammaire

Gletscher, deren längster der Wiesegletscher war...

Revoyez la proposition relative et notamment les formes plus compliquées, avec pronom relatif au génitif, ou précédé d'une préposition.

Der Schwarzwald, **aus dem** die Kuckucksuhren stammen.
Der Schwarzwald, **dessen** höchster Berg der Feldberg ist.

Mécanisme : Der höchste Berg des Schwarzwalds, d'où le génitif saxon : des Schwarzwalds höchster Berg. Remplacer alors le nom **des** Schwarzwalds par le **pronom** (relatif) **dessen**. Si le nom au génitif est féminin ou pluriel, on trouve **der...** que l'on remplace par **deren**. Essayez : La ville de Fribourg, dont la cathédrale gothique est très connue.

Heidelberg

A l'endroit où le Neckar, fleuve romantique par excellence dans l'esprit des Allemands, s'apprête à quitter l'Odenwald pour entrer dans la plaine du Rhin, s'étend, dominée par son château fameux (détruit par les Français en 1689), la célèbre ville universitaire de Heidelberg : elle vaut bien une visite ou même un séjour, bien que, en raison même de son attrait à la fois pour les étudiants et les touristes, on y rencontre autant d'Anglo-Saxons et de Scandinaves que d'Allemands. On préférera si possible le printemps ou l'automne, où elle profite au mieux de son cadre. Et l'on essaiera (mais on peut aussi s'y intéresser) de faire abstraction de l'aspect industriel, matérialisé par l'implantation d'usines au long de la vallée, et par l'étonnant trafic fluvial : rencontre de deux mondes et de deux siècles !

A visiter

Bien entendu le château, mais auparavant les magnifiques jardins en terrasses et la cour intérieure, où l'on aura peut-être la chance d'assister à une représentation théâtrale ou à un concert (à ne pas manquer !).

Au château même, le grand tonneau *(das Große Faß)* est la principale curiosité, avec le musée de la pharmacie *(das Deutsche Apotheken-Museum)*.

En ville, toutes les petites rues, le Marktplatz, et les rives du Neckar, notamment la rive droite, au-delà du Pont Vieux *(Alte Brücke),* avec une très belle vue sur la ville, que l'on découvrira mieux encore en montant le *Philosophenweg,* promenade traditionnelle qui vit passer bien des maîtres de la pensée allemande.

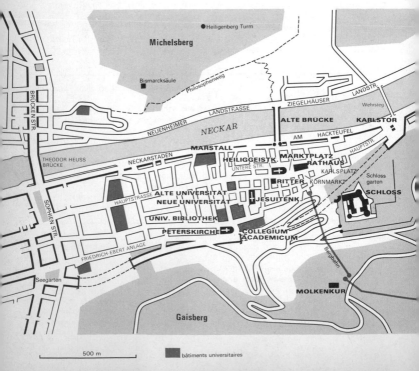

500 m   bâtiments universitaires

Studentenbewegung

Studentenunruhen gibt es nicht nur in Frankreich, sondern auch in Deutschland. Auch Heidelberg, das eine der ältesten deutschen Universitäten in seinen Mauern hat, wurde nicht verschont [1] und war oft der Schauplatz der verschiedensten Auseinandersetzungen [2].

Die Korporationen [3], die bis zum 2. Weltkrieg eine große Rolle spielten, jetzt aber oft einen folkloristischen Charakter annehmen [4], haben damit weniger zu tun.

Der SDS (Sozialistischer Deutscher Studentenbund) bildet den ultralinken Flügel der radikalen Studentenbewegung. Um Mißverstände zu beseitigen, will er das ganze System abschaffen, den Staat beseitigen, will er die Revolution.

Nur noch ein kleiner Teil im SDS - Traditionalisten genannt - will eine Verbindung zum Arbeiter knüpfen [5]. Führend sind aber im SDS die Anti-Autoritären, die wie die Traditionalisten Privateigentum und Kapitalismus abschaffen [6] wollen.

Nur wollen sie keine Kontakte zum Arbeiter, da sie der Meinung sind, daß er eine Revolution so wie sie sie wollen nicht mitmachen will. Daher halten sie ihn für einen Spießer, der bei Fernsehen, Bier und Skat glücklich ist. Der Fanatismus und auch die zeitweilige Intoleranz treiben den SDS immer mehr in die Isolation. Sie machen es auch schwer, daß man ihm gegenüber gerecht und tolerant ist, durch sein Verhalten werden oft andere studentische Verbindungen [7] und Gruppen getroffen, die mit vielen Unruhen gar nichts zu tun haben. Der einfache Mann auf der Straße [8] macht keinen Unterschied zwischen einem SDSler und einem Nicht-SDSler.

Die studentische Unruhe ist begreiflich. Seit über zehn Jahren redet man von der Hochschulreform, ohne daß sie bis jetzt wesentlich vorangekommen [9] wäre. Es gibt immer mehr überfüllte Hörsäle [10] und Seminare, immer mehr Studenten werden trotz ihres bestandenen Abiturs nicht zum Studium zugelassen [11], da es an Studienplätzen fehlt. In immer mehr Fächern wird aus diesem Grunde der Numerus Clausus eingeführt.

Slogans

Unter den Talaren [12] der Muff [13] von 1 000 Jahren
Alle reden vom Wetter, wir reden von Vietnam
Ich protestiere - und Du?

Notes

1. verschont : épargné.
2. -e Auseinandersetzung : discussions, explications et même bataille.
3. Les corporations d'étudiants avaient souvent un aspect politique et confessionnel. Dans certaines (die « schlagenden ») on pratiquait le duel (die Mensur) au sabre, dont on portait fièrement les cicatrices sur le visage.
4. an/nehmen : ici, prendre (un caractère...).
5. knüpfen : nouer, attacher; ici : établir un lien avec.

6. ab/schaffen = beseitigen : supprimer, faire disparaître.
7. -e Verbindung : ici, association, corporation.
8. Der Mann auf der Straße : l'homme de la rue.
9. voran-kommen : avancer, progresser.
10. -r Hörsaal (-säle) : salle de cours, amphi.
11. zu/lassen (zu + D) : admettre, accepter (à).
12. -r Talar (-e) : la toge, la robe.
13. -r Muff : le moisi.

* L'Université de Heidelberg (comme celle de Saarbrücken) possède un Institut d'interprétariat *(-e Dolmetscherschule)*. S'adresser directement à l'Université.

Das deutsche Schulwesen

Bereits Martin Luther forderte die Eltern auf, ihre Kinder in die Schule zu schicken. Bis zum 18. Jhd. wurden die Schulen von den Kirchen getragen. Dann begann man mit dem Aufbau eines allgemeinen Volksschulwesens. 1920 wurde die allgemeine Schulpflicht eingeführt.

Da jedes Bundesland in der Unterrichtspolitik seine eigenen Entscheidungen trifft (s. Seite 18), kann im folgenden keine für die ganze Bundesrepublik zutreffende Beschreibung gegeben werden.

✻ **Der Kindergarten** ist die erste Stufe der Gemeinschaftserziehung (vom 3. Lebensjahr an), ist aber nicht Pflicht. Die allgemeine Schulpflicht gilt vom 6. bis zum 18. Lebensjahr. Sie beginnt mit dem Besuch einer 4-klassigen **Grundschule.**

✻ Es gibt dann 3 Typen von weiterbildenden Schulen :

1. **Die Hauptschule :** jedes Kind muß sie bis zum 15. Lebensjahr besuchen, wenn es nicht inzwischen in eine andere Schulart aufgenommen wurde : also mindestens 4 Jahre. Wer die Hauptschule erfolgreich bis zum 9. Schuljahr absolviert hat, erhält die **Hauptschulreife.**

2. **Die Realschule :** Die Realschulzeit beträgt 6 Jahre. Der erfolgreiche Abschluß, die Realschulreife oder auch Mittlere Reife genannt, berechtigt zum Besuch einer höheren Fachschule oder führt zu einer gehobenen Laufbahn in Verwaltung oder Wirtschaft.

3. **Das Gymnasium :** das Altsprachliche (oder Humanistische) und das Neusprachliche Gymnasium sind besonders für sprachbegabte Schüler gedacht, das Mathematisch-Naturwissenschaftliche Gymnasium für mathematisch, technisch begabte. Die Abschlußprüfung (nach 9 Jahren) ist die Reifeprüfung (das Abitur).

Die Klassen	**Die Unterstufe :**	die Sexta (der Sextaner)	5. Klasse
		die Quinta (Quintaner)	6. »
		die Quarta (Quartaner)	7. »
	Die Mittelstufe :	die Untertertia	8. Klasse
		die Obertertia	9. »
		die Untersekunda	10. »
	Die Oberstufe :	die Obersekunda	11. »
		die Unterprima	12. »
		die Oberprima	13. »

FÜR SCHÜLER :

DAS ZEUGNIS FÜR LEHRER.

NAME ....

BEURTEILUNG :

Lehrstoff ....
(Wird altmodisch, tendenziös, bildhaft, fortschrittlich vorgetragen.)

Gerechtigkeit ....
(Hat weder Lieblinge, noch Zielscheiben.)

Benehmen ....
(Ist laut, höflich, zurückhaltend.)

Hilfsbereitschaft ....
(Läßt schlechte Schüler nicht hängen, hilft weiter.)

Humor ....
(Kann über sich selbst lachen.)

Toleranz ....
(Jeder kann seine Meinung sagen.)

Verständnis ....
(Versteht die jungen Leute.)

Mitbestimmung ....
(Ist bereit, Ideen anzuhören und danach zu handeln.)

Fleiß ....
(Bereitet seinen Stoff gut vor.)

Persönlichkeit ....
(Läßt nicht alles durchgehen.)

Der Unterricht

Das Schuljahr beginnt jeweils nach den Sommerferien und ist in Semester eingeteilt. Am Ende eines jeden Semesters gibt es Zeugnisse. Die Ferientermine sind in den Bundesländern nicht gleich :• S. M.A.J. Seite 189.

Der Schultag : Der Unterricht findet im allgemeinen nur am Morgen und Vormittag statt : von 8 Uhr (bzw 8 Uhr 30) bis 13 Uhr (bzw 13 Uhr 30). Eine Schulstunde dauert 45 Minuten. Zwei Pausen von jeweils 15 Minuten unterbrechen den Unterrichtsbetrieb. Die Schüler essen zu Hause zu Mittag. Ihr Nachmittag ist zum Teil mit Hausaufgaben ausgefüllt. An manchen Schulen oder für manche Klassen ist samstags schulfrei.

Die Lehrkräfte an Volkschulen und Realschulen werden mit « Herr Lehrer » bzw « Fräulein » angeredet. Das Lehrpersonal an den Gymnasien hingegen mit « Herr Studienrat ». Neben den staatlichen Schulen gibt es auch die Privatschulen, die oft ein Internat haben.

Die Noten oder Zensuren : In den Hauptfächern (Deutsch, Fremdsprachen, Mathematik, zum Teil Physik) werden Klassenarbeiten geschrieben. In den Nebenfächern wird meist nur mündlich geprüft oder es werden Zettelarbeiten geschrieben. Die Ergebnisse werden mit folgenden Noten bewertet :

1 = sehr gut	2 = gut	3 = befriedigend
4 = ausreichend	5 = mangelhaft	6 = ungenügend

Die Nebenfächer sind : Religion, Geschichte, Gemeinschaftskunde (instruction civique), Geographie (Erdkunde), Physik, Chemie, Biologie, Musik, Kunsterziehung, Leibeserziehung. Verschiedene Fächer können in den oberen Klassen abgewählt oder in Arbeitsgemeinschaften weitergeführt werden. Andere, wie z.B. Russisch oder Griechisch, können noch hinzugewählt werden.

Die Versetzung : Um in die nächsthöhere Klasse zu gelangen, muß man am Jahresende in allen Fächern mindestens die Note « ausreichend » haben. Mit zwei Fünfen oder einer Sechs bleibt man im allgemeinen sitzen...

-r Unterricht : l'enseignement.
-e Lehrkräfte : les enseignants.

-r Zettel (-) : la fiche, la feuille volante.
-e Versetzung : le passage de classe.

Le système décrit ci-dessus est le système traditionnel. Mais on fait en RFA de nombreuses expériences scolaires. On parle beaucoup notamment de la *Gesamtschule*, qui, offrant dans un même cadre le maximum de choix et d'options, permet une orientation véritable des élèves.

Une pratique assez répandue : la grève des cours, décidée par les parents d'élèves de tel établissement ou de telle classe pour protester contre un défaut d'organisation ou même en particulier contre un maître (la politique y joue souvent un rôle). N.B. : Les jeunes Allemands sont aussi chahuteurs que les jeunes Français...

Ganz neuer Schulmädchen-Report/von Nitka

Universität und Hochschule

* Die erste Deutsche Universität wurde im Jahre 1346 in Prag gegründet. Dann kamen die Universitäten Heidelberg (1386) und Tübingen (1477). Die Universität Göttingen stammt aus dem Jahre 1737, Berlin aus dem Jahre 1810 : letztere wurde von Wilhelm von Humboldt gegründet, dessen Bildungsideal für ein Jahrhundert das ganze deutsche Schul- und Hochschulwesen prägte [1].

* Mit der wachsenden Studentenzahl und dem traditionellen Studiensystem waren aber in den letzten Jahren die Universitäten nicht mehr in der Lage, den Anforderungen gerecht zu werden [2]. Trotz der Neugründung von 13 Wissenschaftlichen Hochschulen zwischen 1960 und 1970 mußte der Numerus Clausus eingeführt werden [3].

* Der Hochschulbereich umfaßt [4] :
- die Universitäten,
- die Wissenschaftlichen Hochschulen,
- die Technischen Hochschulen und Universitäten,
- Philosophische und Theologische Hochschulen,
- die Kunst-, Musik- und Sporthochschulen,
- die Pädagogischen Hochschulen.

* Die Universität wird in die Theologische, Philosophische, Juristische, Wirtschaftswissenschaftliche, Mathematisch-Naturwissenschaftliche und Medizinische Fakultät untergliedert.

* Die Wissenschaftlichen Hochschulen :

Dort studiert man Theologie, Geisteswissenschaften, Rechtswissenschaften, Wirtschafts- und Sozialwissenschaften, Naturwissenschaften, Pharmazie, Allgemeine Medizin, Zahnmedizin, Landwirtschaft, Tiermedizin, Ingenieurwissenschaften.

* Das Studium wird in Semester aufgeteilt (das Semester) : SS = Sommersemester, WS = Wintersemester. An Universitäten und Technischen Hochschulen (TH) beträgt [5] die Studienzeit mindestens 8 Semester, im Durchschnitt [6] aber 10 bis 12.

Den Abschluß des Studiums bildet entweder das Staatsexamen (z. B. in den Geisteswissenschaften für das Lehramt an Höheren Schulen), das Diplom (z.B. in der Chemie oder der Wirtschaftswissenschaft), oder aber die Promotion bzw. Habilitation (in allen Bereichen der Universität), welche berechtigen, an der Universität zu lehren. Die meiststudierten Fächer sind : Philologie, Medizin, Naturwissenschaften, Wirtschaftwissenschaften, Jura, Ingenieurwissenschaften.

Notes

1. prägen : marquer, laisser son empreinte sur.
2. satisfaire les exigences.
3. Numerus Clausus : le nombre des places étant limité, on n'admet que les bacheliers qui ont eu leur Abitur avec de bonnes notes (imaginez qu'il faille une mention pour pouvoir s'inscrire en faculté). N.B. : le système des Concours est inconnu.
4. umfaßt : comprend.
5. beträgt : est de...
6. -r Durchschnitt : la moyenne.

Les étudiants qui désirent faire des études en RFA peuvent s'adresser au DAAD et à l'ONUEF (voir AU, p. 174 et 177).

les Universités allemandes

◆ Universités anciennes

◆ Universités récentes (créées après 1960)

Akademiker : désigne tous ceux qui ont fait des études supérieures.

Akademisches Viertel : le quart d'heure académique. Cette indication (ou encore : c. t = *cum tempore*) signifie que le cours commencera 15 minutes plus tard. Le contraire : s. t. = *sine tempore :* le cours commencera à l'heure.

Doktor : ne manquez pas d'appeler *Herr Doktor* (et sa femme *Frau Doktor*) quelqu'un qui a passé un doctorat universitaire quelconque. De même on dira *Herr Ingenieur* à un « Dipl. Ing. ».

Quelques chiffres : Plus de 87 % des bacheliers de 1971 (ils étaient 110 000) ont continué des études. Environ 6 % des jeunes filles de RFA passent le bac. On compte à peu près 300 000 étudiants, 70 000 filles.

München

Hauptstadt des Freistaats Bayern

C'est le grand centre commercial, industriel, mais aussi universitaire, culturel et artistique du Sud de la RFA. Son emblème, le moinillon *(das Münchner Kindl)*, rappelle que le village s'édifia au ixe siècle près d'une abbaye bénédictine. L'essor date du xiie siècle où le Duc de Saxe et de Bavière Henri le Lion *(Heinrich der Löwe)* fit édifier un pont et une maison de douane en ce point stratégique de la route du sel, dont le commerce était alors florissant.

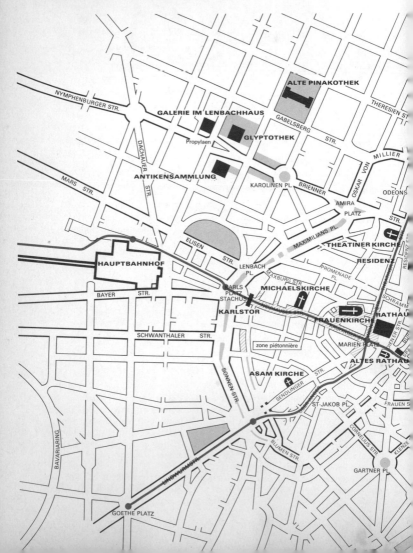

Découverte panoramique : Depuis la tour sud de la cathédrale (Frauenkirche) ou mieux, de la tour de télévision (Der Olympiaturm) de 290 m, ceinturée à 190 m par une terrasse panoramique.

Renseignements à l'arrivée :

Gare principale, 2, place de la gare, ouvert tous les jours de 8 h à 23 h.
Aéroport, hall d'arrivée, ouvert tous les jours de 8 à 23 h, Tél. (089) 2-39-11.
Lotsen-Dienst = à la fin de chacune des autoroutes arrivant à Munich.

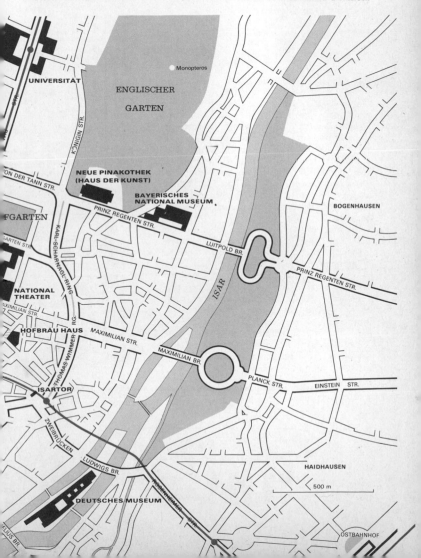

Circuler à Munich

Dans une grande ville, le visiteur motorisé a intérêt à laisser sa voiture dans un garage et à emprunter les transports urbains. Munich, et d'autres villes comme Hambourg, ont fait le maximum pour faciliter les déplacements, grâce à un système dit *Verkehrsverbund* : les quatre modes de transports, *S-Bahn, U-Bahn, Straßenbahn* et *Bus,* ont harmonisé leurs tarifs, leurs titres de transport et coordonné leurs horaires.

Les billets

On se les procure à tous les guichets des gares, dans les bureaux de tourisme, dans les grands hôtels, aux divers points de vente signalés par un K blanc sur fond vert, et surtout aux distributeurs automatiques.

Le plus commode est sans doute le ticket valable pour la journée sur tout le réseau (12 à 13 francs français), si l'on veut visiter les environs de Munich (Starnberger See, Ammersee, Dachau, Andechs et son église baroque).

Si l'on reste en ville, le ticket-journée *Innenraum* (env. 5 f.) permet d'aller aussi bien à l'aérodrome de Riem qu'au centre olympique.

Le prix du billet simple *(Einzelfahrkarte)* se calcule selon le nombre de zones traversées : *Kernzone* (centre) et *Ringzone* (périphérie) constituent le *Innenraum* des tickets-journée. La *Außenzone* n'est accessible que par le Bus et la S-Bahn.

Les tickets pour trajets multiples *(Mehrfahrkarten)* reviennent un peu moins cher mais sont d'un emploi délicat.

Entrée menant à l'express régional et au métro

Les distributeurs automatiques

1. Appuyer sur la touche correspondant au titre de transport désiré. Le prix à payer apparaît sur un voyant lumineux. En cas d'erreur, appuyer sur la touche « *Rücknahmetaste* ».

2. Introduisez dans la fente, dans n'importe quel ordre, les pièces de 10 et 50 pfennigs, de 1, 2 et 5 marks nécessaires.

3. Prenez le billet dans la boîte d'éjection.

4. Le billet n'est valable que si vous l'avez composté, le ticket-journée que si vous l'avez signé et composté. Introduisez le ticket dans le composteur placé à l'entrée du quai ou de la direction que vous prenez, dans le sens indiqué par la flèche « *Entwerter* ». Dans le tram et le bus on composte à l'intérieur des voitures. Attendre la sonnerie avant de retirer le ticket.

N.B. Un contrôleur passe dans les trains : si vous n'avez pas de billet, cela coûte 20 marks !

Les brasseries et la bière

Les Français associent souvent Munich à la bière : mais l'Allemagne entière est une brasserie. Il y a 1 700 fabriques de bière en R.F.A. (dont 1 100 en Bavière). Certains préfèrent les bières du nord, la Hamburger, la Bremer, la Dortmunder, la Berliner Weisse ou encore la Düsseldorfer. Évitez en tout cas de demander à Hambourg une bière de Munich ou inversement, car on est chauvin !

A Munich même, les grandes brasseries *(eine Brauerei)* sont la Hofbräu, la Löwenbräu, la Spatenbräu, la Hackerbräu, la Augustinerbräu, la Pschorrbräu, la Paulaner-Thomasbräu. Toutes ont leur point de vente attitré : il faut absolument passer une soirée au Hofbräuhaus notamment. La première salle, immense, est sans doute la plus étonnante, avec ses immenses tables, son odeur de nourriture, de bière et de tabac, ses robustes serveuses qui portent à la fois jusqu'à dix *Maß (eine Maß =* un pot de grès ou de verre de 1 litre !) et son orchestre qui n'est guère plus folklorique que la clientèle locale. Mais visitez aussi les autres salles, et n'oubliez pas (pour les garçons en tout cas) d'aller voir l'impressionnant *Pissoir.* N.B. : les vasques munies d'une barre de maintien sont des vomitoires !

Fin septembre, début octobre, pendant 16 jours, a lieu sur la Theresienwiese, sous la statue colossale de la Bavaria, la grande fête de la bière, l'*Oktoberfest.*

Pour l'amateur : La première brasserie date de 724, elle fut fondée à Weihenstephan près de Munich par le missionnaire franc Korbinian.

La bière de Munich vint tout d'abord de Einbeck en Basse Saxe, d'où la déformation en patois : *an Bock* et le nom de la *Bockbier.*

La fabrication est très strictement réglementée : dès 1487 il était interdit d'utiliser autre chose que de l'orge *(-e Gerste),* du houblon *(-r Hopfen),* de la levure *(-e Hefe)* et de l'eau (dont la qualité joue un rôle essentiel).

Ce n'est qu'à la première Guerre mondiale que les Bavarois connurent, par l'Autriche, la bière blonde : les anciens et les amateurs lui préfèrent la brune, mais elle ne représente plus que 20 % de la production.

Le degré d'alcool est peu important : il va de 0,5 à 5,5. L'expert s'intéresse à la densité de moût (28 pour cent pour la plus forte bière allemande, la Kulminator). Les bières terminées en « -ator » sont des bières fortes : Salvator, Animator, Triumphator...).

La *Berliner Weisse* se sert dans un ballon. Si vous la demandez *mit Schuss,* on y met un filet de jus de framboise, *mit Strippe,* une rasade de kummel.

Ein Witz

« Ein Bier! », bestellt der Mann im Lokal. Et setzt schon das Glas an [1], da entdeckt er eine Fliege, die im Schaum schwimmt. Fischt sie heraus, ruft den Ober, der ihm bald ein frisch gefülltes Glas bringt. Der Nachbar hat alles mit Interesse verfolgt. Er wirft einen Blick auf sein fast leeres Glas, einen Blick auf die Fliege im Aschenbecher [2] und fragt : « Verzeihen Sie, mein Herr, ist die Fliege jetzt frei ? »

1. das Glas ansetzen : porter le verre à ses lèvres. - 2. -r Aschenbecher : le cendrier.

Im Brauereikeller

Angelika, Germain und Franz sind von ihren Besichtigungen ganz erschöpft und beschließen, in einem Bierkeller zu rasten [1].

F. Ich schlage vor, wir setzen uns da neben die Schrammelmusik [2].

A. Bitte nicht, das ist ja viel zu laut, da versteht man ja sein eigenes Wort nicht mehr.

G. Seht, dort in der Ecke ist noch ein Tisch frei.

F. Was bestellt ihr zwei denn?

G. Ich habe einen Riesendurst, ich nehme ein Bier.

A. Und ich ein Cola.

F. Aber Angelika, in München trinkt man doch kein Coca Cola!

A. Vom Bier werde ich aber doch gleich voll.

Ober - Ja, was darf's sein?

G. Ich möchte ein Bier.

O. Ja was für eins? Ein Helles, ein Dunkles, ein Pils, ein Weißbier, ein...

G. Oh das reicht [3]! Ist denn da ein Unterschied?

O. Ja natürlich. Das Pils ist viel herber als das Helle, das Dunkle oder das Starkbier hat viel mehr Alkoholgehalt [4] und ist viel süffiger.

F. Und macht schneller blau!

O. Und das Weißbier ist nicht mit Gerste sondern mit Weizen [5] gebraut.

G. Ich will also mal ein Weißbier versuchen.

F. Und ich ein Bockbier.

A. Mir bringen Sie dann bitte ein Helles, aber nur ein Kleines.

O. Also ein kleines Helles, eine Maß Bock und ein Weißbier. Nehmen's auch en Radi?

G. Was ist denn das?

F. Ein weißer Rettich. Also gut, ein Radi für mich.

G. Für mich auch.

A. Und mir bringen Sie bitte eine Weißwurst.

O. Wir haben ganz frische Kalbshaxen und Knödel.

A. Das ist doch viel zu viel, ich bleib' bei der Wurst, oder Moment! Bringen Sie mir doch lieber einen Leberkäs.

G. Und mir anstelle des Radis eine Kalbshaxe.

O. Gut, das kommt sofort.

F. Bringen Sie uns aber ein gut gezapftes [6] Bier mit nicht allzuviel Schaum!

Notes

1. rasten : se reposer, faire halte.
2. -e Schrammelmusik : en fait, musique populaire viennoise (violon et accordéon ou cithare).
3. das reicht : cela suffit.
4. -r Alkoholgehalt : la teneur en alcool.
5. -r Weizen : le froment.
6. zapfen : tirer.

Remarques ✳ ✳ ✳ ✳ ✳ ✳ ✳ ✳ ✳ ✳ ✳ ✳ ✳ ✳ ✳ ✳ ✳ ✳

Le garçon, le *Ober* de Munich, vous pose des problèmes, vous avez du mal à le comprendre. Mais la langue allemande n'est jamais parlée à l'état pur, sauf au théâtre *(die Bühnensprache)*. On distingue en gros trois langues : *Oberdeutsch* au sud (Bayrisch, Schwäbisch, Alemannisch), *Mitteldeutsch* (Rhein-, Süd- et Ostfränkisch) et *Niederdeutsch* (Niedersächsisch, Platt). N'essayez pas de prendre tel ou tel accent, mais par contre habituez-vous à les comprendre.

N.B. L'allemand enseigné s'appelle *Hochdeutsch*.

Le baroque (17e et 18e siècles)

Cet art, peu connu des Français à l'esprit rationnaliste (vers 1660 le classicisme impose en France ses lois sévères), est né en Italie et dans le Vorarlberg autrichien. Il est limité pratiquement en Allemagne à la Bavière et à la Souabe, régions de tradition catholique où la Contre-Réforme, exaltant le culte de la Vierge et des Saints et cherchant à raviver la piété populaire, préside à cette explosion de l'imagination architecturale : celle-ci s'exprime d'abord dans les églises, dont le plan et les façades sont renouvelés, mais dont surtout l'intérieur s'enrichit extraordinairement d'or, de lumière, de modelages de stuc, d'étonnantes peintures en trompe-l'œil. Le rococo, épanouissement du baroque, amplifie encore l'idée de mouvement par l'utilisation systématique de la dissymétrie, des feuillages, des colonnes torses et des savants contrastes de lumière.

Les architectes

Souvent inconnus : l'esprit corporatif s'opposait à tout « vedettariat ».

Toutefois, quelques fortes personnalités : les frères Asam, Balthasar Neumann, Dominique Zimmermann, Johann Michael Fischer, Cuvilliés, le sculpteur Ignaz Günther.

Les hauts lieux

- Munich
(église Saint-Michel,
église des Teatins,
Théâtre de la Résidence
ou Théâtre Cuvilliés,
château de Nymphenburg),
- Würzburg : la Résidence,
- Ottobeuren :
la « Klosterkirche »,
- Wies :
l'église de pèlerinage.

Un itinéraire

Au départ d'Ulm (sur l'autoroute Stuttgart-Munich), prendre la route baroque de la Haute Souabe *(Oberschwäbische Barockstraße)* (brochures dans les syndicats d'initiative), qui mène jusqu'aux bords du lac de Constance et revient à Ulm en un circuit complet.

Oberammergau

G. Findet ihr nicht, daß die Männer hier Haare wie Beatniks haben?

A. Und auch wunderbare Bärte [1]!

F. Gammler [2] sind das sicher keine, das sind eher Männer, die bei den nächsten Passionsspielen mitwirken.

G. Was sind denn Passionsspiele?

F. Das ist die Darstellung der Leidensgeschichte Christi. Jede Vorstellung erstreckt sich über den ganzen Tag, nur über Mittag ist eine Pause.

A. Vor allem ist das ganze eine große Geschäftemacherei.

G. Wieso das?

A. Bei den Aufführungen im Jahre 1970 kamen über 530 000 Zuschauer (N.B.). Da kannst du dir ja vorstellen, was das für Geld bringt!

F. Ganz so sehen darfst du das auch nicht, Angelika. Wenn du die geschichtlichen Hintergründe bedenkst, wirst du sicher dein Urteil revidieren.

G. Was hat denn das mit Geschichte zu tun?

F. Wenn ich mich recht entsinne, brach 1633 in Oberammergau die Pest aus. Da sie aber plötzlich abbrach, legten die Dorfbewohner das Gelübde [3] ab, alle 10 Jahre die Passion Jesu aufzuführen.

A. Und das Gelöbnis haben sie gehalten?

F. Ja, seit 1634 findet alle 10 Jahre die Aufführung statt.

G. Und wann ist die nächste?

F. Im Sommer 1980 soviel ich weiß.

A. Halt, da scheint aber etwas nicht zu stimmen!

G. Du hast ganz recht, fragen wir doch den Herrn dort mit den langen Haaren, das ist sicher einer der Schauspieler.

A. Entschuldigen Sie, wann finden die nächsten Passionsspiele statt?

X. 1980 und zwar vom Mai bis zum September.

G. Hätten die nicht 1974 stattfinden müssen?

X. Ach, Sie meinen, weil die ersten 1634 stattgefunden haben? Nein, seit 1680 finden sie immer im Zehnerjahr statt.

A. Sie sind wohl auch einer der Schauspieler?

X. Sie meinen wegen meiner langen Haare und dem Bart?

A. Sie sehen doch gerade wie ein Jünger aus!

X. Ach wo [5], ich bin Holzschnitzer [6], wie viele Oberammergauer. Die Wahlen zu den einzelnen Rollen haben noch nicht stattgefunden und da wäre immer noch Zeit, sich die Haare wachsen zu lassen. Langes Haar ist eben modern!

Notes

1. -r Bart ("e) : la barbe.
2. -r Gammler (-) : le beatnik.
3. ein Gelübde (Gelöbnis) ab/legen : faire un vœu.
4. -r Jünger (-) : le disciple.
5. Ach wo! exclamation négative (Où allez-vous chercher cela!).

6. -r Holzschnitzer (-) : sculpteur sur bois.

N.B. Les Jeux de la Passion d'Oberammergau sont effectivement célèbres dans le monde entier. Pour y assister, il est bon de réserver les places un an à l'avance.

Grammaire

1. **Wegen** (à cause de) demande le génitif, mais la langue courante dite « Umgangssprache » l'emploie de plus en plus avec le datif : évitez seulement de le faire dans les travaux scolaires!

2. 1980 = im Jahre 1980. Ne mettez surtout pas in devant!

Bayreuth

Bay- : rappelle les Bajuwares, ancêtres des Bavarois,-reuth *(reutte, rode)* indique que l'endroit a été *défriché* au temps de la sédentarisation.

Nul n'ignore ce nom et chacun l'associe à Richard Wagner. Son histoire commence un peu plus tôt, avec la princesse Wilhelmine (1709-1758), fille du Roi-Sergent (Friedrich Wilhelm I., der Soldatenkönig) et sœur du Grand Frédéric *(Friedrich II. der Große),* mécène dans la pure tradition du 18ᵉ siècle, et qu'admira Voltaire.

∗ Le Palais du Festival *(Festspielhaus),* que Wagner fit construire en 1872 grâce à l'aide de Louis II de Bavière, ne sacrifie vraiment rien à l'esthétique : tout est centré sur la scène et sur l'œuvre ; la salle, dont l'acoustique a été minutieusement étudiée, est un véritable temple où communient des auditoires de fidèles. Il fut inauguré en 1876 avec *l'Anneau des Nibelungen* et depuis lors, le festival réunit tous les ans en juillet les meilleurs chefs d'orchestre et les meilleurs artistes du monde entier : certains y trouvent une consécration, d'autres un tremplin, comme Jess Thomas, Ingrid Bjoner ou Thomas Stewart.

∗ En dehors du climat wagnérien, Bayreuth est intéressante par ses témoignages du baroque et du rococo (Marktgräfliches Opernhaus, Neues Schloß), et comme centre d'excursions dans la Suisse de Franconie *(Fränkische Schweiz).*

∗ ∗

Wagner Anekdoten

1. Eines Abends ging Wagner in Sorrent spazieren. Einer der vielen Drehorgelspieler[1], der ihn kannte, setzte sofort eine Walze[2] mit dem Brautzug[3] aus « Lohengrin » ein und begann die Orgel so schnell zu drehen, daß die Musik bie zur Unkenntlichkeit verhetzt wurde.[4] Zornig stürmte Wagner auf ihn zu, packte selbst die Drehorgel und drehte sie so langsam und bedächtig,[5] daß der Chor im richtigen Tempo erklang. Dann gab er dem Alten ein gutes Trinkgeld mit der Weisung, immer in diesem Tempo zu spielen. Am anderen Morgen hing an der Drehorgel ein Schild[6] : « Schüler von Richard Wagner. »

2. Bismarck hatte für Wagners Kunst kein Verständnis, während Wagner ihn leidenschaftlich verehrte. Bei ihrem einzigen Zusammentreffen sagte Wagner, der ein Wirkungsfeld[7] in Berlin anstrebte[8] : « Mein sehnlichster Wunsch wäre, ein Paar Jahre in der Nähe Eurer Durchlaucht[9] wirken zu können. » « Schade », meinte Bismarck verbindlich[10], « ich habe leider wenig Aussichten, nach Bayreuth versetzt[11] zu werden ».

Scherzo, Heiteres aus der Welt der Musik erzählt von Willy Brandl, Bechtle Verlag, München, 9. Aufl. 1968.

Notes

1. -e Drehorgel : l'orgue de Barbarie.
2. -e Walze (-n) : le rouleau, cylindre.
3. -r Brautzug : cortège nuptial.
4. verhetzen : (terme de chasse) : traquer, mettre aux abois.
5. bedächtig : grave, posé.
6. -s Schild (-er) : l'écriteau.

7. ein Wirkungsfeld : un champ d'action.
8. an/streben (etwas) : aspirer à, s'efforcer d'obtenir.
9. « Eure Durchlaucht » : Votre Altesse.
10. verbindlich : obligeamment, courtoisement.
11. versetzt werden : être muté.

Ludwig II. und die Königsschlösser

Besuch auf « Neuschwanstein » in der Nähe von Füssen.

G. Komisch, ich habe das alles im Film von Visconti gesehen, aber daß es das wirklich gibt [1]...

F. Ja, den Film habe ich auch gesehen : übrigens - ich nehme an, in Bayern ist er besonders gut angekommen [2], denn der Ludwig war hier sehr beliebt. Den « Märchenkönig » hat man ihn genannt.

A. Hat der denn wirklich nicht im Mittelalter gelebt?

F. Aber nein! Die ganze Geschichte liegt kaum 100 Jahre zurück. Moment mal! daß ich im Baedeker [3] nachschaue : stimmt genau, Ludwig II., 1864-1886. Hatte keinen Sinn für die Politik, wohl aber für die schönen Künste, vor allem Musik und Baukunst.

G. Daß er dem Wagner mächtig geholfen hat, weiß ich schon. Lohengrin, der Schwanenritter [4], hat hier bestimmt ein Wort mitzureden...

A. Brr! vielleicht spukt [5] es auch!

F. Du dumme Gans! Dann würdest du auf Herrenchiemsee [6] auch Ludwig XIV. sehen um Mitternacht!

G. Hat ein romantischer Bayernkönig denn auch klassische Schlösser gebaut?

G. Und wie! Er war ein großer Verehrer des Sonnenkönigs : Herrenchiemsee und Linderhof hat er genau im französischen Stil gebaut. Das dürfte ihn ein Vermögen gekostet haben.

A. Dann verstehe ich, warum sein Finanzminister ihn loswerden wollte.

G. Glaubt ihr wirklich, daß er ermordet wurde?

F. Das wird man wohl nie bestimmt [7] wissen können, fest steht nur, daß er wegen Geisteskrankheit entmündigt [8] wurde und kurz darauf im Starnberger See ertrank.

A. Der Arme! Ich finde ihn eher sympathisch. Und vielleicht nicht ganz so verrückt [9], wenn man bedenkt, wie viele Touristen seine Schlösser hierher anziehn...

G. Ja, die Touristen! Seht, da kommt noch ein ganzer Bus voll... Sind das Amerikaner? Mensch [10], ich glaube, das sind Franzosen!

Notes

1. **Das gibt es nicht!** : ce n'est pas possible!
2. **gut an/kommen** : trouver un accueil favorable.
3. le **« Baedeker »** est le plus connu des guides allemands.
4. **-r Schwanenritter** : le Chevalier au cygne (symbole de pureté); le cygne = der Schwan.
5. **es spukt** : il y a des revenants.
6. **Herrenchiemsee** : château construit par Louis II sur l'île du même nom, sur le Chiemsee, et qu'il n'a habité qu'une fois. Mérite une visite.
7. **bestimmt** : de façon certaine.
8. **entmündigen** : interdire, destituer.
9. **verrückt** : fou.
10. **Mensch!** : exclamation : mince! zut!

Grammaire

1. **Le passif. Er wurde ermordet.**
Revoir le passif-action : présent : **er wird ermordet ;**
prétérit : **er wurde ermordet ;** passé composé : **er ist ermordet worden.**
Le complément d'agent est introduit par **von** (ou par **durch** dans le sens de « par l'intermédiaire, par le moyen de »). Seuls les Anglais l'expriment par **bei** (ou plutôt « by »...).

2. **Das dürfte ihn ein Vermögen gekostet haben** : Cela a dû lui coûter une fortune. Noter l'emploi de **dürfte** pour exprimer une vraisemblance (cf. p. 35).

Les lacs et la montagne

Si les lacs sont nombreux dans le Nord du pays et dans les massifs montagneux du centre, c'est sans conteste dans le Sud qu'ils triomphent, alliés souvent à la montagne dans un décor qui va du charmant au sublime, mais que défigure parfois hélas une exploitation sans vergogne du tourisme.

Nous citerons les principaux (entre parenthèses leur surface en km² et leur altitude), depuis la Forêt Noire jusqu'à Salzbourg.

Titisee (1,1 - 848 m)
Schluchsee (7,0 - 900 m)
Bodensee (538,5 - 396 m)
Alpsee bei Immenstadt (2,4 - 725 m)
Alpsee bei Füßen (0,9 - 811 m)
Staffelsee (7,7 - 848 m)
Ammersee (48 - 531 m)
Starnbergersee (57 - 584 m)
Kochelsee (6 - 600 m)

Walchensee (16,5 - 800 m)
Eibsee (au pied de la Zugspitze) (1,8 - 971 m)
Sylvensteinsee (6,2 - lac de barrage sur l'Isar, rivière de Munich)
Tegernsee (9 - 725 m)
Schliersee (2,2 - 777 m)
Chiemsee (80 - 518 m)

Navigation sur les lacs

Sur les plus importants des lacs allemands, des services réguliers de bateaux permettent de faire d'agréables mini-croisières, et d'avoir du paysage une vue que l'on ne soupçonne pas de la terre ferme. On se renseigne auprès des syndicats d'initiative ou directement aux embarcadères. Les tarifs sont raisonnables.

En outre il est presque partout possible de louer une barque à rames ou même un canot à moteur, souvent électrique : la lutte contre la pollution (der Umweltschutz) est à l'ordre du jour. On demande bien sûr une caution (somme d'argent ou objet : montre, pièce d'identité).

Pour la pratique de la voile, voir page 103 et **AU**, p. 173.

L'eau et les sports

On pratique en Allemagne tous les sports nautiques et aquatiques : sur les lacs, méfiez-vous cependant, les berges sont souvent propriété privée.

La natation : das Schwimmen

den toten Mann machen : faire la planche
Brust/schwimmen : nager la brasse
Rücken/schwimmen : nager sur le dos

Kraulen : nager le crawl
-r 100-Meter Freistil : 100 m nage libre
-r Schmetterlingstil : la brasse papillon

Le plongeon : das Kunstspringen

-s Sprungbrett : le tremplin
-r Springturm : le plongeoir

Er macht einen Kopfsprung ins Wasser : il plonge (tête la première)
-r Bauchplatscher : le « plat »

La plongée : der Tauchsport

Ne confondez pas « tauchen » = plonger sous l'eau (le contraire est auf/tauchen : faire surface, apparaître) avec plonger dans le sens de springen.
-e Tauchermaske : le masque
-r Taucheranzug ("e) : la combinaison
-r Schnorchel (-) : le tuba

-s Sauerstoffgerät : l'appareil à oxygène
-e Sauerstofflasche : la bouteille d'oxygène
-e Schwimmflossen : les palmes
-e Harpune : le harpon
-e Unterwasserkamera : appareil photo ou caméra sous-marins

Le ski nautique : das Wasserskifahren

-e Schwimmweste : le gilet de sauvetage

schleppen : tirer, remorquer

La pêche : das Angeln

La pêche est très strictement réglementée : il ne suffit pas de payer un permis, il faut pour l'obtenir passer un examen qui comporte une partie théorique sur les eaux et sur les poissons. Pour les touristes, il y a toutefois des arrangements : renseignez-vous auprès du syndicat d'initiative.

-r Angelschein : le permis de pêche
-r Fischereiaufseher : le garde-pêche
-e Angelrute : la canne à pêche
-e Angelleine (einholen, auswerfen) : la ligne (ramener, jeter)

-r Angelhaken : l'hameçon
-r Köder : l'appât, l'esche
-r Fang : la prise
-s Netz (e) : le filet
-e Schonzeit : la période de fermeture

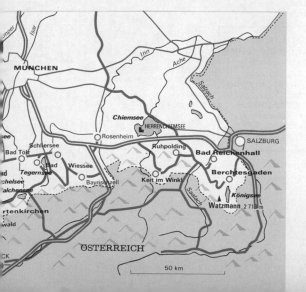

Berchtesgaden

C'est l'un des villages les plus touristiques des Alpes de Bavière, au centre d'une saillie allemande au sud de Salzbourg, qui s'explique par la barrière naturelle que constituent les montagnes (Watzmann, 2 713 m - Steinernes Meer et Hagengebirge), mais aussi par la volonté des seigneurs de Wittelsbach de ne pas laisser les archevêques de Salzbourg étendre leur domaine.

Le village lui-même est très pittoresque avec sa place triangulaire *(Schloßplatz)*, sa galerie à arcades et son château (ancien prieuré).

Mais ici, l'histoire commence avec Hitler : avant 1933 il avait acquis à 4 km du pays, à Obersalzberg, un chalet (le « Berghof »), où le « Führer »

Garmisch-Partenkirchen

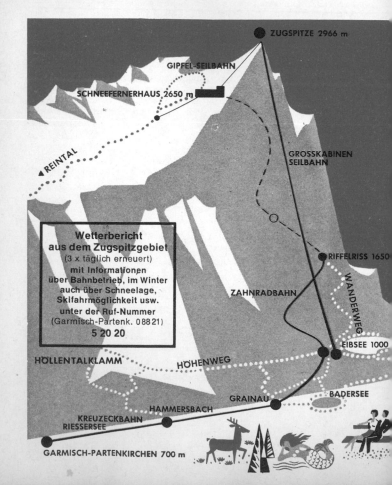

ZUGSPITZE 2966 m

GIPFEL-SEILBAHN

SCHNEEFERNERHAUS 2650 m

REINTAL

GROSSKABINEN SEILBAHN

RIFFELRISS 1650

WANDERWEG

Wetterbericht
aus dem Zugspitzgebiet
(3 x täglich erneuert)
mit Informationen
über Bahnbetrieb, im Winter
auch über Schneelage,
Skifahrmöglichkeit usw.
unter der Ruf-Nummer
(Garmisch-Partenk. 0 88 21)
5 20 20

ZAHNRADBAHN

EIBSEE 1000

HÖLLENTALKLAMM

HÖHENWEG

BADERSEE

GRAINAU

HAMMERSBACH

KREUZECKBAHN
RIESSERSEE

GARMISCH-PARTENKIRCHEN 700 m

aimait se retirer, et où, après des transformations fastueuses, entreprises sous l'influence de Martin Bormann et avec la collaboration du maître architecte de Hitler, Speer, eurent lieu des réceptions destinées à impressionner le monde diplomatique (Schuschnigg et Chamberlain, en 1938). Toutes ces constructions ont été rasées (raid aérien américain d'avril 1945) et il ne subsiste que les fondations du « Berghof ».

Un peu au-dessus, le fameux « nid d'aigle » *(Adlernest)*, au sommet du Kehlstein (accès uniquement par car postal et ascenseur), a une réputation historique un peu usurpée : Hitler y est rarement monté. On n'aura toutefois pas à regretter d'y consacrer deux ou trois heures.

Autre haut lieu du tourisme dans les Alpes de Bavière, les deux communes jumelles, la première plus villageoise, l'autre plus mondaine, attirent, en hiver surtout, une foule cosmopolite. Les Jeux Olympiques d'hiver de 1936 ont donné son essor à la station (Olympia-Eisstadion, Skistadion), dont l'altitude (700 m) est compensée par un enneigement exceptionnel et par la proximité immédiate de la *Zugspitze* (2 966 m).

BAYERISCHE ZUGSPITZBAHNEN

Zahnradbahn	**Fahrplan**
von Garmisch-Partenkirchen über Grainau und Eibsee zum Hotel Schneefernerhaus 2 650 m	stündl. von 8 bis 16 Uhr, ab 1.10. Mo-Fr. bis 15 Uhr ab Grainau 20 Min. später ab Eibsee 30 Min. später
	15.7. - 19.8. Grainau von 7.20-16.20 Eibsee von 7.30-16.30 stündlich wie oben
nach Riffelriß 1 650 m	
Gipfelseilbahn	
vom Schneefernerhaus zum Zugspitzgipfel 2 966 m	halbstündlich Zwischenfahrt. n. Bedarf
Eibsee-Seilbahn	
vom Eibsee 1 000 m direkt zum Zugspitzgipfel	halbstündlich von 8.00 bis 17.30 Uhr, Juli u. Aug. bis 18.30 Uhr ab 1. 10. Mo.-Fr. 9-16.30 Zwischenfahrt. n. Bedarf

Schöne Wanderwege im Bereich der Zahnradbahn

Gletscher-Rundgang mit herrl. Tiefblick ins Lermooser und Ehrwalder Talbecken	Vom Schneefernerhaus z. Windloch u. über den Schneeferner zurück zur Gletscherbahn-Talstat.	Bergpfad, 1 Std. z. T. über Gletscher
Höhenweg Eibsee - Neuneralm - Hammersbach	Vom Zbf. Eibsee längs der Riffelwand oberhalb Neuneralm n. Grainau oder Hammersbach	Bergwege nach Grainau 1 1/4 Std. n. Hammersbach 2 Std.
Rundweg	Rund um den Eibsee	Wanderwege und Pfade 2 1/2 Std.
Bergwanderung	Von der Stat. Riffelriß hinunter zum Eibsee	Bergweg 1 1/2 Std.

Sports de montagne

Puisque ce chapitre nous entraîne vers le sud, ne négligeons pas l'une des façons les plus plaisantes de joindre l'utile à l'agréable. Certes on peut, dans tous les massifs de l'Allemagne moyenne, faire de magnifiques promenades et même pratiquer le ski, car l'enneigement, en climat continental, est souvent abondant. Mais le domaine privilégié de l'amateur de montagne reste bien sûr les Alpes de Bavière. Allez-y donc passer de vraies vacances tout en vous perfectionnant dans la langue : bien sûr il ne faut pas rester isolé : fréquentez les chalets, les refuges, fort nombreux, où l'on a l'occasion de parler et de lier connaissance. Au besoin, prenez contact avec le club alpin (voir **AU**, p. 173).

La montagne en été

Mini-lexique

-e Tour (-en) : l'excursion;
Bergtour, Klettertour, Gletschertour
-s Gebiet (-e) : la région
Un Naturschutzgebiet est une sorte de parc national, avec flore et faunes protégées.
-r Fels (ou Felsen, -s, -) : le rocher
-r Gletscher (-) : le glacier
-e Hütte (-n) : le refuge
klettern : grimper, escalader
-e Ausrüstung : l'équipement
-r Berg- und Wanderschuh (-e) : chaussure de marche
-r Kletterschuh, Kletterstiefel (-) : chaussure d'escalade
-e Kniebundhose (-n) : pantalon de montagne
-e Daunenjacke (-n) : veste de duvet
-s Seil (-e) : la corde
sich an/seilen : s'encorder
-e Schlinge (-n) : la boucle (de corde)
-e Seilschaft (-en) : la cordée
-r Bergführer (-) : le guide
-r Rucksack ("e) : le sac à dos
-r Pickel (-) : le piolet
-s Steigeisen (-) : les crampons
-r Haken (-) : le piton
-e Nord- (Süd-) wand ("e) : la paroi (nord, sud)
-r Pfeiler (-) : le pilier
-r Überhang ("e) : le surplomb
-r Kamin (-e) : la cheminée
-r Einstieg (-e) : l'entrée, l'accès
-r Riß (Risse) : la fissure
-e Spalte (-n) : la crevasse
-e Höhle (-n) : grotte, creux
-r Stand ("e) : replat (où l'on tient debout)
-e Leiste (-n) : la vire

Rohr-Eisspirale

Chouinard-Steigeisen

Metallschaft-Pickel

Metallschaft-Hammer

Berchtesgadener Hochthron

Felsabenteuer bei Berchtesgaden

Die Berchtesgadener Alpen zählen, was die Vielzahl lohnender Kletterberge anbelangt [1], zu den schönsten Gebieten der Alpen : Hoher Göll, Watzmann etc. haben sich schon lange einen festen Namen bei den Kletterern erworben [2]. Unser heutiges Anstiegblatt stellt einen weniger bekannten Gipfel vor : den Berchtesgadener Hochthron.

Berchtesgadener Hochthron : Mittelpfeiler

Schon bei der Auffahrt von Berchtesgaden nach Maria Gern fallen die gelben, in der Hauptsache aus drei prallen [3] Pfeilern bestehenden Südabstürze des Berchtesgadener Hochthron auf. Der mittlere und der rechte (östliche) dieser Pfeiler bieten zwei der schwierigsten und luftigsten Kletterwege des ganzen Gebirgs.

Wandhöhe 300 m, Schwierigkeit VI und A3, Kletterzeit 6 bis 8 Stunden.

Stützpunkt [4]

Stöhrhaus, kurz unterhalb des Gipfels auf der Hochfläche gelegen. Zugang am besten von Maria Gern auf bezeichnetem Weg in drei Stunden.

Zugang

Von der Hütte durch eine Höhle, dem sog [5]. « Mittagsloch » zum Wandfuß und über Schrofen [6] entlang zu den Einstiegen.

Die Route

Der Pfeiler bricht unten mit einem mächtigen, giebelförmigen Dach ab. Rechts davon zieht eine Rampe (alter Südpfeiler) hoch. Von rechts nach links auf die Rampe (V+) und drei Seillängen über diese hinauf.

Durch einen 50 m langen Quergang nach links zum Stand bei einem Felsköpfel [7], direkt über dem Giebeldach. Links aufwärts in eine Nische, auf ihr links hinaus und über Wülste zu einem Schlingenstand (A2). 10 m über ein nach rechts ziehendes Leistensystem ; dann (A3) über den Wulst zu einer großen Nische, 10 m nach links und direkt über den mächtigen Überhang zum Schlingenstand. Gerade durch die gelbe Wand hinauf. Links Überhänge hinauf zu einem Riß mit großen Unterbrechungen (Morseschriftriß) [8]. An ihm nach rechts in einen bogenförmigen Rißkamin und zuletzt - nochmals über einen Wulst - zu einer Leiste. Ein geneigter Riß führt auf ein Grasband, dann in leichter Kletterei zum Gipfel.

Aus Alpinismus. Juli 1973

Notes

1. was + A anbelangt : en ce qui concerne.
2. erwerben (a, o, i) : acquérir.
3. prall : rebondi, ventru.
4. -r Stützpunkt (-e) : point d'appui, base.
5. sog. : abréviation de sogenannt.
6. -r Schrof(f)en : escarpement.
7. -köpfel : diminutif de Kopf.
8. -e Morseschrift : écriture morse.

Grammaire

Remarquez dans le texte les indications de mouvement (sans verbes !). Distinguez-les des indications de situation (ex. : über **dem** Giebeldach). Transposez le texte en un récit suivi (imaginaire !) au passé composé (Ich... ou Wir...). Verbes à utiliser : gehen, steigen, klettern, folgen, führen...

La montagne en hiver

Mini-lexique du ski

-s Skifahren, -r Skilauf : le ski (sport)
-r Ski (-e Ski ou Skier) : le ski (instrument)
-s Brett (-er) : la planche
-e Skispitze (-n) : la spatule
-e Sohle : la semelle
-e Bindung (-en) : la fixation
-e Sicherheitsbindung : la fixation de sécurité
-r Stock (-") : le bâton
-e Kante (-n) : le carre
-s (Ski)wachs : le fart
an/schnallen : chausser (« boucler »)
Die Seilbahn (-en) : le téléphérique
die Kabine, die Gondel (-n) : la cabine
-r Sessellift (-e) : le télésiège
-r Skilift (-e) : le remonte-pente

-e Abfahrt (-en) : la descente, la piste
Schußfahren : descendre schuss
schrägfahren : descendre en traversée
parallel fahren : skier parallèle
seitab/rutschen : déraper
-r Schneepflug : le chasse-neige
-r Pflugbogen : le virage chasse-neige
-r Stemmbogen : le virage stemmé
-r Parallelschwung : le virage parallèle
vom Hang : aval
zum Hang : amont
-r Talski ≠ Bergski : ski aval ≠ amont
belasten ≠ entlasten : charger ≠ décharger
-r Kanteneinsatz : prise de carres
wedeln (das Wedeln) : godiller

Dans de nombreuses stations il existe des forfaits *(Pauschalkarte)* valables sur toutes les remontées, mais renseignez-vous. Il y a en tout cas avantage à prendre les cartes de 10 ou 50 points *(Zehner-Block, Fünfziger-Block)*, telle remontée valant 2 points, telle autre 4 ou 5. Ou encore, si vous skiez beaucoup, les abonnements du genre *Tageskarte* ou *Wochenkarte*. Prévoyez une photo.

Les patinoires sont nombreuses (ne confondez pas *die Eisbahn* avec *die Eisenbahn!*). Vous pouvez louer des patins *(-r Schlittschuh, -e)* et patiner *(Schlittschuh laufen)*.

Ihre Sicherheitsbindung hat sich ja wieder nicht geöffnet.

Der einsame Schlittschuhläufer

Schulze, ein älterer Herr, ist seit Jahren nicht mehr Schlittschuh gelaufen. Jetzt will er es einmal wieder probieren.

Herr Schulze holte seine Schlittschuhe aus dem Zimmer und begab sich zur Eisbahn. Er hatte Glück, er war der einzige Fahrgast. Mühsam schnallte er die rostigen [1] Schlittschuhe an die schweren rindsledernen Stiefel. Dann stellte er sich auf die blitzblanke Fläche und wagte [2] die ersten Schritte.

Es ging.

Er verschränkte [3] die Hände auf dem Rücken und lief, noch etwas zaudernd [4], einmal rund um die Bahn. Dann blieb er aufatmend stehen und freute sich. Man war eben doch ein verfluchter Kerl [5].

Nun wurde er wagemütiger. Er begann Bogen zu fahren. Der Rechtsbogen klappte besser als der linke. Aber das war schon so gewesen, als er in die Schule ging. Das war nicht mehr zu ändern.

Er überlegte sich, was er damals alles gekonnt hatte. Er holte mit dem linken Bein Schwung [6] und fuhr eine Drei. Erst einen Auswärtsbogen, dann eine winzige Schleife und abschließend einen Rückwärtsbogen.

« Donnerwetter! », sagte er hochachtungsvoll zu sich selber. « Gelernt ist gelernt! ». Und nun riskierte er eine aus rechten Auswärts- und Einwärtsbögen zusammengestellte Acht. Das klappte [7] auch : die beiden Ziffern waren groß und deutlich in die Eisfläche graviert.

« Und jetzt eine Pirouette », sagte er laut, holte mit dem linken Bein und beiden Armen Schwung, drehte sich etwa zehnmal wie ein Kreisel [8] um sich selber, lachte... da zog ihm eine unsichtbare Macht die Füße vom Eis! Er gestikulierte, es half nichts [9], er schlug lang hin [10], der Hinterkopf dröhnte, das Eis knisterte, die Rippen schmerzten, Schulze lag still. Er lag mit offenen Augen und blickte verwundert himmelwärts...

Erich Kästner, Drei Männer im Schnee, Rascher & Cie, Zürich.

Notes

1. -r Rost : la rouille.
2. wagen : oser, risquer (wagemutig : audacieux).
3. (Hände, Beine) verschränken : croiser (les mains, les pieds).
4. zaudern : hésiter.
5. ein verfluchter Kerl : un sacré gaillard.
6. Schwung holen : prendre son élan.
7. das klappt : ça va, ça marche.
8. -r Kreisel : la toupie.
9. es hilft nichts : cela ne sert à rien.
10. er schlug lang hin : il s'étala de tout son long.

Grammaire

Revoyez les verbes qui expriment les idées de « être » et « mettre ».

ÊTRE	METTRE
Stehen, stand, hat gestanden (debout)	stellen, stellte, gestellt
Sitzen, saß, hat gesessen (assis)	setzen, setzte, gesetzt
Liegen, lag, hat gelegen (couché)	legen, legte, gelegt
Hängen, hing, gehangen (suspendu)	hängen, hängte, gehängt
Stecken, steckte, gesteckt (planté)	stecken, steckte, gesteckt
Sich befinden (a, u) (se trouver)	sich begeben (a, e) (se rendre)
Er steht auf der Eisbahn	Er stellt sich auf die Füße
Er sitzt auf der Bank	Er setzt sich auf die Bank
Er lag auf dem Eis	Er legte sich aufs Bett

N.B. Wo bleibt er denn ? : où est-il donc ?
  Er hat das Kleingeld eingesteckt : il a empoché la monnaie.

Sports d'équipe

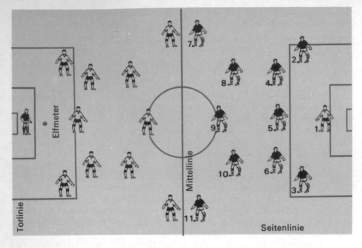

Le football

1. -r Torwart
2. -r rechte Verteidiger
3. -r linke Verteidiger
4. -r rechte Läufer

5. -r Mittelläufer
6. -r linke Läufer
7. -r Rechtsaußen
8. -r Halbrechts

9. -r Mittelstürmer
10. -r Halblinks
11. -r Linksaußen

Le football est en RFA le sport le plus populaire. Hommes et femmes, et enfants bien sûr, sont nombreux à passer leur samedi ou dimanche après-midi au stade, dans les tribunes ou sur le terrain.

Organisation : En haut, la *Bundesliga,* où jouent actuellement 18 clubs, se situe sur le plan fédéral. Au-dessous, la 2e division est constituée par cinq groupes régionaux : *Regionalliga Süd, Südwest, West, Nord* et *Regionalliga Berlin.* En fin de saison, les quatre meilleures équipes de seconde division remplacent les quatre dernières de la Bundesliga. Les équipes de seconde division réclament instamment une possibilité d'ascension : le *Deutsche Fußballbund,* qui coiffe l'ensemble du football de la RFA, a donc envisagé de créer une seconde *Bundesliga,* qui comprendrait également 18 clubs. Ce sont évidemment les matchs de 1re division qui attirent le public et remplissent les caisses. C'est le club vainqueur en Bundesliga qui participe à la Coupe d'Europe.

Autres sports d'équipe

Le rugby est presque inconnu en Allemagne, mais le handball, s'il attire moins les foules, est beaucoup plus pratiqué qu'en France. On distingue le handball en plein air et le handball en salle *(der Hallenhandball).* Les équipes ne sont pas constituées de la même façon et les règles sont différentes.
Le basket-ball *(der Basketball* ou *Korbball)* a de nombreux adeptes, ainsi que le water-polo *(der Wasserball)* et le hockey sur glace *(der Eishockey).*

Ein Fußballspiel : Köln vs. [1] Hamburg

Es sicht wirklich so aus, als sei der Schiedsrichter, der sogenannte Unparteiische, in diesem Spiel der zwölfte Mann der Kölner auf dem Platz. Der Hamburger Willi Schulz wird von ihm verwarnt [2], kriegt die gelbe Karte gezeigt [3]; das mag noch angehen [4] - Willi ist einem Kölner wirklich etwas heftig zwischen die Beine gegangen. Aber als zwei Kölner Spieler zusammenprallen [5] und überhaupt kein Hamburger in der Nähe ist, als der Schiedsrichter dann trotzdem Freistoß gegen die Hamburger pfeift - da johlen [6] sogar die Kölner Zuschauer über die Ungerechigkeit.

Charly Dörfel leistet [7] sich - ungestraft, weil unbemerkt geblieben - einen hübschen Trick. Er ruft einem Kölner, der in aussichtsreicher [8] Position vor dem Hamburger Tor steht, lauthals zu : « Gib her, ich steh noch besser! » Und der Kölner, der Charlys Stimme für die Stimme eines seiner Mannschaftskameraden hält, gibt Charly den Ball... Das uerehrliche Publikum lacht sich halbtot.

Doch dann geht der HSV in diesem schnellen Spiel mit fliegenden Fahnen unter. Drei sogenannte Abstaubertore gegen die Hamburger innerhalb von knapp zwanzig Minuten, drei zu null für Köln... Das Spiel ist aus.

Friedhelm Werremeier, Platzverweis für Trimmel (rororo).

Notes

1. vs. = abrév. de versus = contre.
2. -n verwarnen : donner un avertissement.
3. Er kriegt die gelbe Karte gezeigt = ihm wird die gelbe Karte gezeigt (= avertissement !).
Remarquez cette tournure familière (zeigen = bekommen). Comparez avec la forme parfaitement correcte : « Ich habe das geschenkt bekommen = j'ai eu cela en cadeau. »

4. Das mag noch angehen = cela peut encore aller.
5. zusammenlprallen : se heurter violemment.
6. johlen : ici, hurler.
7. sich etwas leisten : se permettre, s'offrir quelque chose.
8. -e Aussicht (-en) : 1 la vue (sur un paysage); 2 la perspective, la chance de succès.

✳ ✳

Mini-lexique du football

-r Ball (¨e) : le ballon
-s Leder : (le cuir) la balle
-r Fußballplatz : le terrain (stade)
-s Fußballfeld : le terrain lui-même
-e Mannschaft (-en) : l'équipe
-e Deutsche Elf : le onze d'Allemagne
-r Schiedsrichter : l'arbitre
-r Linienrichter : le juge de touche
-r Strafraum : la surface de réparation
-n Ball ab/geben : passer la balle
-m den Ball zu/spielen : passer la balle à
-s Foul (-s) : la faute
-r Freistoß : le coup franc
-r Elfmeter : le pénalty
eine Ecke schießen : tirer un corner
abseits stehen : être hors-jeu
« Tor ! ! » : but !
-r Kicker : le buteur

Toto et Lotto

Si le tiercé n'existe pas sur les courses de chevaux, il est abondamment remplacé par le Toto qui se joue sur les matchs de football. Le texte ci-contre en donne une idée.

Notre Loterie Nationale a, elle, son équivalent dans le Lotto. Les deux institutions font vraiment partie de la vie quotidienne - ou en tout cas hebdomadaire - de la RFA. Les sommes jouées sont considérables. Pourquoi ne pas essayer de gagner votre séjour !

«Könnten Sie mir vielleicht mal bei den Lottozahlen helfen, Hochwürden?»

A. Stellt euch vor, Hinkelfußens [1] haben im Lotto 230 000 Mark gewonnen.

G. Lotto, was ist denn das?

F. Das ist eine Art von Lotterie, bei der man viel Geld gewinnen kann.

A. Du hast doch letzten Samstag gegen 10 Uhr die Ziehung [2] der Lotto-zahlen im Fernsehen gesehen.

G. Ja, aber ich wußte nicht was das bedeuten soll.

F. Du nimmst dir einen Spielschein in irgendeiner Toto und Lotto Annahme-stelle, kreuzt von den 49 Zahlen 6 an [3] und gibst ihn dann dort ab.

A. Und wenn du die richtigen Zahlen hast, dann bist du fein raus [4].

F. Vergangene Woche gab es bei sechs Richtigen 500 000 Mark, bei fünf Richtigen mit Zusatzzahl 230 000, bei fünf Richtigen fast 6 000, bei vier Richtigen an die 80 und bei drei Richtigen noch 4 DM.

G. Gewinnt man jedesmal soviel?

A. Nicht immer, das hängt von der Spielbeteiligung ab. Die Hälfte der eingegangenen Summe wird als Gewinn ausgeschüttet [5].

F. Und dann gibt es auch noch das Toto.

G. Ist das in etwa [6] das gleiche wie das Lotto?

F. Ja, fast, es gibt da beispielsweise die Elferwette [7] und die 6 aus 39 [8]. Ausschlaggebend sind hier aber die Ergebnisse der Fußballspiele der Bundes- und Regionalliga.

G. Was hast denn damit zu tun?

F. Auf dem Zettel für die Elferwette hast du die Zahlen von 1 bis 11, die elf Fußballbegegnungen entsprechen.
Darunter stehen die Zahlen eins, null und zwei. Kreuzt du z.B. unter 1 die 2 an, so bedeutet das, daß bei dem ersten Spiel, Bayern München gegen Schalke 04, die zweite Mannschaft, also Schalke, gewonnen hat. Die 0 bedeutet, daß das Treffen Unentschieden ausging.

A. Und bei 6 aus 49 brauchst du nur die sechs Fußballspiele anzukreuzen, die unentschieden ausgehen werden. So einfach ist das!

G. Das müßt ihr mir mal genauer zeigen. Wenn ich recht verstanden habe, so kann man sagen, daß das, was des Franzosen Lotterie Nationale ist, des Deutschen Lotto ist, und daß der Tiercé fast dem Toto entspricht.

Notes

1. Hinkelfußens : les Hinkelfuß.
Müllers : les Müller.
2. -e Ziehung : le tirage.
3. an/kreuzen : cocher.
4. du bist fein raus : tu as de la chance, c'est la belle vie.
5. aus/schütten : distribuer sous forme de lots.

6. in etwa : à peu près.
7. -e Elferwette : pari sur les résultats de 11 matchs fixés d'avance.
8. die 6 us 39 : il s'agit sur 39 matchs prévus d'en indiquer 6 qui se termineront par un match nul (unentschieden).

Grammaire

Wenn du die richtigen Zahlen hast, bist du fein 'raus.
La phrase conditionnelle. Distinguez les 3 types :

1. Si tu as X, tu auras Y
Wenn du X **hast, hast** du Y (**wirst** du Y **haben**)
2. Si tu X, tu aurais Y
Wenn du X **hättest, hättest** du Y (**würdest** du... + **inf**)
3. Si tu avais eu X, tu aurais eu Y
Wenn du X **gehabt hättest, hättest** du Y **gehabt**

Les fêtes

Jours fériés sur l'ensemble du territoire fédéral :

Le Nouvel An *(Neujahr)*, le Vendredi Saint *(Karfreitag)*, Pâques *(Ostern)*, le 1er mai, l'Ascension *(Christi Himmelfahrt)*, la Pentecôte *(Pfingsten)*, le 17 juin (Jour de l'unité allemande), les 25 et 26 décembre.

Autres fêtes religieuses :

En outre, selon la prédominance locale ou régionale de telle ou telle confession, on fête ou non les Rois Mages *(die Heiligen Drei Könige)*, la Fête-Dieu *(Fronleichnam)*, l'Assomption *(Mariä Himmelfahrt)*, la Toussaint *(Allerheiligen)*, le Jour de prière et de pénitence *(Buß- und Bettag)*.

« Man soll die Feste feiern, wie sie fallen ».

Noël

* La fête la plus populaire en Allemagne est sans conteste Noël. La période de Noël commence avec le premier dimanche d'avent *(der Advent)* : on allume alors la première des quatre bougies de la couronne d'avent *(der Adventskranz)*, faite de branches de sapin décorées ; à chacun des dimanches suivants on allumera une bougie de plus :

Advent, Advent, ein Lichtlein brennt
Erst eins, dann zwei, dann drei, dann vier,
Dann steht das Christkind vor der Tür...

* Le 6 décembre *(am Niklaustag)*, St Nicolas *(der Nikolaus)* accompagné de *Knecht Ruprecht* (Père Fouettard) - ... et circulant parfois à moto avec sa grande houppelande et sa barbe blanche ! - offre aux enfants sages de petits cadeaux, pommes, noix, pain d'épices *(Lebkuchen)* ou chocolat. Noël même se fête le 24 décembre au soir *(der Heilige Abend)*. C'est une fête de famille, sans bals ni réjouissances publiques. On va tout d'abord à la messe *(zur Christvesper, zur Christmesse)*. Derrière la fenêtre du salon, on a laissé une bougie allumée, pour que l'Enfant Jésus *(das Christkind)* trouve son chemin. Une clochette annonce sa venue : on peut entrer dans la pièce où trône le sapin. Chants, poèmes, lecture de l'histoire de Noël, et enfin la distribution des cadeaux *(die Bescherung)*, répartis sous le sapin, autour de la crèche *(die Krippe)*.

* **Gastronomie de Noël :** Les petits gâteaux, préparés d'avance *(das Weihnachtsgebäck)*, le pain d'épices, les *Christstollen*, l'oie *(die Weihnachtsgans)* ou la carpe *(der Karpfen)*.

* Noël étant fête familiale et religieuse, c'est à la Saint-Sylvestre qu'ont lieu les réjouissances. Chaque restaurant a son *Sylvesterabend*, on organise des *Sylvesterpartys*. Au menu, il y a souvent la choucroute, les saucisses,

Das abgebildete Kleinkind Sabine (4) fand zu den aufwendigen Gaben der Eltern keine innere Beziehung (A). Dagegen zauberte das Geschenk eines älteren Patenonkels, ein in letzter Minute eintreffender Edelstahlhammer, sofort den erhofften weihnachtlichen Glanz in Sabines Kinderaugen (B).

le jarret de porc, copieusement arrosés. Et à minuit les vœux de bonne année : « *Prosit, Prost Neujahr! Ein gutes neues Jahr! Alles Gute im neuen Jahr!* » Dans les jardins, des feux d'artifice *(das Feuerwerk)*, des fusées *(Raketen)*. Et le lendemain... « *ich habe einen Kater* ! » (suites des libations !).

Le carnaval

L'autre point culminant, qui coupe la seconde partie des longs hivers, est le Carnaval *(der Fasching, der Karneval)*, surtout dans les villes rhénanes, dans quelques villes de Forêt Noire, et en Bavière. Les hauts lieux sont Cologne, Mayence et Düsseldorf. La période du Carnaval s'ouvre officiellement le 11-11 à 11 h 11. La préparation est longue et minutieuse. Le Jeudi gras est marqué par des bals costumés, et les réjouissances se poursuivent jusqu'à l'aube du Mercredi des Cendres *(Aschermittwoch)*. Pendant les 3 folles journées *(die drei Tollen Tage)*, tout est permis. Le Lundi gras *(der Rosenmontag)* est le jour des cortèges *(der Umzug)* : chars décorés, portant souvent d'énormes caricatures de personnalités et d'hommes politiques. A tous points de vue, le Carnaval est une extraordinaire soupape de sûreté.

Pâques

Fête religieuse et païenne : en Allemagne, le lièvre de Pâques *(der Osterhase)* vient déposer dans les jardins ou dans les bois les œufs de Pâques *(Ostereier)* décorés, ou de petits lièvres en chocolat, en sucre ou en massepain.

Manifestations principales

Se renseigner auprès des Offices de tourisme sur les dates exactes, et sur les nombreuses autres manifestations non indiquées ici.

Janvier : Préparation du Carnaval (Düsseldorf, Cologne, Mayence, Munich, Bade-Wurtemberg, Bavière, Hesse, Rhénanie).
Berlin : Semaine verte internationale (Grüne Woche).

Février : Foire internationale du Jouet à Nuremberg.
Dimanche avant Mardi gras : Défilé de Carnaval à Munich.
Lundi gras : Carnaval à Mayence, Düsseldorf, Cologne.

Mars : A Bonn, journées musicales.

Mai à octobre : le premier samedi du mois feux d'artifice à Heidelberg.

Mai : Brühl, concerts au château.
Wiesbaden, festival (opéra, théâtre, ballet, musique).
Schwetzingen, festival de musique.
Recklinghausen, Festival de la Ruhr (théâtre).
Kiel, « Kieler Woche », championnat de voile.

Pentecôte : Schwäbisch Hall, « Kuchenfest », fête historique.
Rothenburg, « Der Meistertrunk », fête historique.

Fête-Dieu : Munich, procession.
Cologne, procession en bateau sur le Rhin.

Juin : Wurzbourg, Festival Mozart. - Bad Hersfeld, festival théâtral.
Berlin, Festival international.

Pentecôte à fin septembre : Hameln, le dimanche, Festivals du preneur de rats.

Juillet : 3e lundi, « Kinderzeche », fête du sauvetage de la ville par les enfants, à Dinkelsbühl.
Avant-dernier lundi, « Schwörmontag », cortège sur le Danube à Ulm.
Augsburg, festival Mozart. - Bayreuth, festival Richard Wagner.
Ansbach, semaine Bach.

Juillet-août : Munich, festival d'opéra, festival d'été à Nymphenburg.

Août : 2e samedi, le Rhin en flammes (de Braubach à Coblence).
Ottobeuren, concerts d'orgue. - Ludwigsburg, festival de musique.
Berlin, semaine du théâtre. - Donaueschingen, musique contemporaine.
Nürburgring, Grand Prix Automobile d'Allemagne.

Fin août / septembre : Winningen, vallée de la Moselle, Fêtes du vin.
Rüdesheim, Fête du vin.
Bad Dürkheim, 2e et 3e dimanche, foire à la saucisse et fête du vin.
Saint-Goar, 3e samedi, le Rhin en flammes.
Berlin, semaines de festival.
Hanovre (Herrenhausen), musique, théâtre.
Bonn, Gala Beethoven (concerts, opéras).

Fin septembre / début octobre : Munich, « Oktoberfest ».
Stuttgart, fête populaire de Bad Cannstadt.
« Photokina », Salon international de la photographie et du cinéma.
Francfort, Foire internationale du Livre.
Francfort, IAA, Internationale Automobilausstellung (tous les deux ans).

Octobre : Neustadt an der Weinstraße, fête du vin.
Brême, foire-kermesse. - Donaueschingen, musique contemporaine.

Novembre : Hambourg, « Hamburger DOM », fête populaire.
Berlin, Journées du Jazz.

Décembre : Nuremberg, Christkindlsmarkt, marché de Noël.

Fasching

A. Hört mal her, Mittwoch sind wir wieder zu Hause und am Sonntag muß Germain wieder nach Paris zurück. Was haltet ihr davon [1], wenn wir dann mit ein paar Freunden eine Abschiedsparty für ihn geben würden.

F. Hoffentlich sind nur die Eltern damit einverstanden!

A. Aber natürlich, warum sollten ·sie es nicht?

F. Denk nur an unseren letzten Faschingsball zurück!

G. Was war denn da los?

F. Angelika hatte beschlossen, nach dem Rosenmontagsumzug in Mainz am Abend einige Klassenkameraden zum Maskenball einzuladen.

A. Aber Mutter wollte nichts davon wissen, und als ich dann Vater um Erlaubnis bat, gab es einen mächtigen Streit [2] zwischen Vater und Mutter.

G. Wieso denn das?

A. Vater meinte, daß Mutter mit uns zu streng sei. Mutter warf ihm vor, uns gegenüber allzu nachgiebig [3] zu sein, wir tanzten ihm geradezu auf der Nase herum [4].

F. Vater meinte dann, daß man doch überall Fasching feiere und sich an den Drei Tollen Tagen ruhig etwas austoben [5] könne, das sei auch einmal nötig, und er fände das ganz schön.

A. Mutter fand das aber gar nicht schön. Bei ihr in Hamburg gebe es keinen Karneval und da sei man auch sehr glücklich. Übrigens sei der ganze Zirkus überflüssig und all die Maskenbälle seien Quatsch [6].

F. Vater entgegnete ihr dann nicht ganz ungehalten [7], daß sie mal wieder nichts von Spaß verstehe.

G. Und wie endete dieser Streit?

A. Vater gelang es, Mutter davon zu überzeugen, daß sie uns die Party nicht abschlagen [8] könne und

F. und er gab uns Geld für Luftschlangen, Konfetti, Knallbonbons, Pappnasen, Masken, Narrenkappen, Niespulver, Stinkbomben, Eiswasser und andere Scherzartikel [9]. Der Abend war wirklich ganz große Klasse.

A. Ein Bombenerfolg; Nur mein Bruderherz, das vom vielen Schunkeln [10] und Grölen [11] und wilden Tanzen ins Schwitzen geraten war, hat leider etwas über den Durst getrunken.

F. Du übertreibst, ich war vielleicht etwas angeheitert [12].

A. Weder leicht angeheitert noch leicht beschwipst [12], sondern blau [12] wie ein Veilchen! Ein Glück nur, daß Mutter nichts davon gemerkt hat!

Notes

1. Que diriez-vous, si...
2. -r Streit (-e) : la dispute. streiten (itt, itt) : se disputer.
3. par trop conciliant.
4. que nous le menions par le bout du nez (tanzen est ici un subjonctif de style indirect).
5. sich aus/toben : se défouler, faire les quatre cents coups.
6. Quatsch : des fadaises.
7. un peu énervé.
8. jemandem etw. ab/schlagen : refuser quelque chose à quelqu'un.
9. farces et attrapes (serpentins, pétards, poudre à éternuer, boules puantes, fluide glacial).
10. se trémousser.
11. brailler.
12. Notez les nuances dans l'évaluation de l'état d'ébriété !

Grammaire

Style indirect

Toute la conversation des parents est rapportée au style indirect. Commencez par reconstituer ce qu'ils ont dit (« entre guillemets »), puis refaites vous-même la mise au style indirect (avec ou sans **daß**) : comparez avec le texte.

Les associations

Cinéma, télévision et automobile n'ont pas tué en RFA les innombrables associations *(-r Verein, -e)*. Tout Allemand, ou presque, fait partie au moins d'une association, et il y en a au moins une dans chaque village.

Certaines sont organisées au niveau fédéral, notamment les associations sportives, d'autres sont locales et indépendantes.

Die meisten Mitglieder dürfte wohl *der Deutsche Sportbund* mit seinen 10 Millionen Mitgliedern [1] haben. Ihm sind die verschiedensten Vereine angegliedert wie z.B. der Fußballbund [2], der Turnerbund [3], der Leichtathletikverband [4], die Schützenvereine [4] u.a.m.

Eine nicht unbedeutende Gruppe beschäftigt sich mit der Natur, wie z.B. der Naturschutzverein, die Naturfreunde, der Gartenbauverein [5], der Vogelverein oder auch der Taubenverein [6] (ganz besonders im « Revier », im Ruhrgebiet).

Selbstverständlich gibt es Gesangs- und Musikvereine, Kirchenchöre und Posaunenchöre [7], Theater- und Tanzvereine. Wo die Franzosen « pétanque » oder « boule » spielen, haben die Deutschen ihre sehr beliebten Kegelvereine [8]. Dazu noch die Billard- und Schachklubs [9], und nicht zuletzt die Skatklubs.

In Frankreich unbekannt außer vielleicht an der französischen Riviera sind Vereine wie z.B. der Karnevalsverein, die sich mit der Organisation von Veranstaltungen befassen.

Viele Vereine haben ihre Vereinslokale und ihre « Stammtische [10] » in einer Wirtschaft, wo sie sich in regelmäßigen Abständen [11] treffen. Ein rechter « Skatbruder » geht mindestens einmal pro Woche zum Skat. Und so ist es gar nicht verwunderlich, wenn einmal, zweimal oder gar öfter in der Woche der Familienvater, oder die Mutter, oder die Kinder oder auch die ganze Familie den Abend nicht zu Hause verbringen : das mag einen Franzosen verwundern, für einen Deutschen ist das aber ganz normal.

1. -s Mitglied (-er) : le membre
2. -r Bund : la fédération
3. -r Turner (-) : le gymnaste
4. -r Verband, -r Verein : l'association
5. -r Gartenbau : le jardinage
6. -e Taube (-n) : le pigeon
7. -r Posaunenchor : la fanfare

8. -r Kegel (-) : la quille (math. le cône)
9. -s Schachspiel : le jeu d'échecs
10. -r Stammtisch : la table des habitués
11. in regelmäßigen Abständen : à intervalles réguliers

Mit den Vorbereitungen für die Spiele der zwanzigsten Olympiade in München bekam auch der Volkssport einen neuen Auftrieb. Plötzlich war das Wort Trimm dich in aller Mund. Sich trimmen heißt soviel wie sich körperlich in Form bringen. Jeder der etwas für seine schlanke Linie tun will, der auf seine Gesundheit bedacht ist und der seine Knochen nicht ganz einrosten lassen möchte, ist ein Anhänger der Trimm-dich-Bewegung, d.h., daß er Gymnastik treibt, Rad fährt, Waldläufe macht oder auch zum Schwimmen geht.

Kegelverein

Kempenich, Kanzleivorsteher von Weinheim war für einige Tage nach Köln gereist und hofft nach seiner Rückkehr im Kegelverein davon erzählen zu können.

« Kegeln ist der Ausdruck bürgerlicher Gesittung [1].
Oberlehrer spielen Schach. Jungens treten Fußball. Damen kränzen Kaffee [2]...
Jeder Sport hat seinen Dreß [3]. Man reitet in Breeches, kraxelt [4] in Loden und schwimmt im Trikot. Zum Kegeln trägt man Hemdsärmel. Blütenweiße, gutgebügelte Hemdsärmel. Ab zehn Uhr ohne Kragen.
Hemdärmelig ist das Tun, hemdärmelig der Ton. Tennis spielen Herren mit und ohne Damen. Kegeln tun Männer, Männer unter sich. Kegelnde Männer schwitzen [5], haben Durst, erzählen Zoten [6]. Manchmal machen sie einen Ausflug, dann sind sie noch mehr unter sich, und die zurückbleibenden Frauen sind mißtrauisch [7].
Im Bergalten kegeln dienstags die oberen Zehntausend [8] von Weinheim. Sie bestehen aus dem Steuerinspektor [9], dem Tierarzt, dem Postverwalter, dem Apotheker und dem Herrn Enkirch, der zwar keinen Titel, aber ein gutgehendes Kolonialwarengeschäft hat und durch seine Stiftungen [10] beliebt ist. Außerdem Kempenich. Nicht weil er gut kegelt, sondern weil er kraft seines Standes dazugehört.
Diesmal hatte er sich ganz besonders aufs Kegeln gefreut.
Jetzt kann er von Köln erzählen, kann mitreden, man wird im Kreise um ihn herumstehen, ihn anhören, ausfragen, bewundern. Er wird der Mittelpunkt des Abends sein.
Als letzter kam Enkirch mit einer lebenden Gans unter dem Arm. Sie, und nicht Kempenich wurde Mittelpunkt des Abends.
Denn sie wird ausgekegelt [11]. Enkirch hat sie gestiftet. Jeder will sie erringen. Für Kempenich und sein Köln hat kein Mensch Interesse.
Kempenich ist außer sich. Er beißt sich auf die Lippen und läßt seine verhaltene Wut [12] an dem unschuldigen Kegeln aus und fegt eine Neun nach der andern weg. Und läuft zu großer Form auf und kegelt dem Postverwalter [13], der den Sieg bereits in der Tasche zu haben glaubte, die Gans vor der Nase weg.
Der Postverwalter sprach kein Wort mehr. Es ging [14] nicht um den Gänsebraten, sondern um die sportliche Ehre. Schnaubend [15] gratulierte er dem Sieger : « Sie haben Glück gehabt. »
« Das hat mit Glück nichts zu tun », sagte Kempenich, « man muß es können. »
Dann zog er mit dem weißen Vogel wie ein Lohengrin [16] nach Hause. »

Aus H. Spoerl : Wenn wir alle Engel wären
In : Heinrich Spoerl's Gesammelte Werke, R. Piper & Co Verlag, München.

Notes

1. -e Gesittung : état d'esprit.
2. Kaffee kränzen : se réunissent pour un café.
3. -r Dreß : la tenue.
4. kraxeln (famil., sud) : faire de la marche en montagne.
5. schwitzen : transpirer.
6. -e Zote : histoire salée.
7. mißtrauisch : méfiant.
8. die oberen Zehntausend : les « deux cents familles », les grosses légumes.
9. -r Steuerinspektor : l'inspecteur des impôts.
10. -e Stiftungen : ici : générosités.
11. sie wird ausgekegelt : on la joue aux boules.
12. -e verhaltene Wut : fureur rentrée.
13. läuft zu großer Form auf : retrouve la grande forme.
14. es geht um + A : il s'agit de.
15. schnaubend : essoufflé.
16. Lohengrin : le chevalier au cygne.

Les églises

Les églises jouent un rôle important en RFA. Les deux grandes confessions sont l'Église évangélique (environ 51 % des Allemands) et l'Église catholique (44 %). L'Église évangélique, *die Evangelische Kirche in Deutschland* ou EKD, est une union de vingt *Landeskirchen;* l'Église catholique, *die Katholische Kirche,* est divisée en 16 évêchés ou archevêchés *(Bistümer und Erzbistümer).*

Il n'y a pas de luttes entre les deux confessions : on utilise parfois la même église, la CDU réunit sur le plan politique catholiques et protestants, des membres influents de la social-démocratie sont chrétiens. Cette coexistence et cette compréhension remontent en partie à la lutte commune contre le nationalisme, qui ouvre maintenant la voie à l'œcuménisme.

S'il y a séparation des Églises et de l'État, l'État a cependant des devoirs envers les Églises, qui jouissent d'un statut de *Körperschaften öffentlichen Rechts.* Les papiers d'état civil des Allemands portent la mention de leur appartenance à telle ou telle confession (ne soyez pas surpris si, même pour un séjour de 15 jours, on vous demande pour un papier officiel votre appartenance religieuse). L'État prélève sur les fidèles une taxe *(Kirchensteuer)* qu'il redistribue ensuite aux églises.

Action politique :

Elle est quotidienne, diffuse et diverse sur les fidèles. Mais parfois des prises de position telles que la *Denkschrift zum geteilten Deutschland* de la EKD contribuent à ouvrir de larges débats politiques. En outre des manifestations très attendues comme le *Katholikentag* et les *Evangelische Kirchentage,* qui ont lieu tous les deux ans, - et les sessions plus fréquentes des « Académies » *(die evangelische und die katholische Akademie),* permettent des discussions et des confrontations entre les différents points de vue religieux, mais aussi sur des sujets laïques, entre savants, hommes politiques, médecins, psychologues, hommes d'église et personnalités de la vie économique.

Action humanitaire :

Des organisations telles que *das Diakonische Werk* pour l'Église évangélique et *der Deutsche Caritasverband* pour les catholiques ont une action sociale parfois plus importante que l'État. Elles entretiennent des hôpitaux, des jardins d'enfants, des maisons de jeunes, des maisons de retraite, des écoles et maisons d'éducation et de nombreux dispensaires. Au-delà des frontières, des œuvres comme *Brot für die Welt* (évang.) et *Misereor* (cath.) apportent leur aide (830 millions de DM jusqu'en 1970) aux pays en voie de développement et à des populations victimes de guerres ou de fléaux.

* Le *Kolpingwerk* catholique et la *Sozialakademie Friedwald* évangélique s'occupent spécialement des problèmes du monde ouvrier.

* En dehors des deux grandes confessions, il y a une quantité d'églises libres *(Freikirchen)* chrétiennes ou non. Seule la Communauté juive *(Jüdische Gemeinschaft)* a le même statut. Sur les 180 000 Juifs que l'Allemagne comptait encore en 1946, 160 000 environ ont émigré vers Israël. Le *Zentralrat der Juden in Deutschland* couvre actuellement 70 communautés totalisant environ 30 000 membres.

* L'enseignement religieux est officiellement inscrit dans les programmes scolaires.

Psalm 46

201   MARTIN LUTHER 1528

1. Ein fe - ste Burg ist un - ser Gott, ein gu - te Wehr und Waf - fen.
   Er hilft uns frei aus al - ler Not, die uns jetzt hat be - trof - fen.

Der alt bö - se Feind mit Ernst ers jetzt meint; groß Macht und viel List

sein grau-sam Rü-stung ist, auf Erd ist nicht seins-glei - - chen.

2. Mit unsrer Macht ist nichts getan, / wir sind gar bald verloren; / es streit' für uns der rechte Mann, / den Gott hat selbst erkoren. / Fragst du, wer der ist? / Er heißt Jesus Christ, / der Herr Zebaoth, / und ist kein andrer Gott, / das Feld muß er behalten.

3. Und wenn die Welt voll Teufel wär / und wollt uns gar verschlingen, / so fürchten wir uns nicht so sehr, / es soll uns doch gelingen. / Der Fürst dieser Welt, / wie saur er sich stellt, / tut er uns doch nicht; / das macht, er ist gericht'. / Ein Wörtlein kann ihn fällen.

4. Das Wort sie sollen lassen stahn / und kein' Dank dazu haben; / er ist bei uns wohl auf dem Plan / mit seinem Geist und Gaben. / Nehmen sie den Leib, / Gut, Ehr, Kind und Weib; / laß fahren dahin, / sie habens kein' Gewinn, / das Reich muß uns doch bleiben.

5   ADVENT   AUGSBURG 1666

1. O Heiland, reiß die Himmel auf, herab, herab vom Himmel lauf;

reiß ab vom Himmel Tor und Tür, reiß ab, wo Schloß und Riegel für.

2. O Gott, ein' Tau vom Himmel gieß, / im Tau herab, o Heiland, fließ. / Ihr Wolken, brecht und regnet aus / der König über Jakobs Haus.

3. O Erd, schlag aus, schlag aus, o Erd, / daß Berg und Tal grün alles werd. / O Erd, herfür dies Blümlein bring, / o Heiland, aus der Erden spring.

5. O Klare Sonn, du schöner Stern, / dich wollten wir anschauen gern; / o Sonn, geh auf, ohn deinen Schein / in Finsternis wir alle sein.

6. Hier leiden wir die größte Not, / vor Augen steht der ewig Tod. / Ach komm, führ uns mit starker Hand / vom Elend zu dem Vaterland.

FRIEDRICH VON SPEE, 1623

Les partis politiques

L'existence des partis politiques est inscrite dans le droit constitutionnel de la RFA par l'article 21 du GG *(Grundgesetz)*. Ils contribuent « librement et constamment à la formation de la volonté politique du peuple ». Ils ne peuvent être interdits que par le Tribunal Constitutionnel *(-s Bundesverfassungsgericht,* à Karlsruhe), dans la mesure où ils ne respecteraient pas ou se donneraient pour but, avoué ou non, de renverser les règles de l'ordre démocratique fixées par la Loi Fondamentale : ils seraient alors « *verfassungswidrig* ». Cela a été le cas pour la SRP *(Sozialistische Reichspartei)* dont l'héritière, la NDP *(Nationaldemokratische Partei Deutschlands),* a pu, par quelques succès, faire craindre, en RFA et à l'étranger, un renouveau du nazisme. De même la KPD *(Kommunistische Partei Deutschlands)* a été interdite le 17-8-1956. La DKP *(Deutsche Kommunistische Partei)* fondée en 1968 ne trouve que peu d'écho.

∗ **Les grands partis,** qui réunissent environ 90 % des voix, sont :
- la SPD *(Sozialdemokratische Partei Deutschlands)* ;
- la CDU *(Christlich-Demokratische Union)* ;
- la CSU *(Christlich-Soziale Union),* équivalent bavarois de la CDU ;
- la FDP *(Freie Demokratische Partei).*

En 1973, on a craint que la FDP, laminée entre les blocs social-démocrate et chrétien, ne puisse franchir l'obstacle des 5 % *(die Fünf-Prozent-Klausel :* pour être représenté au Parlement, un parti doit obtenir plus de 5 % des suffrages exprimés ou au moins trois mandats directs. Voir ci-contre le mode de scrutin).

Après la guerre, les partis de l'Union (CDU/CSU) avaient une large majorité. La progression lente mais régulière de la SPD a conduit, pour la formation du gouvernement, d'abord à une petite coalition *(Kleine Koalition)* de la CDU/CSU avec la FDP, puis à une grande coalition CDU/CSU + SPD (la FDP restait seule dans l'opposition). L'élection en 1969 de Gustav Heinemann, social-démocrate, comme Président fédéral, avec l'appui des parlementaires FDP, annonça la formation de la coalition dite *Sozialliberale Koalition* (SPD + FDP) avec Willy Brandt et Walter Scheel, qui rejeta pour la première fois la CDU/CSU dans l'opposition.

∗ Un parti doit avoir un programme *(-s Programm)* et un statut *(-e Satzung)* officiels, un Comité directeur *(-r Vorstand)* d'au moins 3 membres. Il se réunit en Congrès *(-r Parteitag).* Il doit faire connaître publiquement l'origine de ses fonds. Les frais de campagne électorale lui sont remboursés par l'État à raison de 2,50 DM par voix obtenue. S'il est représenté au Parlement Fédéral (ou au Landtag) par un nombre minimal (variable) de députés, il constitue un groupe parlementaire *(eine Fraktion),* dont le président s'appelle *der Fraktionsvorsitzende.*

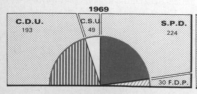

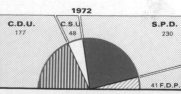

Sie haben 2 Stimmen

nombre de voix	PARTI X	PARTI Y	PARTI Z
:1	10 000 1ᴱᴿ	8000 2ᴱ	3000 6ᴱ
:2	5000 3ᴱ	4000 4ᴱ	1500 13ᴱ
:3	3333 5ᴱ	2666 7ᴱ	1000
:4	2500 8ᴱ	2000 9ᴱ	750
:5	2000 10ᴱ	1600 12ᴱ	600
:6	1666 11ᴱ	1333 15ᴱ	500
:7	1428 14ᴱ	1142	428
	sept sièges	six sièges	deux sièges

La justice électorale est assurée par un système de double vote. Chaque électeur dispose de deux voix. La première va à un candidat figurant sur la liste officielle déposée dans chaque circonscription électorale (vote nominal). Le candidat qui recueille le plus grand nombre de suffrages (mais non forcément la majorité absolue), est élu par mandat direct *(Direktmandat)*. La moitié des députés au Bundestag, soit 248, sont élus ainsi.

L'autre moitié est élue selon un mode de scrutin dérivé du système proportionnel : la deuxième voix *(Zweitstimme)* va à l'un des partis qui ont déposé une liste dans le Land de la circonscription. Le nombre de ces candidats élus sur chacune de ces listes est calculé selon le procédé dit de Hondt, du nom de son promoteur belge. Prenons un exemple simplifié : Le parti X obtient 10 000 voix et voit élire son premier de liste. On divise alors son nombre de voix par deux : 5 000 est inférieur au nombre de voix (8 000) du parti Y, qui obtient donc un mandat et voit son score lui aussi divisé par deux. On a alors : X = 5 000 Y = 4 000 Z = 3 000. Le parti X obtient donc un second mandat. Son nombre de voix initial est maintenant divisé par 3, soit 3 333. C'est alors Y, avec 4 000 voix, qui obtient le mandat suivant... et l'on continue ainsi jusqu'à attribution de tous les sièges.

* Les campagnes électorales sont souvent très animées. Des écrivains en renom (Günter Grass et Heinrich Böll pour la SPD) y font entendre leur voix, ainsi que de nombreuses personnalités. Des Comités locaux *(Bürgerinitiativen)* se créent plus ou moins spontanément pour défendre tel ou tel parti. Les syndicats ne restent pas inactifs. Bref, le jeu démocratique n'est pas un vain mot.

Wie man ein überzeugender Parteiredner wird

* Um ein guter Wahlredner zu werden, müssen bestimmte Richtlinien [1] genauestens befolgt werden :

* Es ist völlig unwichtig, welches Programm ein Wahlredner darzulegen gedenkt [2] oder welcher Partei er angehört.

* Ausschlaggebend ist allein das Wie.

* Wie er redet - nicht was.

* Wie er denkt - nicht, was oder ob er denkt. Ein Wahlredner darf vor allem nicht in den (wenn auch seltenen) Fehler verfallen [3] erst zu überlegen und dann zu reden. (Er denke an die Bibel : Zuerst war das Wort.)

* Er muß sich davor hüten [4], auszusagen - sagen genügt.

* Der Stimmaufwand muß höher sein als der Gehalt.

* Eine unklare Ausdrucksweise [5] ist einer klaren unbedingt vorzuziehen.

Gehört der Redner einer Regierungspartei
an, erkläre er mit der jeweils wirkungsvollen
Betonung:

„Was haben wir doch in dieser Zeit alles
geleistet!"
*Selbst, wenn er denkt: Jedenfalls haben wir
unser Schäfchen ins Trockene gebracht!*

„Und ich bin der festen Überzeugung..."
– ... so fest ist sie zwar auch wieder nicht –

Als Vertreter einer Oppositionspartei kann
der Redner folgende publikumswirksamen
Sätze benutzen:

„Was haben diese Herren denn schließlich
in dieser Zeit geleistet?"
*Er mag getrost denken: Wenn wir nur auch
einmal diese Möglichkeit hätten!*

„Ich persönlich bin davon überzeugt ..."
– ... das heißt: meine Fraktion –

* Ein Redner muß Dinge versprechen [6] können, die seine Partei nicht halten kann. Ein guter Redner muß sie so versprechen können, daß seine Zuhörer nicht merken, daß seine Partei sie nicht halten [7] kann.

* Falls es zu einer Diskussion kommt, sollte der Redner den Fragenden nicht durch neue Formulierungen verwirren, sondern geeignete Stellen aus der vorangegangenen Rede zitieren.

Notes

1. Anweisung (-e), Direktive (-e).
2. vor haben, wollen.
3. in einen Fehler verfallen : einen Fehler machen (begehen).
4. sich vor etwas hüten : vermeiden.
5. Ausdrucksweise (-e) : langage, élocution.
6. versprechen, zu/sagen : promettre.
7. ein Versprechen halten : tenir une promesse.

„daß in kürzester Zeit..."
– ... *drei bis vier Jahre wird es schon noch dauern* –

„sich alles grundlegend geändert hat!"
– ... *hoffentlich nicht gar zu grundlegend*

„ ... daß die Regierung niemals, nein niemals ..."
– ... *hoffentlich nicht bis zur Wahl* –

„dieses Problem meistern wird!"
– ... *ob wir's wohl schaffen?* –

Les souvenirs

On aime bien, lorsqu'on va à l'étranger, rapporter quelques souvenirs. On a tendance aussi à acheter tel article dont on se dit qu'on le paierait plus cher chez soi : la douane d'ailleurs ne prélève pas de droits sur des objets personnels achetés en Allemagne, jusqu'à une certaine valeur (cf. MAJ).

Les souvenirs

Il n'est pas facile ici de donner des conseils, sinon de rechercher des objets typiques de la région où l'on était. Toutefois on ne peut guère revenir d'Allemagne sans quelques cigares, ou sans une bouteille d'alcool si l'on était par exemple en Forêt Noire. Les objets en bois sculpté offrent aussi des possibilités. Mais surtout méfiez-vous du « Kitsch », c'est-à-dire de tous ces souvenirs clinquants.

Achats plus importants

Première règle : ne pas se laisser entraîner ! Le Marché Commun *(-r gemeinsame Markt)* tend à niveler les prix. Et il serait assez ridicule d'acheter en Allemagne une caméra japonaise (... Sauf si l'on en connaît exactement le prix en France, ou en Belgique, et qu'il est plus élevé).

D'une façon générale, on peut dire avec prudence que la nourriture, l'habillement et les articles ménagers, ainsi que l'appareillage électrique, sont souvent moins chers. Mais répétons-le, il faut faire soi-même les comparaisons, et ne pas se tromper dans le taux du change...

Si vous achetez un objet de quelque valeur, vous pourrez généralement faire déduire du prix le montant de la TVA allemande (*-e Mehrwertsteuer* = MWSt), vous aurez alors à payer en rentrant la TVA française. De toute façon, conservez soigneusement la facture *(-e Quittung)*.

Les souvenirs que vous laissez

Si vous étiez dans une famille allemande, vous avez sans doute pensé à apporter, à votre arrivée, quelques menus cadeaux (les parfums français sont toujours très appréciés..., le café est très cher en RFA... un disque à la mode, mais français, est une bonne idée...). En repartant, vous feriez sûrement plaisir en offrant aux gens chez qui vous étiez, et que maintenant vous connaissez mieux, un de ces petits riens qui entretiennent l'amitié : c'est le geste qui compte, il faut l'avoir !

Die Qual der Wahl

V. Guten Morgen!

G. ... morgen

V. Bitte sehr, womit kann ich Sie bedienen?

G. Ich hätte gerne eine Kiste[1] Zigarren.

V. Ja, gerne...,
Die Handelsgoldina sind sehr mild. Zu ihrer Herstellung[2] werden nur die erlesensten[3] Tabake verwendet, sie können einmal riechen.

G. Ich rauche keine Zigarren, ich möchte die für meinen Vater, der ist ein leidenschaftlicher Raucher. Und die anderen hier?

V. Die Brasiliana sind auch hervorragend[4], wirklich etwas für Zigarrenamateure. Sie haben ein kräftiges, schweres Aroma.

G. Welche Marke würden Sie mir empfehlen?

V. Ich kann Ihnen eigentlich nur zu beiden raten[5], das ist nämlich Geschmacksache. Handelsgoldina ist unsere meistverkaufte Zigarre. - Name bürgt für Qualität.

G. Dann nehme ich also die... Handelsgoldina.

V. Soll ich Ihnen den Karton als Geschenk verpacken?

G. Ja bitte, und dann geben Sie mir noch ein Paket Pfeifentabak, Feinschnitt.

V. Haben Sie Ihre spezielle Marke?

G. Ja, Kapitän Seeteufel... und da fällt mir auch noch ein[6], ich wollte drei fünfundzwanziger Packungen Zigarillos.

V. Welche Sorte darf's sein?

G. Herzchen bitte- packen Sie die bitte extra[7], die sind für eine Freundin.

Notes

1. -e Kiste : (une caisse), un coffret.
Les cigares peuvent se vendre à la pièce ; le prix que l'on vous indique est le prix d'**un** cigare.
-e Packung (-en) désigne une présentation en paquet de papier, -e Schachtel (-n), un paquet cartonné : on dit une Packung Gauloises mais une Schachtel Gitanes.

2. - e Herstellung : la fabrication.

3. erlesen : sélectionné.

4. hervorragend : excellent.

5. raten (ie, a, ä) : conseiller.

6. mir fällt ein... : j'y pense, il me vient à l'esprit...

7. extra packen (verpacken) : empaqueter à part.

N.B. Les marques indiquées dans ce texte sont imaginaires.

Grammaire

Zu ihrer Herstellung : **zu** et **um... zu** + inf.
Pour faire l'économie d'une proposition, l'Allemand emploie souvent au lieu de **um... zu** une forme nominale introduite par **zu**, soit le substantif dérivé du verbe, soit l'infinitif lui-même substantivé : **Zum Tanzen** braucht man eine Partnerin (einen Partner).

Ce zum + Infinitif tend même à remplacer le simple zu + infinitif ; voire l'infinitif sans zu :
Jetzt gehen wir zum Essen : maintenant, allons déjeuner.
Ich habe nichts zum Lesen : je n'ai rien à lire.

Kleine Geschenke erhalten die Freundschaft.

Dans les magasins

Peut-être irez-vous, pour acheter vos " souvenirs ", faire un tour dans un grand magasin. Faisons le tour des rayons :

-e Herren-, Damen-, Kinder-Abteilung : rayon hommes, dames, enfants
Wäscheabteilung : lingerie
Kurzwaren : mercerie
Stoffe, Gardinen étoffes, rideaux
Dekorationsstoffe : tissus d'ameublement
Teppiche : tapis
Möbel : meubles
Haushaltsmaschinen : appareils ménagers
Haushaltswaren : ustensiles de cuisine
Reinigungsmittel : produits d'entretien
Farben und Tapeten : peintures et papiers peints
Bastelzubehör : (accessoires de) bricolage
Werkzeuge : outils

Autozubehör : accessoires auto
Rundfunk- und Fernsehabteilung : radio et télévision
Schallplatten : disques
Bücher und Zeitschriften : librairie
Schreibwaren und Bürozubehör : papeterie et accessoires de bureau
Photoartikel : articles photo
Uhren und Schmuck : horlogerie, bijouterie
Geschenkboutique : boutique cadeaux
Reiseartikel : articles de voyage
Spielwaren : jouets
Rauchwaren : articles pour fumeurs
Kosmetikabteilung : produits de beauté
Lebensmittel : alimentation
Schnellimbiß : snack

✻ Faisons un arrêt au rayon habillement : *Kleidung. Wäsche. Unterwäsche*

Damen
-s Kleid (-er) : robe
-s Kostüm (-e) : tailleur
-r Rock ("e) : jupe
-e Bluse (-n) : chemisier
-r Pullover (-) : pull-over
-r Unterrock ("e) : combinaison
-r BH (Büstenhalter) : soutien-gorge
-r Slip (s), -r Schlüpfer (-) : slip
-e Strümpfe (-) : bas
-e Strumpfhose (-n) : collant
-r Reißverschluß ("sse) : fermeture éclair

Herren
-r Anzug ("e) : costume
-e Jacke, -r Sakko (-s) : veste
-e Hose (-n) : pantalon
-s Hemd (-en) : chemise
-e Weste (-n) : gilet
-s Unterhemd : (-en), -s Leibchen (-) maillot de corps
-r Hosenträger (-) : bretelles
-r Gürtel (-) : ceinture
-e Socken : soquettes
-r Manschettenknopf ("e) : boutons de manchettes
-r Knopf ("e) : bouton

N.B. En principe, les tailles allemandes suivent maintenant les normes européennes. Il vaut mieux toutefois vérifier, il arrive qu'un 42 allemand soit un 44 français...

Im Kaufhaus

Germain will, bevor er heimfährt, noch ein paar Kleidungsstücke kaufen und geht daher in ein großes Kaufhaus. Dort wendet er sich gleich an die Hostesse.

G. Entschuldigen Sie bitte, wo ist hier die Herrenabteilung [1].

H. Herrenbekleidung finden Sie im 3. Stock. Die Rolltreppe ist gleich hier links zwischen der Kosmetik- und der Geschenkartikelabteilung, der Aufzug dort hinten bei der Runfunk- und Fernsehabteilung.

G. Vielen Dank.

Germain fährt mit der Rolltreppe an der Damen und Kinderabteilung, der Bastelecke [2] und der Teenager-boutique vorbei in den 3. Stock.

V. Womit kann ich Ihnen dienen?

G. Ich möchte gerne einen Anzug, einen leichten, grauen.

V. Welche Größe [3] brauchen Sie?

G. Ich glaube Größe 42, ich bin mir aber nicht ganz sicher.

V. Das haben wir gleich, ich werde schnell den Bund [4] messen. Ja, Größe 42 dürfte passen. Soll er hell- oder dunkelgrau sein?

G. Hellgrau...

V. Wie gefällt Ihnen dieser hier?

G. Nicht schlecht.

V. Das ist ein ganz moderner Anzug, der letzte Schrei, und der Stoff ist unverwüstlich [5].

G. Ist die Hose auch bügelfrei [6]?

V. Natürlich, das ist ein Trevirastoff, der braucht keinerlei Pflege [7].

G. Hätten Sie sonst noch etwas in meiner Größe?

V. Ja, dieser karierte Kammgarnanzug [8].

G. Der graue gefällt mir aber besser, kann ich ihn einmal anprobieren?

V. Ja, dort in der Umkleidekabine, bitte...

G. Der paßt mir angegossen [9], nur die Hose ist vielleicht etwas zu lang.

V. Die Hosen trägt man augenblicklich sowieso bis über die Schuhe, ich würde sie nicht kürzer machen.

G. Ja, lassen wir's so.

V. Sie haben wirklich einen guten Kauf gemacht, diese englischen Anzüge sind wirklich das beste, was wir führen.

G. Oh je, und ich wollte doch einen deutschen Anzug!

V. Das ist eben die EWG. Wollen sie den Anzug jetzt nicht mehr?

G. Doch, doch.

V. Dann zahlen Sie bitte dort an Kasse 5, ich bringe Ihnen dann den Anzug verpackt.

Notes

1. -e Abteilung : le rayon.
2. -e Bastelecke : le coin du bricolage. basteln : bricoler.
3. -e Größe : la taille (la pointure).
4. -r Bund : ceinture, tour de taille.
5. unverwüstlich : indestructible.
6. bügelfrei : sans repassage.
7. -e Pflege : soin, entretien.
8. -s Kammgarn : peigné (tissu).
9. wie angegossen : comme un gant.

Grammaire

Bevor er heim **fährt** : avant de rentrer chez lui.

1. Après bevor et nachdem, on ne peut pas mettre un infinitif, il faut un verbe conjugué avec un sujet.
2. Ce verbe est à l'indicatif, et non pas au subjonctif comme en français.

Une « Party »

Les jeunes Allemands ne sont pas des élèves modèles qui passent leurs loisirs à travailler *(büffeln, pauken)*. Les bûcheurs *(Streber)* sont une minorité. On aime s'amuser, aller au cinéma, aller danser. On retrouve des amis chez soi ou chez eux, dans une boîte (par ex. une *Jazzkeller,* prononcer « tchess »), dans un club... et les idylles sont fréquentes ; souvent toute la classe le sait : *Franz und Christine poussieren (miteinander).*

La danse

Les danses sont les mêmes qu'en France, mais en Allemagne fédérale, on les apprend. La coutume veut en effet que tous les élèves d'une classe aillent ensemble prendre des leçons de danse et apprennent non seulement les danses classiques *(der Walzer, der Tango...)* et modernes, mais aussi les bonnes manières *(der Anstand).*

Où danser

Les dancings *(das Tanzlokal)* ont soit un orchestre *(eine Kapelle)*, mais alors ils sont chers, soit un Disc-Jockey qui compose *(gestaltet)* le programme. On y entend bien sûr tous les « tubes » de la saison *(Hits, Schlager)* révélés par des hits-parades.

Dans les villes universitaires, il y a des *Studentenlokale* aux noms souvent anglais (Lords Inn, White Horse, Lord Metternich...), ouverts le mercredi, le samedi et le dimanche. Les Universités elles-mêmes ont leur bal en début ou en fin de semestre. Pendant le semestre, chaque Institut d'Université organise sa fête *(das Institutsfest)* où se retrouvent étudiants et professeurs (sauf en périodes de troubles !).

Mais très souvent les jeunes organisent eux-mêmes leurs réjouissances *(man gibt eine Party)* : il y a les *Gartenpartys, les Kellerpartys, Geburtstagspartys, Silvesterpartys, Abschiedspartys,* etc.

Mini-lexique ✳ ✳ ✳ ✳ ✳ ✳ ✳ ✳ ✳ ✳ ✳ ✳ ✳ ✳ ✳ ✳ ✳ ✳

-e Platte (-n) (Schallplatte) : le disque
-e Langspielplatte : le 33 tours
-r Plattenspieler : l'électrophone
eine Platte auf/legen : mettre un disque
-s Tonbandgerät (-e) : le magnétophone

-s Tonband ("er) : bande magnétique
-e Kassette (-n) : la cassette
Eine Tonbandaufnahme machen : faire un enregistrement
ins Mikrophon sprechen : parler au micro

GETRÄNKE : LES BOISSONS

-r Schaumwein : vin mousseux
-r Sekt : vin champagnisé
-r Champagner : Champagne
-s Milchmixgetränk : milk-shake
-r Eiskaffee : café liégeois
-e Eisschokolade : chocolat liégeois
-r Cocktail : cocktail
-r kurze Drink : short drink (« sec »)
-r lange Drink : long drink
-r Punsch : punch
-r Rum : Rhum
-r Glühwein : vin chaud
-e Bowle : mélange de vin, champagne, et fruits

-r Branntwein, -r Schnaps eau-de-vie
-r Enzian : eau-de-vie de gentiane
-r Wachholder : eau-de-vie de genièvre
-r Korn : eau-de-vie de grain
-r Kirsch (branntwein) : kirsch
-r Quetsch (branntwein) : quetsche
-r Weinbrand : eau-de-vie de vin
-r Kirschlikör : liqueur de cerises
-r Eierlikör : liqueur aux œufs
-r Blonde Engel : mélange de limonade et de Eierlikör
Pils mit Sekt : mélange de bière et de champagne

Abschiedsparty

Angelika - Franz, mach bitte auf, ich glaube, es hat geklingelt, das sind bestimmt die letzten Nachzügler [1].

Franz - Guten Abend Christine, wie geht's?

Christine - Danke gut und dir?

F. Danke, Angelika wartet schon seit einer halben Stunde auf dich.

A. Hallo, Christine, da bist du ja endlich, Franz hat schon geglaubt, du kämst nicht mehr.

F. Du mußt hier noch ein bißchen mehr Leben in die Bude [2] bringen. Manche sind noch etwas zu schüchtern [3]. Germain hingegen ist in ganz großer Form.

C. Menschenskind, das bißchen werden wir doch schon schaukeln [4]! Wo ist er denn, mit dem werde ich gleich einen Rock [5] hinlegen, daß er noch nach seiner Rückkehr sich daran erinnert.

A. Der muß dahinten irgendwo sein, er läßt keinen Tanz aus, der reinste Parkettlöwe [6] ist das heute.

F. Der Tango ist gleich vorbei, mit etwas Glück kannst du ihn dann zum nächsten Tanz auffordern [7].

A. Sag ihm aber gleich, daß er den nächsten für mich reservieren soll.

C. Grüß dich, Germain!

G. Hallo, Christine, das ist aber dufte, daß du noch gekommen bist, ich fing schon an, mich zu langweilen.

C. So sah das aber eben gerade nicht aus.

G. Du hättest mal das Mauerblümchen [8] sehen müssen, mit dem ich eben tanzte; strack wie ein Besen ist die.

C. Wie wärs, wenn wir das Tanzbein schwingen [9] würden?

G. Gern!

A. Darf ich dich um den nächsten Tanz bitten?

G. Ich bin jetzt ganz naß geschwitzt.

A. Das ist ja auch kein Wunder; bei dieser Hitze bist du noch bis zum Kragen zugeknöpft, zieh doch wenigstens deinen Kulturstrick [10] aus.

G. Das kann ich nicht, das schickt sich doch nicht [11].

A. Ich hätte nie gedacht, daß du ein solcher Snob seist.

G. Oh du kleines Biest, wenn du nicht gleich aufhörst, dann kannst du mit Franz tanzen.

A. Der ist für uns heute nicht mehr da, sieh doch nur wie hingebungsvoll und eng umschlossen er mit Christine tanzt!

G. Komm, du süßer Fratz, genießen wir diesen Abend; morgen um diese Zeit, bin ich leider schon zu Hause.

A. Du darfst mir nicht böse sein, was ich eben gesagt habe, war natürlich nicht ernst gemeint. Du verzeihst mir, ja?

G. Natürlich, das war ja nur Spaß. Schwamm drüber [12]!

F. Ja, ja, da sieht man's wieder, was sich liebt, das neckt [13] sich.

Notes

1. -r Nachzügler (-) : le retardataire.
2. -e Bude (-n) : la boutique, la « piaule ».
3. schüchtern : timide.
4. ... schaukeln : on y arrivera bien (à mettre de l'ambiance).
5. -r Rock : rock and roll.
6. -r Parkettlöwe (-n) : un vrai lion, on ne voit que lui en piste.
7. -n zum Tanz auf/fordern : inviter quelqu'un à danser.
(On invite en disant : « Darf ich bitten ? »)
8. Fille qui fait « tapisserie ».
9. Familier pour : danser.
10. Familier pour : Schlips, Krawatte.
11. Cela ne se fait pas.
12. N'en parlons plus (passons l'éponge).
13. necken taquiner.

La lettre de remerciements

Liebe Familie Müller!

Paris, den 20. September 197.

Ich hatte eine gute Reise und bin bestens hier in Paris angekommen. Meine Eltern holten mich am Bahnhof ab und fanden, daß ich mich sehr gut erholt [1] hätte [a].

Sie waren ganz überrascht zu hören, was ich so alles gesehen hatte, und ich mußte ihnen vieles bis ins kleinste Detail schildern [2].

Es vergingen einige Tage, bis ich mich wieder an unsere französischen Sitten gewöhnt hatte [3]. Das Kaffeetrinken um 4 Uhr vermisse [4] ich heute noch. Meine Mutter meinte, Sie hätten mich sicher zuviel verwöhnt [5].

Ich möchte Ihnen nochmals für Ihre Gastfreundschaft und für all das, was Sie für mich getan haben, ganz herzlich danken. Mein Deutschlehrer fand, daß ich große Fortschritte im Deutschen gemacht hätte [a]. Mein Vater hat mir erlaubt, im nächsten Jahre wieder nach Deutschland zu kommen, und ich wäre sehr froh, wenn ich wieder bei Ihnen sein dürfte und Sie damit einverstanden wären.

Wir würden uns alle hier sehr freuen, wenn Franz und Angelika in den nächsten Ferien zu uns kommen könnten [b].

Mit vielen herzlichen Grüßen,
Ihr Germain

P.-S. Die Weihnachtsferien beginnen bei uns am 22. Dezember. Wenn Franz und Angelika dann kommen wollen, sollten sie gleich schreiben.

Notes

1. sich erholen : se remettre, se reposer. A quelqu'un qui sort de clinique ou qui part en vacances, on peut dire : « Gute Erholung ! »
2. schildern : décrire.
3. sich gewöhnen (an + D) : s'habituer.

Ich bin daran gewöhnt = ich bin es gewohnt. Ich kann mir das Rauchen nicht abgewöhnen.
4. ich vermisse es : cela me manque.
5. verwöhnen : gâter (donner de mauvaises habitudes).

Grammaire

a. Le style indirect

C'est l'opinion des parents qui est rapportée, en principe au subjonctif I. Mais certaines formes, qui ne se distinguent pas de l'indicatif, sont remplacées par des subjonctifs II. On aboutit à une sorte de conjugaison du style indirect. Par exemple pour le verbe **haben** :

ich (habe) hätte   wir (haben) hätten
du habest   ihr habet
er habe   sie (haben) hätten

b. La phrase conditionnelle

Notez bien les trois types :

1. Wenn Du kommst, werde ich mich freuen.
2. Wenn Du kämest, würde ich mich freuen.
3. Wenn Du gekommen wärest, hätte ich mich gefreut.

Le conditionnel **würde** + infinitif se remplace par le subjonctif II, souvent pour les verbes forts, pratiquement toujours pour les auxiliaires :

on dira : **ich käme** ou **ich würde kommen**
ich wäre et non ich würde sein
ich könnte et non ich würde können.

Ferien-Abschieds-Feuer

Travail en Allemagne

Travail temporaire : le « job »

Si les vacances sont là pour se reposer, on peut néanmoins, pour se les offrir, chercher un travail pour un mois par exemple : on a en même temps l'avantage supplémentaire d'être en contact direct avec les Allemands dans leur vie quotidienne, et de comprendre le pays de l'intérieur, et non plus en touriste. Comme les jeunes Allemands, étudiants ou lycéens, sont de plus en plus nombreux à chercher eux aussi des « jobs », il est recommandé d'écrire *très* tôt.

D'une façon générale, on écrira à la *Zentralstelle für Arbeitsvermittlung* ou aux *Arbeitsämter* de la région choisie (voir **A.U.**, p. 186) en précisant les dates souhaitées ainsi que les préférences en ce qui concerne l'emploi. Indiquer également les études ou circonstances particulières qui pourraient vous rendre plus apte à tel ou tel genre de travail.

Quelques suggestions

Les emplois les mieux rémunérés se trouvent dans le bâtiment (jusqu'à 10 DM/heure), mais ils ne sont pas de tout repos. La poste est très recherchée (jusqu'à 1000 DM par mois) : tri, chèques postaux, téléphone. Ce travail intéresse jeunes gens et jeunes filles surtout de 16 à 18 ans. On peut se renseigner sur place auprès de n'importe quel bureau de poste. En principe, d'ailleurs, il vaut mieux partir avec un petit pécule et voir sur place les annonces des journaux locaux et les pancartes *Aushilfskräfte gesucht*. Les magasins, grands magasins, offrent environ 700 DM par mois pour des emplois de manutention, de liftier, d'emballeur. Les emplois de livreur et chauffeur sont en principe réservés aux étudiants. Mentionnons encore : laveur de voitures, pompiste, aide-jardinier, hôtesse d'accueil, vendeur, vendeuse, démonstrateur, démonstratrice dans les expositions et les foires. Tout cela demande en fait pas mal d'esprit d'initiative... et un peu de goût de l'aventure.

Pour les jeunes filles, la Croix-Rouge Allemande forme en 28 jours des aides-infirmières : avoir plus de 18 ans, s'adresser directement aux hôpitaux. La rémunération est modique pendant le premier stage (150 DM), mais plus intéressante par la suite.

Séjour au pair

Il faut s'informer sérieusement avant d'accepter un poste au pair *(eine Aupairstelle)*, on risque sinon d'être isolée et utilisée comme bonne. On peut par contre trouver de très bonnes places où l'on est comme la fille de la famille. Voir **A.U.**, p. 176.

Assurance

L'employeur est tenu d'assurer contre les accidents même les travailleurs temporaires : vérifier qu'il en est bien ainsi et que cela figure dans le contrat, sinon le faire ajouter. De même, n'accepter une place de chauffeur qu'avec une assurance tous risques *(Vollkasko)*.

Impôts

Les impôts sont retenus à la source. Un salaire de moins de 800 DM par mois n'est pas imposable. Au-dessus, demander la *Lohnsteuerausgleich* (déduction).

Séjour de travail de plus de trois mois

Pour séjourner plus de 3 mois en Allemagne Fédérale, il faut d'abord une carte d'identité ou un passeport en cours de validité. Il faut ensuite obtenir sur place une autorisation de séjour *(Aufenthaltserlaubnis)* auprès de l'autorité compétente *(Auslandsbehörde = préfecture ou mairie)*. Il faut pour cela présenter les pièces suivantes :

1. *Antrag auf Erteilung der Aufenthaltserlaubnis* (formulaire de demande, à remplir).
2. Passeport ou Carte d'identité à jour.
3. Éventuellement extrait de casier judiciaire.
4. Contrat de travail, engagement ou offre d'emploi.
5. Pour les étudiants, inscription en Faculté et *Nachweis über die Mittel zur Lebensführung* (engagement des parents, d'un tuteur ou d'un correspondant français d'assurer les moyens de subsistance, ou relevé de compte bancaire ou postal témoignant de la solvabilité ou de ressources régulières).
6. Pouvoir prouver éventuellement que l'on a trouvé un logement salubre et correspondant à la situation familiale.

N.B. Les enfants de moins de 16 ans n'ont pas besoin d'autorisation de séjour (ils ont par contre l'obligation scolaire. Voir **A.U.** Écoles françaises).

Déclaration de domicile

Comme les citoyens de la RFA, les étrangers qui s'installent dans le pays doivent s'acquitter de cette « Meldepflicht ». S'adresser au *Einwohnermeldeamt* à la mairie, remplir le formulaire et le faire signer par le logeur *(der Wohnungsgeber)*. Cette formalité doit s'accomplir dans la semaine qui suit l'installation (de même en cas de changement de domicile).

Autorisation de travail

Les ressortissants d'un État membre du Marché Commun n'ont pas besoin d'autorisation de travail.

* Il est recommandé à toute personne partant travailler en Allemagne de se procurer auprès de l'Ambassade de la RFA ou auprès des Consulats (voir **A.U.**, p. 168) la notice officielle (en allemand !) *Merkblatt Bundesrepublik Deutschland für Wanderarbeitnehmer und Rückwanderer,* éditée par le Bundesverwaltungsamt, D 5, Köln, Habsburgerring 9, Postfach 108008, tél. (02-21) 23-38-21.

* Il est également recommandé de prendre contact sur place avec les Associations de Français de la région (se renseigner auprès des consulats, des Instituts français ou des Syndicats d'initiative).

Voiture personnelle

Pour un séjour de moins d'un an, justifié par des études supérieures ou par un contrat de travail établi sur la base d'accords internationaux, l'utilisation d'un véhicule immatriculé à l'étranger est permise sans droits de douane et sans impôt. Au-delà, le véhicule doit être déclaré auprès du *Straßenverkehrsamt* pour nouvelle immatriculation *(die Zulassung - der Zulassungsschein = la carte grise)* et son propriétaire doit demander le permis de conduire allemand *(der Führerschein)*.

Les vacances scolaires

	déc.	janv.	fév.	mars	avril	mai-	juin	juil.	août	sept.	oct.	nov.	déc.	janv.
														1975
BADEN-WÜRTTEMBERG	23	11		22	7	17 20	3		16		27 30	22		10
BAYERN	23	11		24	5	20 31		24		10	31	22		9
BERLIN	23	6		10		17 20	26		9		27 3	24		7
BREMEN	23	7		10	1	? 20	26		9	6 11		22		5
HAMBURG	23	4		10		?	23		2	29	18	22		3
HESSEN	23	8		17	8	17 20	19		2		?	22		8
NIEDERSACHSEN	21	6		12		17 20	26		6	29	11	22		6
NORDRHEIN-WESTFALEN	23	6		24	2	17 20		17		30	20 25	22		7
RHEINLAND-PFALZ	23	6		12	2	17 20 16		28		6 14		22		6
SAARLAND	23	6		17	1	?	16		30	6 11		22		6
SCHLESWIG-HOLSTEIN	23	7		17	7	17 20	19		2	6 11		22		6
														1976
BADEN-WÜRTTEMBERG	22	10		10	26	5 8	1		14		27 30	23		
BAYERN	22	9		12	24	8	29	29		15		2	23	
BERLIN	24	7		29	20	5 8 14		7		25 1		24		
BREMEN	22	5		29	20	? 8 14		7		11 16		22		
HAMBURG	22	3		15	27	?	21		31		?		?	
HESSEN	22	8		5		27 ?	17		31		?	24		
NIEDERSACHSEN	22	6		31	20	5 8 24		4		4 16		22		
NORDRHEIN-WESTFALEN	22	7		5	24	8	15		28	8 23		23		
RHEINLAND-PFALZ	22	6		12	30	5 8	29		8	25 30		23		
SAARLAND	22	6		12	30	5 10	29		11	2 6		23		
SCHLESWIG-HOLSTEIN	22	6		3	24	5 18		2		4 9		23		
														1977
BADEN-WÜRTTEMBERG	23	11		2	18	28 31 23		6		26 29		23		11
BAYERN	23	8		4	16	31 11	28		14	31 2		23		7
BERLIN	24 1 31	13		7 12	28 31 16		30		27 2		23	31		
BREMEN	22	5		31	2	? 31 16		30		10 15		23		7
HAMBURG	?			?		?	1		10		?		?	
HESSEN	24	8		4	26	28 31	28		10		?	24		7
NIEDERSACHSEN	22	5		23	2	28 31 16		27		3 15		23		7
NORDRHEIN-WESTFALEN	23	8		28	16	28 31	27		20	17 22		21		6
RHEINLAND-PFALZ	23	6		4	23	28 31	21		31	26 31		23		7
SAARLAND	23	8		4	23	28	21		3	31 5		23		7
SCHLESWIG-HOLSTEIN	23	6		26	16	28 31	28		10	24 21		24		
														1978
BADEN-WÜRTTEMBERG	23	11		18	1	13 16	15		29		26 30	23		13
BAYERN	23	7		20	1	16 27		27		13	30 2	22		8
BERLIN	23 31 30	18	23	28	13 16		27		9	30 4		23		3
BREMEN	23	7		22	8	16 23		27		9 14		24		8
HAMBURG	?			?		?		24		2		?		?
HESSEN	24	7		20	11	6 9		20		2		?	25	11
NIEDERSACHSEN	23	7		20	5	13 20		27		6	9 16		22	6
NORDRHEIN-WESTFALEN	23	6		13	1	13 16	29		12	9 14		22		8
RHEINLAND-PFALZ	23	7		20	8	13 16	23		23	25 31		23		6
SAARLAND	23	7		20	8	?	23		26	30 4		23		6
SCHLESWIG-HOLSTEIN	24	7		20	8	13 16	20		2	16 21		22		6
														1979
BADEN-WÜRTTEMBERG	23	13		7	21	2 5								
BAYERN	22	8		9	21	5 16								
BERLIN	23 3 29	17	12	17	2 5									
BREMEN	24	8		2	21	5 6								
HAMBURG	?			?										
HESSEN	25	11		9		2 5								
NIEDERSACHSEN	22	6		2	21	2 5								
NORDRHEIN-WESTFALEN	22	8		2	21	2 5								
RHEINLAND-PFALZ	23	6		9	3	2 5								
SAARLAND	23	6		9	3	2 5								
SCHLESWIG-HOLSTEIN	22	6		2	21	2 5								

WEIHNACHTEN   WINTER (Berlin)   OSTERN   PFINGSTEN   SOMMER   HERBST   WEIHNACHTEN

Vocabulaire tabou

Voici à titre documentaire quelques termes très familiers ou franchement grossiers (∗), mais que parfois il est utile de connaître.

Aas (-s) : ordure, charogne. Du Aas !
Affe (-r) : idiot
Alte Jungfer (-e) : vieille fille
Alte Schachtel (-e) : (alte, komische Frau)
Angeber (-r) = Wichtigtuer : prétentieux
Angsthase (-r) : poltron
∗ Armleuchter (-r) cf. Arschloch
∗ Arschkriecher : lèche-... bottes
∗ Arschloch (-s) : (c-l)
Balg (-r) : garnement
∗ Bankert (-r) : bâtard
Bengel (-r) : polisson
Biene (-e) : fille, môme; eine dufte Biene : une jolie môme
Biest (-s) : brute (mais aussi admiratif); ein kleines Biest = ein raffiniertes Mädchen.
blöd : idiot
Bücherwurm (-r) : rat de bibliothèques
Bulle (-r) : flic
Das ist für die Katz' : c'est un coup pour rien
Depp (-r) : idiot
Dirne (-e) : fille de joie
Dirndel, Dirndl, Deern (-s) : fille
doof : idiot
Drecksau (-e), Dreckschwein (-s) : salaud
Dussel (-r) : idiot
Einfaltspinsel (-r) : simplet, poire
Esel (-r) : âne
Eule (-e) : alte Eule, vieille chouette; flotte Eule, belle fille
Faulpelz (-r) : fainéant
Freßsack (-r) : goinfre
Gans (-e) : dumme Gans, idiote
∗ Götz : allusion à la citation de Gœthe dans « Götz von Berlichingen » : « Er aber, sag's ihm, er kann mich im Arsch lecken » (non pas : " am ")
Halbe Portion : demi-portion
Halbstarker : blouson noir
Hexe (-e) : alte Hexe, vieille sorcière

Hornochse (-r) = Idiot (-r) : idiot
∗ Hure (-e) : putain
Kauz (-r) : drôle d'oiseau
Klatschbase (-e) : pipelette
Knirps (-r) : petit garçon
Kuh (-e) : dumme Kuh, idiote
Ladykiller (-r) : play-boy
Lausbub, Lausjunge : garnement
Lümmel (-r) : garnement
Menschenskind ! : exclamation de surprise
Mist ! : plus fort que « zut »
Nichtsnutz (-r) : bon à rien
Niete (-e) : bon à rien, nullité
Olle (-e,-r) = Alte : père, mère, mari, femme
Pauker (-r) = Lehrer
Penne (-e) = Gymnasium
Penner (-r) : paresseux
Polyp (-r) : flic
Polente (-e) : police
pumpen (bei) : emprunter (à)
Ramsch (-r) : camelote
Sau (-e) Saukerl, Sauwetter : cochon de...
∗ Scheiße : Cambronne
Schlampe (-e) : souillon
Schmu machen : faire de la gratte, des petits bénéfices
Schwamm drüber : n'en parlons plus
Schwindler (-r) : tricheur, escroc
Teenager Spätlese : vieille fille
Twen (-r, -e) : plus de vingt ans
Vogel (-r) : (du hast (-n) Vogel) : tu es dingue; cf. du hast eine Macke, du hast 'e Meise unterm Pony
Wecker (-r) : du gehst mir auf den Wecker, auf die Nerven, tu m'énerves.
Zahn (-r) = Freundin
   Stammzahn : amie attitrée
   steiler Zahn : amie bien roulée
   Unzahn : (le contraire)
Zote (-e) : histoire cochonne

„Hol dich der Teufel — im Auto natürlich!"

Adresses utiles

Ambassades, consulats

Ambassade de la République Fédérale d'Allemagne, 13, avenue Franklin-D.-Roosevelt, 75008 Paris, Tél. 359-33-51.

Services consulaires :
34, avenue d'Iéna, 75016 Paris, Tél. 359-33-51/256-17-90.
190, avenue de Tervueren, Bruxelles 15, Tél. 70-58-30.
Willadingweg 83, CH 3000 Berne, Tél. 44-08-31.

Il y a un consulat de France (F), de Belgique (B) ou de Suisse (CH) dans les villes suivantes :

Aix-la-Chapelle (B)	Hambourg (F, B, CH)
Baden-Baden (F)	Hanovre (B, CH)
Berlin (F, B, CH)	Kiel (B)
Brême (F, B)	Mannheim (F)
Cologne (B, CH)	Mayence (F)
Düsseldorf (F, B, CH)	Munich (F, B, CH)
Duisburg-Ruhrort (CH)	Oldenburg (B)
Francfort (F, B, CH)	Sarrebruck (F, B, CH)
Fribourg (F, CH)	Sarrelouis (F)
Friedrichshafen	Solingen-Ohligs (B)
(Manzel) (F)	Stuttgart (F, B, CH)
Gelsenkirchen (B)	Trèves (F)

Office allemand du Tourisme

Deutsche Zentrale für Tourismus e.V. (DZT).
D-6 Frankfurt/Main, Beethovenstr. 69, Tél. (0611) 77-03-91/77-10-81.
4, place de l'Opéra, 75002 Paris, Tél. 073-08-08.
23, rue du Luxembourg B-1040 Bruxelles, Tél. 02/12-77-66.
Talstr. 62, CH 8001 Zürich, Tél. 01/25-13-87.

En écrivant d'avance, on recevra toutes indications désirées de la part des Offices centraux suivants :

Schleswig-Holstein. Fremdenverkehrsverband Schleswig-Holstein
D-23 Kiel, Adelheidstr. 10, Tél. (0431) 6-40-11.

Mer du Nord, Basse-Saxe, Brême
Fremdenverkehrsverband Nordsee-Niedersachsen-Bremen
D-29 Oldenburg, Gottorpstr. 18, Tél. (0441) 1-45-35.

Lande de Lunebourg. Fremdenverkehrsverband Lüneburger Heide e.V.
D-314 Lüneburg, Rathaus, Tél. (04131) 3-22-01.

Harz. Harzer Verkehrsverband e.V.
D-338 Goslar, Marktstr. 45, Tél. (05321) 2-28-30.

Pour téléphoner de France en RFA, revoir p. 86.
Exemple : Deutsche Zentrale für Tourismus
19*49-611-77-03-91

Weserbergland. Landesverkehrsverband Weserbergland-Mittelweser e.V.
D-325 Hameln, Falkestr. 2, Tél. (05151) 3-45-66.

Westphalie. Landesverkehrsverband Westfalen e.V.
D-46 Dortmund, Balkestr. 4, Tél. (0231) 57-17-15.

Rhénanie. Landesverkehrsverband Rheinland e.V.
D-532 Bonn-Bad Godesberg, Rheinallee 69, Tél. (02229) 6-29-21.

Rhénanie-Palatinat. Fremdenverkehrsverand Rheinland-Pfalz
D-54 Koblenz, Hochhaus, Tél. (0261) 3-50-25.

Sarre. Fremdenverkehrsverband Saarland e.V.
D-66 Saarbrücken, Haus Berlin, Tél. (0681) 6-44-00.

Hesse. Landesverkehrsverband Hessen e.V.
D-62 Wiesbaden, Bismarckring 23, Tél. (06121) 30-01-81.

Sud-Ouest, Forêt Noire, Lac de Constance
1. Fremdenverkehrsverband Nordbaden e.V.
D-69 Heidelberg, Postfach 1110, Tél. (06221) 5-84-38.
2. Fremdenverkehrsverband Schwarzwarz-Bodensee e.V.
D-78 Freiburg, Postfach, Tél. (0761) 3-13-37.
3. Landesfremdenverkehrsverband Baden-Württemberg e.V.
D-7 Stuttgart, Stafflenbergstr. 44, Tél. (0711) 24-18-34.

Bavière
1. Fremdenverkehrsverband Nordbayern e.V.
D-85 Nürnberg 8, Am Plärrer 14, Tél. (0911) 26-42-02.
2. Fremdenverkehrsverband Ostbayern e.V.
D-84 Regensburg, Richard-Wagnerstr. 10, Tél. (0941) 5-71-86.
3. Fremdenverkehrsverband Müchen-Oberbayern
D-8 München 15, Sonnenstr. 10, Tél. (0811) 55-33-72.

Souabe-Allgäu. Fremdenverkehrsverband Schwaben-Allgäu e.V.
D-89 Augsburg, Haldestr. 12, Tél. (0821) 2-23-35.

Berlin-Ouest. Verkehrsamt Berlin
D-1 Berlin 12, Fasanenstr. 7/8, Tél. (0311) 24-01-11.

Si l'on va dans une ville en particulier, on obtiendra à l'avance un matériel
d'information en écrivant au Verkehrsamt de la ville (adresse non
nécessaire).

Goethe-Institut

17, avenue d'Iéna, F-75116 Paris, Tél. 553-42-16.
31, rue de Condé, F-75006 Paris, Tél. 326-09-21.
90, rue des Stations, F-59000 Lille, Tél. 57-02-44.
13, avenue Émile-Zola, F-69002 Lyon, Tél. 42-24-72.
171, rue de Rome, F-13001 Marseille, Tél. 47-63-81.
3, avenue du Général-Leclerc, F-54000 Nancy, Tél. 24-16-04.
Route de la Jonelière, F-44000 Nantes, Tél. 74-89-92.
7 bis, rue Pargaminières, F-31000 Toulouse, Tél. 22-58-51.
Rue Belliard 58, B-1040 Bruxelles, Tél. 12-78-70.

Le voyage

Trafic aérien

Représentations de la Lufthansa
Paris : 21/23, rue Royale, F-75008 Paris, Tél. 265-19-19.
Bordeaux : 27, cours de l'Intendance, Tél. 44-53-27.
Lille : 3, rue Jeanne-Maillotte, Tél. 54-24-55.
Lyon : 57, rue du Pt-E.-Herriot, Lyon 2, Tél. 37-55-00.
Nice : 3, Promenade des Anglais, Tél. 87-12-00.
Aéroport Nice-Côte d'Azur.
Strasbourg : 48, rue du Vieux-Marché-aux-Vins, Tél. 32-64-24.
Bruxelles : Place de Brouckère 27, Tél. 18-43-00.
Genève : 1-3 Chantepoulet, Tél. 31-95-50.

Air France
119, avenue des Champs-Élysées F-75008 Paris, Tél. 720-70-50.
à Francfort, Kaiserstr. 19/21.
à Hambourg, Alstertor 21.
à Munich, Theatinerstr. 23.
à Berlin W, Europa Center Breitscheidplatz 1.

Chemin de Fer Fédéral Allemand
(Deutsche Bundesbahn)

24, Rue Condorcet, 75009 Paris, Tél. 878-50-26.
Rue du Luxembourg 23 B-1040 Bruxelles, Tél. 02/13-23-54.
Schwarzwaldallee 200 CH-4000 Basel 16, Tél. (061) 33-37-90.

Agence de voyages

DER   Deutsches Reisebüro
         28-30, rue Louis-le-Grand 75002 Paris Tél. 742-07-09.

Automobiles-Clubs

DTC   Deutscher Touring Club,
         D-8 München 13, Amalienburgstr. 23.
AvD   Automobilclub von Deutschland,
         D-6 Frankfurt/Main, Niederrad, Lyonerstr. 16.
ADAC   Allgemeiner Deutscher Automobil-Club,
         D-8 München 70, Baumgartnerstr. 53.

En cas de panne, le Secours routier peut être appelé au moyen des postes
téléphoniques échelonnés sur les autoroutes : demander la « Straßen-
wachthilfe » et indiquer le numéro de la borne. En ville ou à proximité,
on appellera les bureaux de l'ADAC dont voici une liste partielle :

Ville	heures d'ouverture		lundi/vendredi	sam., dim., fêtes	
Aachen	6,30—23,00	(0241)	50-61-61	(0241)	50-61-61 Aachen
Augsburg	8,00—20,00	(0821)	2-09-05	(0821)	2-09-05 Augsburg
Baden-Baden	8,30—17,00	(07221)	2-22-10	(0761)	3-11-88 Freiburg
Berlin	0,00—24,00	(030)	87-02-11	(030)	87-02-11 Berlin
Bielefeld	7,00—22,00	(0521)	7-99-97	(0521)	7-99-97 Bielefeld•
Braunschweig	8,00—18,00	(0531)	4-14-00	(0511)	8-50-01 Hannover
Bremen	7,00—22,00	(0421)	44-62-62	(0421)	44-62-62 Bremen
Darmstadt	8,00—17,00	(06151)	2-64-77	(0611)	77-22-22 Frankfurt
Dortmund	0,00—24,00	(0231)	52-30-52	(0231)	52-30-52 Dortmund
Düsseldorf	6,30—23,00	(0211)	43-49-49	(0211)	43-49-49 Düsseldorf
Flensburg	8,00—18,00	(0461)	2-77-44	(0461)	2-77-44 Flensburg
Frankfurt	0,00—24,00	(0611)	77-22-22	(0611)	77-22-22 Frankfurt
Freiburg	8,00—22,00	(0761)	3-11-88	(0761)	3-11-88 Freiburg
Fulda	8,00—17,00	(0661)	7-71-11	(0611)	77-22-22 Frankfurt
Gelsenkirchen	6,00—23,00	(02322)	2-39-73	(0231)	52-30-52 Dortmund
Gießen-Wetzlar	8,00—17,00	(0641)	7-26-85	(0611)	77-22-22 Frankfurt
Göttingen	8,00—18,00	(0551)	4-21-11	(0511)	8-50-01 Hannover
Hamburg	0,00—24,00	(040)	2-89-99	(040)	2-89-99 Hamburg
Hannover	0,00—24,00	(0511)	8-50-02-22	(0511)	8-50-02-22 Hannover
Heilbronn	8,00—18,00	(07131)	8-39-16	(0711)	23-33-33 Stuttgart
Ingolstadt	8,00—17,00	(0841)	5-88-15	(089)	76-76-76 München
Kaiserslautern	8,00—17,00	(0631)	6-18-35	(0621)	51-20-20 Ludwigshafen
Karlsruhe	8,00—20,00	(0721)	3-34-22	(0721)	3-34-22 Karlsruhe
Kassel	8,00—20,00	(0561)	3-60-31	(0561)	3-60-31 Kassel
Kiel	7,00—22,00	(0431)	68-58-88	(0431)	68-58-88 Kiel
Koblenz	8,00—20,00	(0261)	3-40-40	(0261)	3-40-40 Koblenz
Köln	6,30—23,00	(0221)	38-20-51	(0221)	38-20-51 Köln
Ludwigshafen	7,00—22,00	(0621)	51-20-20	(0621)	51-20-20 Ludwigshafen
Lübeck	8,00—18,00	(0451)	5-50-39	(040)	2-89-99 Hamburg
Minden	8,30—17,00	(0571)	2-16-16	(0521)	7-99-97 Bielefeld
München	0,00—24,00	(089)	76-76-76	(089)	76-76-76 München
Münster	8,00—20,00	(0251)	4-28-79	(0231)	52-30-52 Dortmund
Nürnberg	7,00—22,00	(0911)	55-14-14	(0911)	55-14-14 Nürnberg
Offenburg	8,00—17,00	(0781)	66-20	(0761)	3-11-88 Freiburg
Osnabrück	8,00—18,00	(0541)	4-37-04	(0541)	4-37-04 Osnabrück
Regensburg	8,00—17,00	(0941)	5-56-73	(089)	76-76-76 München
Saarbrücken	8,30—17,00	(0681)	6-33-31	(0621)	51-20-20 Ludwigshafen
Stuttgart	6,00—23,00	(0711)	23-33-33	(0711)	23-33-33 Stuttgart
Ulm	8,00—17,00	(0731)	6-66-66	(0711)	23-33-33 Stuttgart
Würzburg	8,00—18,30	(0931)	5-23-26	(0911)	55-14-14 Nürnberg
Wuppertal	6,30—23,00	(02121)	31-34-52	(02121)	31-34-52 Wuppertal

Vacances : le logement

Châteaux-hôtels

Vereinigung der Burg- und Schloßhotels D 3526 Trendelburg,
Tél. (056-75) 3-12. (Édition annuelle d'une brochure « Gast im Schloß ».)

Villages et logements de vacances

S'adresser aux offices du tourisme régionaux (p. 168),
ou : Office allemand du Tourisme (p. 168).

Agence Allemande de Voyages,
28 *bis*, rue Louis-le-Grand 75002 Paris, Tél. 742-07-09.

Fédération des Maisons familiales de vacances,
28, Place Saint-Georges, 75009 Paris, Tél. 878-84-25.

Fédération des Maisons familiales de vacances laïques,
7, boulevard Saint-Denis, 75003 Paris.

Fédération nationale des Associations communautaires de Vacances et
de Loisirs, 94, rue Notre-Dame-des-Champs, 75006 Paris, Tél. 633-77-78.

Vacances Tourisme Famille
66, boulevard de Sébastopol, 75003 Paris, Tél. 887-32-23.

Vacances à la ferme

Demander le catalogue au « Landschriftenverlag »,
D 53 Bonn, Kurfürstenstr. 53.

Camping et Caravaning

Guides annuels édités par l'ADAC et le DCC.
DCC Deutscher Camping Club. D-8 München 23 Mandlstr. 28.

Auberges de Jeunesse

En France : FFAJ, 41, rue Notre-Dame-de-Lorette, 75009 Paris,
Tél. 874-66-78.

En Belgique : Centrale Wallonne des Auberges de Jeunesse,
rue Van Oost 52, 1030 Bruxelles, Tél. 15-31-00.

En Suisse : Schweizer Bund der Jugendherbergen,
Seefeldstr. 8, 8008 Zürich, Tél. (01) 32-84-67.

En Allemagne : Deutsches Jugendherbergswerk,
D 493 Detmold, Bülowstr. 26.

Bureaux régionaux :

Bade : 75 Karlsruhe, Moltkestr. 2 b, Tél. (0721) 2-82-91.
Bavière : 8 München 80, Mauerkircher Str. 5, Postanschrift: 8 München 86.
Postfach 860309, Tél. (0811) 48-04-21.
Berlin : 1 Berlin 19, Bayernallee 35, Tél. (0311) 3-04-54-07.
Hanovre : 3 Hannover, Ferdinand-Wilh.-Fricke-Weg 1,
   Tél. (0511) 1-22-33.
Hesse : 6 Frankfurt 70, Stegstr. 33, Tél. (0611) 62-10-38.
Marche-du-Nord : 2 Hamburg 34, Rennbahnstr. 100, Tél. (0411) 6-51-14-
   64.

Rhénanie : 4 Düsseldorf Oberkassel, Düsseldorfer Str. 1, Tél. (0211) 5-42-41.
Rhénanie-Palatinat : 65 Mainz, In der Meielache 1, Tél. (06131) 9-78-95.
Sarre : 66 Saarbrücken 3, Meerwiesertalweg 31, Tél. (0681) 3-34-37.
Souabe : 7 Stuttgart 1, Marienplatz 2, Tél. (0711) 60-64-45.
Weser inférieure-Ems : 28 Bremen-Neustadt, Woltmershauser Allee 8, Tél. (0421) 50-54-02.
Westphalie-Lippe : 58 Hagen, Eppenhauser Str. 65, Tél. (02331) 5-50-55.

Vacances en montagne

Verband Deutscher Gebirgs- und Wandervereine,
D-7 Stuttgart 1, Hospitalstr. 21.
Deutscher Alpenverein, D-8 München 22, Praterinsel 5.

Vacances sur l'eau

Deutscher Hochseesportverband Hansa,
D-2 Hamburg 36, Colonnaden 5. (Stages de 15 jours en pension complète.)
Verband Deutscher Segelschulen, D-44 Münster, Bootshaus am Aasee.

Principales écoles de voile

Hanseatische Yachtschule, 2392 Glücksburg/Ostsee, Philosophenweg 1.
Chiemsee Yachtschule, 821 Prien am Chiemsee, Harraserstr. 71.
Chiemsee-Yachtschule, 8211 Gollenhausen, Post Gstadt.
Segelschule Lambach-Malerwinkel, 8221 Malerwinkel, Post Seebruck.
Ammersee-Segelschule Heinrich Seidl, 8918 Dießen am Ammersee.
Uttinger Segelschule Ammersee, Georg Steinlechner, 8919 Uttung/Ammersee, Seestr. 8.
Münchner Segelschule GmbH, 8124 Seehaupt/Starnberger See, St.Heinrich-Str. 111.
Bodensee-Yachtschule, 8990 Lindau, Postfach 23.
Bodensee-Yachtschule Langenargen, 7994 Langenargen, Albert-Schöll-hammer-Str. 1.
Bodensee-Segelschule Wallhausen, 7751 Wallhausen.
Yachtschule Radolfzell, 7760 Radolfzell, Moserstraße.
Hamburger Yachtschule, Kurt Bambauer, 2000 Hamburg 76, Schöne Aussicht 20a.
Yachtschule Aasee, 4400 Münster, Bootshaus am Aasee.
Yachtschule Maschsee, 3000 Hannover, Rudolf-von-Bennigsen-Ufer.
Segelschule Berlin, 1000 Berlin 27, Friederikestraße 24.
Segelschule Möhnesee, 4773 Möhnesee-Körbecke, Südufer.
Segelschule Plön, 2320 Plön, Rosenstr. 8.

Pêche   Renseignements :

Verband Deutscher Sportfischer, D-605 Offenbach, Waldstr. 6.

Chasse

Assurance au tiers indispensable (de 15 à 25 DM). Permis de chasse après examen (10 à 50 DM par jour). Il y a avantage à se faire inviter sur terrain privé par annonce dans un journal :

Deutscher Jäger, D-8 München, Kunigundenstr. 19.
Deutsche Jäger-Zeitung, D-3508 Melsungen, Postfach 267.

Cours de langue allemande

ARTU, Studentischer Austausch- und Reisedienst GmbH Berlin 1 Berlin 12, Hardenbergstraße 9.

Ass. Cult. Franco-Allemande, 204, rue de la Croix-Nivert, 75012 Paris, Tél. 531-30-51.

Association des Étudiants Allemands, Service Voyage, 11, rue des Carmes, 75005 Paris, Tél. 633-57-25.

Ausländer-Ferienkurse « Frank Kars », 777 Uberlingen-Bodensee, Postfach 1311, héb. dans les familles, âge min. 16 ans.

Bachschule Schloß Rettershof,
62 41 Rettershof bei Königstein (Taunus), Tél. (06174) 22-56, âge min. 15 ans.

B.I.L.D., 50, rue de Laborde, 75008 Paris, Tél. 387-25-50.

Bureau des voyages scolaires,
116 *bis,* av. des Champs-Élysées, 75008 Paris, Tél. 359-72-54.

Centre d'Échanges Internationaux,
21, rue Béranger, 75003 Paris, Tél. 887-20-94.

Centre d'Études Pratiques,
122, rue de Provence, 75008 Paris, Tél. 522-54-73.

Clamageran et Cie B.P. 557, 76004 Rouen, Cedex, Tél. 71-94-02.
C.C.L. Club culturel et linguistique,
61, bd Poniatowski, 75012 Paris.

Club des 4 vents, 1, rue Gozlin, 75006 Paris, Tél. 033-70-25.

Collegium Palatinum, Institut für deutsche Sprache und Kultur,
69 Heidelberg, Hölderlinweg 8, Tél. (06221) 4-62-89, âge min. : 17 ans.

Comité d'accueil, 7, rue Quentin-Bauchart, 75008 Paris, Tél. 225-93-19.

Deutsche Jugend und Studentenreisen GmbH,
53 Bonn, Lennestraße 1, Tél. (02221) 5-69-01.

Deutscher Akademischer Austauschdienst (DAAD),
53, Bonn-Bad Godesberg, Kennedyallee 50,
15, rue de Verneuil, 75007 Paris, Tél. 222-66-80,
seulement pour les étudiants.

Dr. Steinfels Sprachreisen,
85 Nürnberg Rückersdorf, Mühlweg 35, Postfach 75,
Tél. (0911) 57-56-51, héb. dans des familles.
EF, vacances, 9, rue Pasquier, 75008 Paris, Tél. 266-20-13.

E.S.T.O., 14, rue Clément-Marot, 75008 Paris, Tél. 225-10-27.

Europa-Kolleg Kassel,
35 Kassel, Wilhelmshöher Allee 19, Hébergement dans des familles.

Europäischer Privatschuldienst GmbH,
Frankfurt, Untermainkai 82, Postfach 16308, Tél. (0611) 23-04-81.

Europasprachclub, 4 Düsseldorf, Bismarckstr. 89.

Europasprachclub GmbH u. Co. KG,
8 München 2 Schützenstraße 1, hébergement dans des familles.

Europäisches Sprach- und Bildungszentrum,
5 Köln-Marienburg, Oberländer Ufer 186, Tél. (0221) 38-88-44.

Gesellschaft für praktisches Auslandswissen e.V.,
5 Köln 1, Langgasse 14, Postfach 100 944, Tél. (0221) 21-10-21,
(hébergement dans des familles) ou Comité d'accueil, 7, rue Quentin-Bauchart, 75008 Paris.

Gesellschaft für übernationale Zusammenarbeit e.V.,
5 Köln 1, Hohenstaufenring 11, Tél. (0221) 21-02-61.

Gœthe-Institut (Zentralverwaltung),
8 München 2 Lenbachplatz 3, Tél. (0811) 5-99-91,
voir aussi les Gœthe-Institute en France, cf. p. 169.
Jugendsozialwerk, 74 Tübingen, Eugenstraße 72.

L.E.C.,
13, rue Bernouilli, 75008 Paris, Tél. 522-28-11.

Lessing-Kolleg Marburg,
355 Marburg/Lahn, Pilgrimstraße 7, Tél. (06421) 6-54-57.

Neue Lernsysteme, 68 Mannheim, L 14 11.

Loscar,
29, rue Saint-Placide, 75006 Paris, Tél. 548-17-95.

Office Franco-Allemand pour la jeunesse,
142, bd de la Reine, 78 Versailles, Tél. 950-50-97.

Peschaud et Cie,
143, rue Anatole-France, 92 Levallois, Tél. 270-61-48.

Regent School Frankfurt,
6 Frankfurt, Zeil 83, Tél. (0611) 28-75-57, âge min. 16 ans héb. dans des familles.

Relations internationales,
100, rue Saint-Lazare, 75009 Paris, Tél. 874-93-65.

Rheinisch-Westfälische Auslandsgesellschaft e.V.,
46 Dortmund, Arndtstraße 30 A, Tél. (0231) 52-74-54.

SILC, Séjours internationaux linguistiques et culturels,
56, av. Jules-Ferry, 16, Angoulême, Tél. (45) 95-83-56.

SIS-Sommerferien in Sprachschulen GmbH,
6 Frankfurt, Liebigstr. 32, Tél. (0611) 72-61-95, âge : 15 à 21 ans.

Sprachcenter, 53 Bonn, Markt 7, Tél. (02221) 65-43-77.

Touring-Club de France
65 avenue de la Grande-Armée, 75016 Paris.
(Touring-Vacances Tél. 553-39-59 ou 553-69-39.)

Touristik- u. Fremdspracheninstitut München, Hostessenschule,
8 München 2, Kaufingerstraße 29, Tél. (0811) 29-95-55, 64-79-61, âge : 15 à 30 ans.

Vacances studieuses
3, rue du Faubourg-Saint-Honoré, 75008 Paris, Tél. 265-19-14/59-25.

Séjours dans des familles allemandes et « au pair » (*)

* Accueil Familial des Jeunes Étrangères,
23, rue du Cherche-Midi, 75006 Paris, Tél. 222-50-34.

American Field Service, International Scholarship in Germany,
2 Hamburg 13, Grindelallee 153.

* Amicale Culturelle Internationale,
27, rue Godot-de-Mauroy, 75009 Paris, Tél. 073-24-33.

* Amitié Mondiale, 39, rue Cambon, 75001, Tél. 073-79-68.

* Arbeitsamt Bonn, Kaiser-Karl-Ring 9, 53 Bonn 1.

* A.R.C.H.E., 4, Villa Hersant, 75005 Paris.

Bayrischer Jugendring, Stelle für internationalen Jugendaustausch,
8 München 80, Mauerkircherstr. 5/1, Tél. (0811) 48-21-41.

* Madame Bensberg-Pasquet « Au Pair », 5 Köln-Zollstock, Land-kronstraße 10.

* Berliner Gemeinschaft für internationale Verständigung e.V.
1 Berlin 31, Münstersche Straße 14, Tél. (0311) 8-87-91-80, échange de
famille à famille, séjours comme hôte payant, séjours au pair.

B.I.L.D., 50, rue Laborde, 75008 Paris, Tél. 387-25-50.

Carolus-Magnus-Kreis,
714 Ludwigsburg, Aspergerstraße 34, Tél. (07141) 2-48-49,
échanges individ. et correspondants.

Club des 4 vents,
1, rue Gozlin, 75006 Paris, Tél. Ode.70-25.

* Deutscher Verein für Internationale Arbeit,
8 München 40, Friedrich-Loy-Straße 16, Tél. (0811) 30-15-19.

* Deutscher Verband katholischer Mädchen-Sozialarbeit,
78 Freiburg, Karlstraße 40, Lorenz-Wehrmann-Haus, Tél. (0761) 20-01.

Dr. Stainfels-Sprachreisen,
85 Nürnberg-Rückersdorf, Mühlweg 35, Tél. (0911) 57-56-51,
séjour dans des familles.

Échanges Internationaux au service de l'éducation chrétienne,
1, rue Gozlin, 75006 Paris.

* Entr'aide Allemande, 2, villa Said, 75016 Paris, Tél. 553-94-10.

Europasprachclub GmbH et Co. KG,
4 Düsseldorf, Bismarckstraße 89, Tél. (0221) 36-43-78,
hôte payant.

Gesellschaft für praktisches Auslandswissen e.V.,
5 Köln 1, Langgasse 14, Postfach 100944, Tél. (0221) 21-10-21,
7, rue Quentin-Bauchart, 75008 Paris, Tél. 225-93-19.

Gesellschaft für übernationale Zusammenarbeit e.V.,
5 Köln 1, Hohenstauffenring 11, Tél. (0221) 21-02-61,
séjour dans des familles, échange de famille à famille.

* Institut d'échanges franco-européens,
14, rue de Paris, 91570 Bièvres.

Internationaler Austauschdienst,
1 Berlin 15, Xantener Straße 15 A.

INRDP,
29, rue d'Ulm, 75230 Paris Cedex 05, Tél. 325-41-64, correspondants.

* Internationaler Jugendaustausch-und Besucherdienst der BRD,
53 Bonn, Lenné-Straße 1.

Internationaler Katholischer Austauschdienst (Pax Christi),
663 Saarlouis, Postfach 462, Tél. (06831) 4-28-38,
hôte payant, échange individuel.

* Jugendwerk für internationale Zusammenarbeit e.V.,
51 Aachen, Postfach 765, Tél. (0241) 6-13-65,
échange individuel, hôte payant, au pair.

* Ministère de l'Éducation Nationale,
Service des appariements, 107, rue de Grenelle, 75007 Paris.

Office National des Universités et Écoles françaises,
96, boulevard Raspail, 75006 Paris, Tél. 222-50-20.

Protection de la jeune fille,
70, avenue Denfert-Rochereau, 75014 Paris, Tél. 326-92-84.

* Reisezirkel-Jeuneurope,
4 Düsseldorf, Bahnstr. 65, Tél. (0211) 35-28-26,
hôte payant, au pair.

* Relations internationales,
100, rue Saint-Lazare, 75009 Paris, Tél. 874-93-65 (en été 2-3 mois),
ou hôte payant.

Rheinisch-Westfälische Auslandsgesellschaft e.V.,
46 Dortmund, Arndtstraße 30 A, Tél. (0231) 52-74-54.

Thos Cook & Son-Service scolaire,
2, place de la Madeleine, 75001 Paris, Tél. 073-41-40.

Touristik- und Fremdspracheninstitut München, Hostessenschule,
8 München 2, Kaufringstraße 29, Tél. (0811) 19-95-55, 64-79-61.

* Verein für Internationale Jugendarbeit e.V., Hauptgeschäftsstelle,
53 Bonn, Poppelsdorfer Allee 27, Tél. (02221) 5-77-33.

Zentralstelle für Arbeitsvermittlung,
6 Frankfurt, Feuerbachstraße 42, Tél. (0611) 7-11-11.

Stages, chantiers, colonies, rencontres, voyages d'études

Stages pour étudiants
de 2 à 3 mois

Association Internationale des Étudiants en Sciences Économiques et sociales (AIESEC), 2, rue Viarnes, 75001 Paris, Tél. 231-62-10.
Comité Français de l'Iaeste,
96, boulevard Raspail, 75006 Paris, Tél. 222-50-20.

3 à 12 mois

Deutsch-Französisches Institut,
7140 Ludwigsburg, Aspergerstr. 34, Tél. (07141) 2-48-49.
Deutsch-Französisches Jugendwerk, 534 Bad Honnef-Rhöndorf,
Rhöndorferstr. 23 Tél. (2224) 71-061.
Zentralstelle für Arbeitsvermittlung, 6 Frankfurt,
Feuerbachstraße 42, Tél. (0611) 7-11-11.
International Association for Exchange of Students for technical expe-rience (IAESTE), 53 Bonn-Bad Godesberg, Kennedy'Allee 50.

Stages professionnels

Office franco-allemand pour la Jeunesse,
143, boulevard de la Reine, 78 Versailles.

Stages pour jeunes agriculteurs

S'adresser au Centre des Voyages de la Jeunesse rurale,
40, rue La Bruyère, 75009 Paris, Tél. 526-18-00.

Stages pour jeunes travailleurs

(séjours de longue durée)
S'adresser à l'Office franco-allemand pour la Jeunesse.

Stages musicaux, sportifs et ateliers éducatifs

Aktion katholischer landsmannschaftlicher Jugend im BDKJ,
8 München 44, Postfach 149, Tél. (0811) 39-81-60,
Journées culturelles.
Arbeitskreis für Haus- und Jugendmusik,
35 Kassel-Wilhelmshöhe, Heinrich-Schütz-Allee 33.
Association des Étudiants allemands, Service Voyages,
11, rue des Carmes, 75005 Paris, Tél. 633-57-25.
Badische Sportjugend,
75 Karlsruhe, Postfach 1580.
B.I.L.D., 50, rue de Laborde, 75008 Paris, Tél. 387-25-50.
Club des 4 vents, 1, rue Gozlin, 75006 Paris, Tél. 033-70-25.
Deutsche Gesellschaft für europäische Erziehung e.V.,
8207 Endorf, Postfach 270, Tél. (08053) 6-08.
Ascensions, escalades, randonnées de plusieurs jours en montagne, et sorties de plusieurs jours en mer, cours de sauvetage.

Deutsche Jugend- und Studentenreisen GmbH,
53 Bonn Lennéstr. 1, Tél. (02221) 5-69-01.
Sports et jeux, navigation, alpinisme.

Deutsches Jugendherbergswerk, Hauptverband,
493 Detmold 1, Bülowstraße 26, Tél. (05231) 2-27-72.
Cours de navigation, équitation, vol à voile et construction de modèles
réduits, loisirs consacrés aux sciences naturelles, loisirs artistiques (danse,
chants, musique, atelier, films, photographie, peinture, poterie).

Entraide Allemande, 2, villa Saïd, 75016 Paris, Tél. 553-94-10.

Frankfurter Tanzkreis,
Inscriptions : Frau E. Grau, 6070 Langen, Walter-Rietig-Straße 48.

Fachstelle für Jugendphotographie,
6 Frankfurt, Feldbergstraße 45.

Haus der Luftsportjugend e.V.,
6341 Hirzenhain/Dillkreis, Fritz-Stamer-Haus, Tél. (027702) 325,
vol à voile.

Inter Échanges, 48, rue Albert-Thomas, 75010 Paris, Tél. 205-83-44.

Inter-Reisen GmbH, Gemeinnütziges Katholisches Jugendferienwerk,
4 Düsseldorf 10, Carl-Mosterts-Platz 1 Postfach 1006, Tél. (0211) 49-00-91.
Équitation, excursions, visites, spéléologie.

Internationaler Arbeitskreis für Musik,
35 Kassel-Wilhelmshöhe, Heinrich-Schütz-Allee 33, Tél. (0561) 3-00-11.

Internationales Jugendfestspieltreffen Bayreuth e.V.,
858 Bayreuth, Festspielhaus, à l'attention de M. Herbert Barth.

Jugendferienwerk e.V., 66 Saarbrücken, Bahnhofstr. 108,
différentes activités.

Jugendhof Scheersberg/2391, Post Kallebey/Kreis Flensburg.

Jugendhof Vlotho,
4973 Vlotho/Weser, Oenhauser Straße 1, Postfach 93, Tél. (05733) 5-63,
musique.

Jugendwerk für internationale Zusammenarbeit e.V.,
51 Aachen, Postfach 765, Tél. (0241) 5-86-31,
décoration, impression, céramique, émail peinture, théâtre.

Office Franco-Allemand pour la Jeunesse,
143, boulevard de la Reine, 78 Versailles, Tél. 950-50-97.

Sportjugend Nordrhein Westfalen,
41 Duisburg, Friedrich-Alfred-Straße 25, Postfach 45, tél. (02131) 77-40-21,
cours de navigation à voile, sports nautiques, autres sports, excursions.

Twen tours international,
3 Hannover, Goethestraße 18/20 Postfach 2947, Tél. (0511) 1-66-71,
cours de navigation à voile, canoës, équitation,
jeux des professions (vous pouvez essayer 25 professions).

U.C.P.A., 62, rue de la Glacière, 75013 Paris, Tél. 336-05-20.

Victor-Gollancz-Haus für Jugendarbeit, 2057 Reinbek, Goetheallee 3.

Chantiers et services sociaux internationaux

Les participants de différentes nations travaillent chaque jour environ six heures ensemble. (Chantiers, forêts, hôpitaux, foyers d'enfants, maisons de repos, etc.)
Le reste de la journée est libre ou peut être occupé par des jeux en commun, discussions ou conférences.

Aufbauwerk der Jugend in Deutschland e.V.,
355 Marburg/Lahn, Liebigstraße 7, Tél. (06421) 2-48-36, 16 à 27 ans.

Bundesarbeitsgemeinschaft Evangelischer Jugendferiendienste,
5608 Radevormwald, Telegrafenstraße 60-68.

Compagnons Bâtisseurs, 11, rue Perronet, 75007 Paris, Tél. 222-42-32.

Concordia, 27, rue du Pont-Neuf, 75001 Paris, Tél. 231-42-10.

Deutsche Jugend- und Studentenreisen GmbH,
53 Bonn, Lennéstraße 1, Tél. (02221) 5-69-01.

Deutscher Studenten-Reisedienst, 53 Bonn Dietkirchenstraße 30.

Ecumenical Youth Concil in Europe (concile œcuménique de jeunesse en Europe), 1 Berlin 12, Jebenstr. 3, Tél. (0311) 31-02-01.

Gemeinnützige Bauorden GmbH,
6520 Worms'Horchheim, Liebigstr. 23, Tél. (06241) 12-95.

Hedwig-Dransfeld-Haus,
5413 Bendorf/Rhein, Im Wenigerbachtal 8-25, Tél. (02622) 30-06.
Durée des stages 6 à 12 mois, pour jeunes filles de plus de 16 ans.

Internationale Begegnung in Gemeinschaftsdiensten e.V.,
7252 Weil der Stadt-Merklingen, Hauptstraße 64, Postfach 8,
Tél. (07033) 24-22. Age minimum : 18 ans.

Internationale Jugendgemeinschaftsdienste e.V.,
53 Bonn, Kaiserstraße. 43, Tél. (02221) 65-80-01.
Age : 16 à 25 ans.

Internationaler Zivildienst e.V., 53 Bonn, Baumschulallee 6.
Jugendgemeinschaftsdienste-Jugendreisen Deutsche Kolpingsfamilie e.V.
5 Köln 1, Kolpingplatz 9-11, Postfach 100 428, Tél. (02221) 23-40-71.
Age : 16 à 25 ans.

Katholische Landjugendbewegung Deutschlands,
4293 Dingden, Klausenhofstraße 39.
Age : 18 à 30 ans.

Mennonite Voluntary Service, 6 Frankfurt 1, Auf der Körnerwiese 5.

Moulins des Apprentis, 23220 Bonnat.

Mouvement chrétien pour la Paix, Section des Jeunes, 46, rue de Vaugirard, 75006 Paris.

Neige et merveilles, 06430 Saint-Dalmas-de-Tende.

Nothelfergemeinschaft der Freunde e.V. Generalsekretariat,
6 Frankfurt 1, Auf der Krönerwiese 5, Tél. (0611) 59-95-57.

Synodales Jugendpfarramt des Kirchenkreises Elberfeld,
56 Wuppertal 1, Deweerthstraße 117, Tél. (02121) 44-30-89.

Volksbund Deutscher Kriegsgräberfürsorge e.V. Bundesgeschäftsstelle,
35 Kassel, Werner-Hilpert-Straße 2.

Moniteurs de colonies de vacances et de centres d'adolescents

Des monitrices et moniteurs français, connaissant l'allemand, peuvent encadrer des colonies et des centres de vacances en Allemagne et en France.

Pour les colonies et centres de vacances en Allemagne :
Arbeiter Wohlfahrt e.V., 53, Bonn, Postfach.

Deutscher Paritätischer Wohlfahrtsverband e.V.,
Frankfurt, Heinrich-Hoffmann Straße 3.

Pour les colonies et centres de vacances franco-allemands en France et en Allemagne :
Centre de Coopération culturelle et sociale,
26, rue Notre-Dame-des-Victoires, 75002 Paris, Tél. 488-70-84.

* Centres d'entraînement aux Méthodes d'Éducation active,
55, rue Saint-Placide, 75006 Paris, Tél. 222-23-59.

* Comité protestant des Centres de Vacances,
47, rue de Clichy, 75009 Paris, Tél. 874-25-72.

* Fédération des Centres de Vacances familiaux,
20, rue Saint-Lazare, 75009 Paris, Tél. 285-46-78.
Francs et franches Camarades,
66, rue de la Chaussée-d'Antin, 75009 Paris, Tél. 285-39-47.

* Union française des Centres de Vacances, de Loisirs et de Grand Air,
54, rue du Théâtre, 75015 Paris, Tél. 577-02-20.
Union française des Œuvres de Vacances laïques,
7, boulevard Saint-Denis, 75003 Paris.

* Ces associations assurent également la formation des moniteurs.

Rencontres internationales d'été

Aktion katholischer landmannschaftlicher Jugend im BdKJ,
8 München, Postfach 149, Tél. (0811) 39-81-60.

Amt des Landesjugendpfarrers der Evang. Luth. Kirche in Bayern,
85 Nürnberg 15, Hummelsteiner Weg 100.

Bayrischer Jugendring, Stelle für internationalen Jugendaustausch,
8 München, Mauerkircherstraße 5.

Bund der Deutschen Landjugend,
53 Bonn-Bad Godesberg 1, Kölner Straße 142-148.

Deutsche Jugend- und Studentenreisen GmbH,
53 Bonn Lennéstraße 1, Tél. (02221) 5-69-01.

Freunde der Völkerbegegnung e.V.,
5949 Gleidorf, Am Sonnenhang 8 (Herr Frank Kramer).

Gesellschaft für übernationale Zusammenarbeit,
5 Köln 1, Hohenstaufenring 11, Tél. (0221) 21-02-61.

Jugendgemeinschaftsdienste-Jugendreisen, dt. Kolpingfamilie,
5 Köln 1, Kolpingplatz 9-11, Postfach 100428, Tél. (0221) 23-40-71.

Stätte der Begegnung e.V.,
4973 Vlotho/Weser, Oeynhauser Straße 5 b.

Voyages d'études et randonnées

ARTU Abteilung 1 Incoming,
1 Berlin 12, Hardenbergstraße 9.

Deutsche Angestellten Gewerkschaft (Bayern),
8 München 2, Türkenstraße 9, Tél. (0811) 28-82-51.

Deutsches Jugendherbergswerk, Hauptverband,
493 Detmold 1, Bülowstraße 26, Tél. (05231) 2-27-72.
Randonnées à bicyclette, promenades en bâteau, promenades en montagne
et alpinisme.

Gesamteuropäisches Studienwerk Vlotho,
4973 Vlotho/Weser, Südfeldstraße 2-4, Tél. (05733) 22-58.

Gesellschaft für übernationale Zusammenarbeit e.V.,
5 Köln 1, Hohenstaufenring 11, Tél. (0221) 21-02-61.

Touristik- und Fremdsprachen-Institut München, Hostessen-schule,
8 München 2, Kaufingerstraße 29, Tél. (0811) 29-95-55.

Twen tours international,
3 Hannover, Goethestraße 18/20, Postfach 2947, Tél. (0511) 1-66-71.

Institutions et organisations allemandes de la jeunesse et organisation d'étudiants en RFA

Bundesministerium für Jugend, Familie und Gesundheit
(Ministère fédéral de la Jeunesse, de la Famille et de la Santé),
53 Bonn, Friedrich-Ebert-Allee 71, Tél. (02221) 2-02-01.

Deutsch-Französisches Jugendwerk - Abteilung Bonn,
(L'Office franco-allemand pour la Jeunesse - Secrétariat Général),
534 Bad Honnef-Rhöndorf, Rhöndorfer Str. 23, Tél. (02224) 44-61.

Deutsche Sportjugend (Jeunesse Sportive),
6 Frankfurt, Schumannstr. 1-3, Tél. (0611) 72-95-89.

Deutscher Bundesjugendring (Conseil Fédéral de la Jeunesse Allemande),
53 Bonn 1, Haus der Jugendarbeit, Haager Weg 44, Tél. (02221) 28-11-02.

Services centraux des principales associations allemandes de la jeunesse, regroupées depuis 1949 au sein du Conseil fédéral de la Jeunesse Allemande

Arbeitsgemeinschaft der Evangelischen Jugend in der BRD und West-Berlin e.V.,
(Jeunesse Protestante dans la République Fédérale et à Berlin-Ouest),
7 Stuttgart 0, Gerokstr. 21, Tél. (0711) 24-65-53/54.

Bund der Deutschen Katholischen Jugend (Jeunesse Catholique),
4 Düsseldorf 10, Postfach 10006, Tél. (0211) 49-00-91.

Bund der Deutschen Landjugend (Jeunesse Rurale),
53 Bonn-Bad Godesberg 1, Kölner Str. 142-148, Tél. (02229) 7-69-55.

Deutsche Beamtenbund-Jugend (Union des Jeunes Fonctionnaires Allemands),
53 Bonn-Bad Godesberg 1, Kölner Str. 157, Tél. (02229) 7-46-66/7-69-71.

Deutsche Jugend des Ostens (Jeunesse de l'Est),
53 Bonn 1, Poppelsdorfer Allee 19, Tél. (02221) 3-41-02.

Deutsche Schreberjugend (Mouvement Jeunesse Schreber),
415 Krefeld, Hanninxweg 16, Tél. (02151) 3-16-10.

Deutsches Jugendrotkreuz (Jeunesse de la Croix Rouge),
53 Bonn, Friedrich-Ebert-Allee 71, Tél. (02221) 2-02-01.

Deutsche Wanderjugend (Jeunesse Excursionniste),
7 Stuttgart 1, Postfach 487, Tél. (0711) 29-53-36.

Gewerkschaftsjugend/DGB
(Jeunesse Syndicaliste dans la Confédération Générale des Syndicats),
4 Düsseldorf, Hans-Böckler-Str. 39, Tél. (0211) 4-30-11.

Jugend des Deutschen Alpenvereins (Club Alpin de la Jeunesse),
8 München 22, Praterinsel 5, Tél. (0811) 29-30-86.

Jugend der Deutschen Angestellten-Gewerkschaft
(Jeunesse du Syndicat des Employés),
2 Hamburg 36, Karl-Muck-Platz 1, Tél. (0411) 34-91-51.

Naturfreunde Deutschlands (Les Amis de la Nature),
7 Stuttgart-Untertürkheim, Großglocknerstr. 28, Tél. (0711) 33-76-87.

Ring Deutscher Pfadfinderbünde (Conseil d'Éclaireurs Allemands),
5 Köln 60, Postfach 680265.

Ring Deutscher Pfadfinderrinnenbünde (Conseil d'Éclaireuses Allemandes),
8 München 60, Neufeldstr. 5, Tél. (0811) 83-11-74.

Solidaritätsjugend Deutschlands (Jeunesse Solidaire),
7531 Wilferdingen, Im Grund 12, Tél. (07232) 1-38.

Sozialistische Jugend Deutschlands - Die Falken
(Jeunesse Socialiste - Les Faucons),
6 Frankfurt M., Hanauer Landstr. 41, Tél. (0611) 43-94-32.

Le Conseil Central des Associations de Jeunesse
(Arbeitskreis Zentraler Jugendverbände)

est membre du Conseil Fédéral de la Jeunesse Allemande (Deutscher Bundesjugendring).
Adresse : 401 Hilden, Forststr. 3 a, Tél. (0211) 71-40-91, Ap. 18.

Associations de liaison

Arbeiter-Samariter-Jugend Deutschlands
(Jeunes Travailleurs Samaritains Allemands),
5 Köln-Sülz, Sülzburger Str. 146/156, Tél. (0221) 44-26-26.

Deutsche Esperanto-Jugend (Jeunesse Espérantiste Allemande),
443 Burgsteinfurt, Schützenstr. 13.

Deutsche Jugendfeuerwehr (Jeunes Pompiers Allemands),
53 Bonn-Bad Godesberg 1, Hochkreuz-Allee 89, Tél. (02229) 7-29-79.

Bund der Kaufmannsjugend im DHV (Union des Jeunes Commerçants),
2 Hamburg 76, Buchtstr. 4, Tél. (0411) 2-20-71-46.

Deutsche Philatelisten-Jugend (Jeunesse Philatéliste Allemande),
583 Schwelm. Postfach 112, Tél. (02125) 74-55.

Deutsche Stenographen-Jugend (Jeunes Sténographes Allemands),
8901 Eisenbrechtshofen, Holzweg 5, Tél. (08271) 89-09.

Deutsches Reform-Jugendwerk e.V.
(Œuvre de la Jeunesse Allemande pour la Réforme),
6601 Ensheim/Saar, Franzstr. 18.

Junge Gruppe der Gewerkschaft der Polizei
(Groupe Junior du Syndicat de la Police),
401 Hilden, Forststr. 3 a, Tél. (0211) 71-40-91.

Luftsportjugend des Deutschen Aero Club e.V.
(Jeunesse pour Sport Aérien de l'Aéro-Club Allemand),
6 Frankfurt/M. 10, Wilhelm-Leuschner-Str. 10, Tél. (0611) 23-13-57.

Verband Deutscher Amateurfotografenvereine
(Société des Photographes-Amateurs Allemands Réunis),
88 Ansbach. Quaststr. 5, Tél. (0981) 6-15-85.

Organisations de Jeunesse des partis politiques

Ring Politischer Jugend (Conseil de la Jeunesse Politique),
53 Bonn, Simrockstr. 27, Tél. (02221) 2-67-42.

Deutsche Jungdemokraten (DJD) (Jeunes Démocrates),
53 Bonn, Reuterstr. 103, Tél. (02221) 2-67-75.

Junge Union Deutschlands-Bundessekretariat (Jeune Union),
53 Bonn, Kaiserstr. 9, Tél. (02221) 5-20-93.

Jungsozialisten Deutschlands-Bundessekretariat (Jeunes Socialistes),
53 Bonn, Ollenhauerstr. 1, Tél. (02221) 2-19-01.

Organisations d'étudiants dans la République Fédérale Allemande

ABS   Arbeitskreis Berliner Studenten (Cercle de travail des étudiants berlinois),
1 Berlin 33, Hubertusallee 17 a.

ASBH   Arbeitskreis der Studenten an Berufspädagogischen Hochschulen e.V.
(Cercle des étudiants des écoles normales professionnelles),
Geschäftsstelle : Erich Weber, 8603 Ebern 5, Max-Reger-Str. 15.

BDIS   Bundesverband Deutsch-Israelischer Studiengruppen
(Association fédérale des groupes d'études germano-israéliens),
8 München 19, Leonradtstr. 48.

CV   Cartellverband Katholischer Deutscher Studentenverbindungen
(Association des étudiants catholiques allemands),
78 Freiburg, Mercystr. 16.

EKSI   Einigung Katholischer Studenten an Ingenieurschulen
(Union des étudiants catholiques dans les écoles d'ingénieurs),
5 Köln 41, Zülpicher Str. 275.

EFS　　　　　　Europäisch Föderalistischer Studentenverband
　　　　　　　　(Association européenne des étudiants fédéralistes),
　　　　　　　　53 Bonn, Markt 4.

ESG　　　　　　Evangelische Studentengemeinde in der Bundesrepublik
　　　　　　　　und Westberlin
　　　　　　　　(Paroisse protestante d'étudiants dans la RFA et à Berlin-
　　　　　　　　Ouest),
　　　　　　　　7 Stuttgart 50, Mercedesstraße 5-7.

Acker-MGmd　Hochschulring der Ackermann Gemeinde
　　　　　　　　(Cercle d'écoles supérieures de la commune d'Ackermann),
　　　　　　　　8 München 23, Buchstr. 1.

KDSE　　　　　Katholische Deutsche Studenten-Einigung
　　　　　　　　(Union des étudiants catholiques allemands),
　　　　　　　　53 Bonn, Rheinweg 34.

ODS　　　　　　Ostpolitischer Deutscher Studentenverband
　　　　　　　　(Association des étudiants allemands pour la politique
　　　　　　　　de l'Est),
　　　　　　　　53 Bonn, Gorch-Fock-Str. 1.

RCDS　　　　　Ring Christlich Demokratischer Studenten
　　　　　　　　(Cercle des étudiants chrétiens-démocrates),
　　　　　　　　53 Bonn, Noeggerathstr. 29.

RKDB　　　　　Ring Katholischer Deutscher Burschenschaften
　　　　　　　　(Cercle des corporations des étudiants catholiques alle-
　　　　　　　　mands),
　　　　　　　　53 Bonn 1, Meckenheimer Allee 100.

SHB　　　　　　Sozialdemokratischer Hochschulbund
　　　　　　　　(Union sociale-démocratique des écoles supérieures),
　　　　　　　　53 Bonn, Noeggerathstraße 29.

SVI　　　　　　Studentenverband Deutscher Ingenieurschulen e.V.
　　　　　　　　(Association des étudiants allemands des écoles d'ingénieurs),
　　　　　　　　56 Wuppertal-Barmen, Friedrich-Engels-Allee 164 a.

SVS　　　　　　Studentenverband Deutscher Sozialschulen e.V.
　　　　　　　　(Association des étudiants allemands des écoles de
　　　　　　　　sociologie),
　　　　　　　　5 Köln 60, Knechtstedener Straße 20.

SB　　　　　　　Studentenverband zur Förderung von Bildungsarbeit
　　　　　　　　(Association des étudiants pour l'encouragement du travail
　　　　　　　　de formation),
　　　　　　　　34 Göttingen, Postfach 41.

VVDST　　　　Verband der Vereine Deutscher Studenten - Ferdinand
　　　　　　　　Norsderstedt Friedensburg Stiftung
　　　　　　　　(Association des sociétés d'étudiants allemands - Fondation
　　　　　　　　Ferdinand, Norderstedt Friedensburg),
　　　　　　　　6602 Dudweiler, Saarbrücker Straße 367.

WUS　　　　　World University Service (Service mondial des universités),
　　　　　　　　53 Bonn, Meckenheimer Straße 55.

Travail en RFA

Zentralstelle für Arbeitsvermittlung der Bundesanstalt für Arbeit 6, Frankfurt 1, Feuerbachstraße 42, Tél. (0611) 7-11-11.

Schnelldienste der Arbeitsämter :

Aachen, Wilhelmstraße 96, Tél. 40-31.
Augsburg, Sieglindenstraße 19, Tél. 3-15-12-74 .Tél. 3-15-12-30.
Berlin 30, Nürnberger Straße/Ecke Tauentzienstraße. Tél. 2-61-60-38.
Berlin 41, Schloßstraße 1-2 (Forum Steglitz). Tél. 7-91-10-10/19.
Berlin 44, Sonnenallee 262-280, Tél. 62-02-81 (auch f. Großmarkt).
Bielefeld, Jahnplatz im Opitz-Haus, Tél. 7-12-68.
Bonn-Center, Am Bundeskanzierplatz, Office-Hall III, Tél. 22-18-19.
Braunschweig, Cyriaksring 10, Tél. 8-53-10.
Bremen, Doventorsteinweg 48-52, Tél. 31-02-71, 31-05-50, 31-07-70.
Darmstadt, Groß-Gerauer-Weg 4, Tél. 80-42-21.
Dortmund, Markt 5, Tél. 57-21-45.
Düsseldorf, Fritz-Roeber-Straße 2, Tél. 8-18-34.
Duisburg, Königstraße 44, Tél. 2-50-33.
Essen, Limbecker Straße 8, Tél. 23-99-05.
Frankfurt, Fischerfeldstraße 10-12, Tél. 2-17-12-32; Hauptwache, B-Ebene, Tél. 23-42-33, 2-17-12-33/234.
Freiburg, Kaiser-Joseph-Straße 216, Tél. 2-67-94.
Gießen, Landgraf-Philipp-Platz 3-7, Tél. 30-52-27/25.
Hagen, Mittelstraße 1, Tél. 1-55-11.
Hamburg, Kurt-Schumacher-Allee 16, Tél. 24-84-46-21/393/375.
Hannover, Brühlstraße 4, Tél. 1-53-35, 1-93-53-76-9.
Karlsruhe, Kaiserstraße 68, Tél. 69-45-59.
Kassel, Freytagstraße 2, Tél. 1-98-41.
Kempfen, Rottachstraße 26, Tél. 2-40-01.
Kiel 1, Wilhelmplatz 12-13, Tél. 4-47-09.
Köln, Breite Straße 25-27, Tél. 21-70-70.
Lübeck, Fackenburger Allee 27-29, Tél. 4-50-23-46.
Ludwigshafen, Kaiser-Wilhelm-Straße 52, Tél. 51-30-40.
Mainz, Schießgartenstraße 6, Tél. 2-90-94.
Mannheim, P 7. 1 (Viktoria-Haus), Tél. 1-22-47.
München 15, Thalkirchner Straße 54, Tél. 51-54-210/219.
München 60, Georg-Habel-Straße 5, Tél. 88-65-21.
Münster, Rothenburg 40, Tél. 4-62-49.
Nürnberg, Breite Gasse 36, Tél. 20-60-41, 2-08-91.
Saarbrücken, Reichstraße 4, Tél. 5-00-43-33.
Solingen, Goerdeler Straße 49, Tél. 28-93-16/1-20-83.
Stuttgart, Hirschstraße 27, Tél. 24-20-52.
Trier, Hauptmarkt 21, Tél. 7-53-09.
Wiesbaden, Platz der Deutschen Einheit 1, Tél. 30-53-53.
Wuppertal-Barmen, Werth 40, Tél. 55-48-00.
Wuppertal-Elberfeld, Herzogstraße 32, Tél. 44-75-95.

Les Français qui s'installent en Allemagne pour y travailler ont souvent de la famille : où envoyer les enfants à l'école?

Pour tous renseignements, s'adresser à :

Monsieur le Directeur de l'Enseignement Français en Allemagne, Hochhaus 6. Étage Sinzheimer Straße (S.P. 69.534), 757 Baden-Baden.

Lycées français en Allemagne

757 Baden-Oos, Lycée Charles-de-Gaulle (Internat), Breisgaustraße, Tél. 7424.
1 Berlin 52, C.E.G. Voltaire Kurt Schumacher-Damm 160 d, Tél. 8034.
1 Berlin, Lycée La Fontaine (jusqu'à la 4e).
771 Donaueschingen, Lycée Français, Alemannestraße, Tél. 189.
6 Frankfurt, École Française, Schäftergasse 23.
78 Freiburg, Lycée Turenne (Internat), Schützenallee 31, Tél. 383.
2 Hamburg 39, École Pratique (jusqu'à la 3e), Sierichstr. 72.
775 Konstanz, Lycée Pierre-Brossolette, Steinstraße, Tél. 287.
674 Landau, Lycée Hoche, Raimundstraße, Tél. 520.
8 München, Lycée Français.
Neustadt, Annexe du Lycée Hoche, S.P. 69.045/B, Tél. 370.
76 Offenburg, Lycée Français, Prinz Eugenstraße, Tél. 461.
755 Rastatt, Annexe du Lycée Charles-de-Gaulle, Friedrich Fe-Straße, Tél. 366.
66 Saarbrücken, Lycée Français, Halbergstr. 112, Tél. 3-06-26.
551 Saarburg, Annexe du Lycée Ausone S.P. 69.587/E, Tél. 247.
672 Speyer, Annexe du Lycée Hoche, S.P. 69.084/E, Tél. 341.
55 Trier, Lycée Français, Abteilstraße, Tél. 448.
74 Tübingen, Annexe du Lycée Charles de-Gaulle, Alexanderstraße, Tél. 389.
556 Wittlich, Annexe du Lycée Ausone, S.P. 69.554/C, Tél. 249.

Petites Écoles françaises

53 Bonn-Bad Godesberg, Friedrich-Ebert-Strasse 63.
4 Düsseldorf, Beckbuschstraße 2.
43 Essen, Brigitta-Schule, Brigittastraße 34.
6 Frankfurt, Liebfrauenschule, Schäfergasse 23.
2 Hamburg, Sierichstraße 72.
65 Mainz, Schönborner Hof, Schillerstraße 11.
8 München, Göttingenstraße 15.
7 Stuttgart, Heiderhofstraße 31.

Établissements culturels français en RFA

Instituts Français

51 Aachen, Theaterplatz 11, Tél. 3-32-74.
1 Berlin, Kurfürstendamm 211, Tél. 8-81-76-20.
53 Bonn, Wörthstraße 1, Tél. 22-14-60.
28 Bremen, Contrescarpe 19, Tél. 32-67-22.
5 Köln, Sachsenring 77, Tél. 31-46-54, 31-48-89.
4 Düsseldorf, Schadowstraße 73, Tél. 36-44-88.
6 Frankfurt, Freiherr-vom-Stein-Straße 65, Tél. 72-19-35.
78 Freiburg, Werderstraße 11, Tél. 3-99-37.
2 Hamburg, Heimhuderstraße 55, Tél. 45-56-60.
3 Hannover, Theaterstraße 14, Tél. 2-23-33.
69 Heidelberg, Hauptstraße 92, Tél. 2-52-88.
65 Mainz, Schiller-Straße 11, Tél. 2-53-09.

8 München, Kaulbachstraße 13, Tél. 28-53-11.
66 Saarbrücken (Institut Université de la Sarre d'Études Françaises),
Tél. 2-61-75.
7 Stuttgart, Diemershaldenstraße 11, Tél. 24-59-81.
74 Tübingen, Doblerstraße 25, Tél. 2-32-93.

Centres culturels

852 Erlangen, Friedrichstraße 17, Tél. 2-14-18.
68 Mannheim, L 8, 12, Tél. 2-02-05.
66 Saarbrücken, Johannisstraße 2, Tél. 3-06-26.

Salles de lecture

463 Bochum, Oskar-Hoffmann-Straße 31, Tél. 3-64-61.
43 Essen, Zweigertstraße 8, Tél. 77-63-89.
75 Karlsruhe, Karl-Friedrich-Straße 24, Tél. 1-33-33-07.
55 Trier, Salvianstraße 9, Tél. 71-92-36.

Lycées franco-allemands

1 Berlin, Kurt-Schumacherdamm 160, Tél. 14-06.
66 Saarbrücken, Halbergstraße 112, Tél. 6-44-86.

MISE A JOUR

Passage en douane

∗ *Objets personnels exempts de droits :*
Vêtements, bijoux personnels, articles de toilette et d'hygiène, médicaments, jouets, tentes, articles de sport, armes de sport et de chasse, articles de pêche, postes de radio et de télévision portables, appareils photos et caméras, pellicules, machines à écrire, magnétophones, électrophones et disques, instruments de musique.

∗ *Souvenirs rapportés de RFA (à usage personnel) :*
Valeur maximale 460, - DM.
On tolère dans les bagages à main :
300 cigarettes ou 150 cigarillos ou 75 cigares ou 400 g de tabac,
1,5 litre de boissons spiritueuses de plus de 22° d'alcool ou 3 litres de boissons spiritueuses de moins de 22° d'alcool ou 3 litres de vin mousseux et 3 litres de vin,
750 g de café ou 300 g d'extraits de café,
150 g de thé ou 60 g d'extraits de thé,
75 g de parfum ou 0,375 litre d'eau de toilette.

Voyages à Berlin-Ouest

Par avion, réductions importantes si le billet est pris en RFA.
En chemin de fer ou car, passeport et visa de transit gratuit.
En voiture, passeport et visa de transit payant : demander le visa aller et retour, le passage de frontière restant libre. L'assurance est souscrite à la frontière, en même temps qu'est délivré le visa.

Tarifs postaux

Pour les pays du Marché Commun, tarif intérieur : lettre jusqu'à 20 g DM 0,50, carte postale DM 0,40. Téléphone, communications locales : DM 0,20.

Tarifs de chemin de fer

Prix du km (fin 73) : DM 0,1074. Réductions aller et retour : 10 % au-delà de 200 km, 20 % au-delà de 600 km, 30 % au-delà de 1 000 km.

Stationnement et parking en ville

1/2 h : environ DM 0,10 sur parcmètres,
8 h : environ DM 6,00 à 7,00 en garage.

Transports en commun

Selon les villes, de 0,60 à 1,00 DM.

Taxis

Prise en charge de 1,50 à 2 DM. DM 0,75 à 1,20 DM par km.

Camping-Caravaning

En moyenne DM 1,50 à 2,50 par adulte et par nuit,
DM 1,00 à 2,00 par auto et par nuit,
DM 1,50 à 2,50 par caravane et par nuit.

A.J.

Nuitée de DM 2,50 à 3,50. Age limité à 25 ans en Bavière.

Essence ordinaire : env. 80 Pfg.
Supercarburant : env. 85 Pfg.

(Les tarifs sont souvent plus élevés sur les autoroutes.)